省教科院杨思锋教授任物理名师工作室顾问

张华校长在市物理名师工作室专题工作会上

市教育局副局长石磊指导名师工作室活动

市学科专家参阅王晓东物理名师工作室资料

县教育局副局长袁辉参加工作室会议留影

前校长白学军陪市石磊副局长蒙城一中校园行

杨思锋教授任物理名师工作室顾问之聘书

县教研室陈兆勇主任为工作室发荣誉证书

省教科院杨思锋教授中学物理学术报告座谈会

省教科院杨思锋教授作物理学术报告会

亳州市部分工作室主持人参访宿州市第二中学

市物理名师工作室专家指导小组长黄灿明讲话

市物理名师工作室建设专题工作研讨会

市教科副所长黄灿明在市工作室交流活动会上

市物理名师工作室教研专题讨论会议

市物理名师工作室主持人王晓东老师在讲座

县张旭东局长和白学军校长参加工作室会议

市物理名师工作室学科帮扶学校揭牌仪式

市物理名师工作室
教育科研课题开题会议

市"3116名师工程建设"专题培训会

市物理名师工作室
成员张全三老师在授课

市物理名师工作室主持人
王晓东在为老师讲座

市物理名师工作室主持人
王晓东老师下班听课

市物理名师工作室举行
"同课异构"教学活动

我和我的工作室

『十年树木，百年树人』，教师的品德和素养是其成长与发展之根本，只有真正理解名师的内涵，才能对自己提出更严格的要求，进而去追求卓越的教育人生！

王晓东／主编

光明日报出版社

图书在版编目（CIP）数据

我和我的工作室 / 王晓东主编 . -- 北京：光明日报
出版社，2017.11（2021.8 重印）

ISBN 978 - 7 - 5194 - 3598 - 1

Ⅰ . ①我… Ⅱ . ①王… Ⅲ . ①中学教育—文集
Ⅳ . ①G63 - 53

中国版本图书馆 CIP 数据核字（2017）第 274308 号

我和我的工作室
WO HE WODE GONGZUOSHI

主　　编：王晓东

责任编辑：曹美娜　朱　然　　　　责任校对：赵鸣鸣
封面设计：范晓辉　　　　　　　　责任印制：曹　净

出版发行：光明日报出版社

地　　址：北京市西城区永安路 106 号，100050

电　　话：010 - 63169890（咨询），010 - 63131930（邮购）

传　　真：010 - 63131930

网　　址：http://book. gmw. cn

E - mail：gmcbs@ gmw. cn

法律顾问：北京德恒律师事务所龚柳方律师

印　　刷：三河市华东印刷有限公司

装　　订：三河市华东印刷有限公司

本书如有破损、缺页、装订错误，请与本社联系调换

开　　本：170mm × 240mm

字　　数：286 千字　　　　　　印　　张：17.5

版　　次：2017 年 11 月第 1 版　　印　　次：2021 年 8 月第 2 次印刷

书　　号：ISBN 978 - 7 - 5194 - 3598 - 1

定　　价：59.00 元

序 言

科教兴国是硬道理,名师兴校亦是如此。名师自有名师的风采、名师的品格、名师的业绩。名师的价值在其教育教学理念、观点、研究和艺术等,他们的智慧中凝结着学术的精华。在名师的仓库里,有精深的理论、成长的经验、教学的个性和经典的作品,可供需要者淘金。正因为名师的经典性与现代化,才有如今的名师成长、名师培养和名师团队。

振兴区域教育,提高教育教学质量,靠的不仅仅是名师个体,更重要的是一个高素质的名师团队,亳州市中学物理名师工作室便应运而生了。育人使命、义不容辞,我担任了亳州市中学物理名师工作室主持人,开始了名师工作室的建设之旅。名师工作室,这个集教育教学、教研科研为一体的学术组织,虽不是一个官方的行政机构,却被赋予了神圣的职责。正所谓"名师的摇篮、教研的基地、交流的平台、成长的阶梯、辐射的中心",成了官方培训机构的补充和教研机构的手臂。名师工作室着实在推动教育教学改革、教师素质提高和学校建设发展方面发挥了极其重要的作用。

亳州市中学物理名师工作室成立初期,重在加强自身建设。先后制定了《亳州市王晓东中学物理名师工作室建设纲要》《亳州市王晓东中学物理名师工作室三年规划》《亳州市王晓东中学物理名师工作室规章制度》《亳州市王晓东中学物理名师工作室量化考评细则》,从指导思想、目标宗旨、工作职责、基本任务、保障措施和督促考评等方面规范了管理。重要的是在组织领导方面,成立了领导组、指导组和工作组,聘请了安徽省教育科学院杨思峰教授担任工作室顾问,亳州市教育科学研究所(以下简称市教科所)黄灿明副所长为专家指导组组长,使得工作开展起来方向明、思路清、方法优和效率高。

教育教学专业素养和基本技能的提升是名师团队建设的重要任务。首先,工

1

作室非常重视团队成员的专业理论学习,并通过"非常6+1"等系列活动实现这一目标,即要求全体工作室成员每学期必须读一本专业书、上一节研讨课、做一次课外调研、出一套优质试卷、发一篇省级专业论文、举行一次学科讲座和制作一个教学课件,且对现代教育信息技术与物理教学的资源进行整合,搭建成员之间交流的平台,如建立QQ群、微信群,开设个人网页等,以利于开展多种形式的教研活动。这样既提高了团队成员的信息交流能力,又最大限度地展示出中学物理名师工作室的辐射功能。其次,重视教育教学实践,积极参加各级"同课异构"教学评选、名师工程建设和争先竞优活动,到大课堂中去学习充实、锻炼成长,以此提升团队的专业技能。最后,到大区域中去检验、去辐射!近年来,工作室成员先后到教育薄弱地区送教几十次,送课和专题讲座上百节,几乎走遍了蒙城县农村中学和亳州市县区学校,实地开展县区间、城区间的学习交流活动。在锻炼团队和自己的同时,也为兄弟学校送去了先进的教育理念、教学经验和知识方法。如张全三在涡阳二中执教《碰撞》公开课,钱会会在利辛高级中学执教《动量守恒定律》公开课,韩明在蒙城六中执教《测量金属丝的电阻率》公开课,岳征在利辛一中执教《简谐运动的回复力和能量》公开课,连磊在利辛一中执教《动量定理》公开课,邹波在涡阳四中举行《高三备考二轮专题复习》讲座,主持人每年应邀到全市各县区巡回举行教育教学管理专题学术报告等。中学物理名师工作室始终以服务全市物理教学为宗旨,帮扶薄弱学校、实现学科资源共享,深受社会一致好评。

博学多思、开拓进取、团结协作、长短互补,亳州市中学物理名师工作室成果颇丰。据不完全统计:多人参加省以上高级研修班的学习活动,均以优异成绩结业,如李飞参加"安徽省骨干教师培训班",邹波参加"安徽省物理学科教师培训班",杨成勇参加"安徽省骨干班主任高级研修班",赵旗参加"全国中小学班级管理高级研修班";多人申报省市级教育科研课题,有的顺利结题,有的已取得阶段性成果,如韩明等参加研究的安徽省教育科研课题《基于有效教学理念的课堂教学改革实践的研究》,汪邦家等主持研究的亳州市教育科研课题《高中物理习题微课教学设计与模式的研究》,王科建等主持研究的安徽省级教育科研课题《数字化校园建设应用与评价的研究》和安徽省教育科学规划课题《高中物理实验课程资源利用和开发的研究》,姜万和等主持研究的亳州市教育科研课题《普通中学学生物理学习困难研究及应对策略》等;多人参加教辅材料的编写和大型联考命题工作,并深受好评,如张全三等命制了皖北协作区高三物理联考试题,杨成勇等多次参加亳州市高中物理统考命题，李飞等参与编写了校本教材《物理大课堂》，彭振宏等参与编写了教辅材料《高中物理必修教材同步学习1+1》，钱会会等参与编写了教辅材料《高考物理百日通》，方倩等参与编写了教辅材料《中考物理60日》，韩明等参与编写了名人传记《追求卓越》，张志等参与编写了教辅材料《高三二轮复习专题讲座》等；多人辅导学生参加全国中学生奥林匹克竞赛获大奖，成绩斐然，如王科建、张全三、韩明、张志、李飞、赵旗、钱会会、杨成勇等辅导学生参加全国中学物理奥林匹克竞赛多人获省市级奖，姜万和、邹波、王辛辛、连磊、汪邦家、岳征、方倩等辅导学生在各级"青少年发明创造大赛"中十余人获一等奖，姜万和被评为"全国青少年创新大赛优秀辅导员"；多人撰写教学专业论文在国家核心期刊发表并获奖，具有较高的学术价值，如"自制简易多功能液体压强演示仪""三问二极管伏安特性曲线的形成原因""从教科书的细微变化谈电表的读数规则"和"电动驱动小车的制作方法"等发表在《中学物理教学参考》上，"自制趣味电动机组合"发表在《物理教学探讨》上，"2013年安徽高考理综卷第20题欣赏"发表在《物理通报》上，"'万有引力与航天'教学中两个疑问的探讨""巧用废品制教具，助力物理教学"发表在《物理教学》上，"感生电场中有电势差吗"发表在《物理教师》上等；多人因工作成绩突出获得各种荣誉称号，如王辛辛获国家级优秀教师、安徽省特级教师、亳州市特级教师、安徽省和亳州市政府津贴享受者等荣誉称号，方倩、王科建获亳州市学科带头人等荣誉称号，钱会会、姜万和、赵旗、汪邦家获亳州市骨干教师等荣誉称号，韩明、姜万和、邹波、赵旗获亳州市教坛新星等荣誉称号，张志、连磊分获蒙城县和涡阳县教坛新星等荣誉称号，邹波、杨成勇获涡阳县优秀班主任等荣誉称号，韩明、张全三获蒙城县优秀教师等荣誉称号，李飞获亳州市优秀教师和亳州市十佳优秀青年等荣誉称号，姜万和、邹波、杨成勇、赵旗所带班级获亳州市先进班集体等荣誉称号。另外，黄伟、王辛辛晋升为正高级教师，张全三、岳征、赵旗、李飞等晋升为高级教师，韩明、钱会会、连磊、张志等晋升为一级教师，全都成了教学骨干，这中间还有不少人成了专家型教师。

"行百里者半九十。"中学物理名师工作室虽然在各级业务主管部门的关怀支持下取得了优异成绩，但与预设目标仍相差较远，还有不少工作要做，很长的路要走！我们会不忘初心、追求卓越，锐意进取、精益求精，一如既往、继续前行。工作室会用先进的教育理念指导工作，通过开展理论专题讲座和上教学示范课等形式，把先进科学的教书育人方略送到全市乃至全省各学校，不断提升工作室的辐射能力，为丰富教育教学内涵，引领亳州教育走向繁荣贡献力量！

　　"殚精竭虑铸师魂,风云际会写华章。"亳州市中学物理名师工作室全体成员将继续站在教育这块精神高地上,守望着自己的理想和追求!

　　是为序。

2017 年 3 月 26 日

第一章

自身建设

亳州市王晓东中学物理名师工作室建设纲要

（2014.3.——2017.3.）

第一章　指导思想

1. 中学物理名师工作室，以"全面贯彻党的教育方针，实施素质教育，整合全市高中物理教研骨干力量，加强校际交流与合作，深化高中物理课程改革，优化物理课堂教学管理，形成学科特色，打造名牌学科，培养名牌教师"为指导，努力提高全市物理教学的效率和质量，进而推动我市高中教育又好又快地发展。

第二章　目标宗旨

2. 依托中学物理名师工作室，促进全市高中物理教学交流，不断总结和推介成功经验，最终发展成为一个真正意义上的学习型、研究型的团体，推动全市高中新课程教学改革和教学质量的提高。

3. 以中学物理名师工作室建设为契机，提升物理学科教学力量，培养品牌教师，带动教师群体成长，促进学科整体提高，服务于教育教学改革，最终形成学校的品牌学科，并向其他学科辐射。

4. 使学科教师树立终身学习的意识，结合个人教学实际，恰当选择教研切入点，投入教育科学研究。并在教师之间形成互相切磋、团结协商的合作氛围，养成求真务实、谦逊严谨的教研作风，最终成为一名专家学者型教师。

第三章　基本原则

5. 服务教学的原则。中学物理名师工作室的工作,要从有利于物理教学,提高全市的物理教学质量,促进学生的学习出发,使中学物理名师工作室成为全市物理教学研究中心,教师和学生学习交流的资源中心。

6. 通力合作的原则。依托市教研室,聘请市内物理名师、学科带头人等组成中学物理名师工作室指导组,集全市物理骨干力量,共同推进中学物理名师工作室建设,保证中学物理名师工作室各项工作顺利进行。

7. 科研引领的原则。教学研究以课堂教学为主阵地,贯彻新课改精神,积极开展课堂教学的研究,大胆进行物理课堂教学模式的改革,切实转变教与学的方式,提高高中物理学科教学质量。

8. 自主创新的原则。以学校物理教研建设为抓手,弘扬校本教研在中学物理名师工作室建设工作中的自主首创精神,开展以合作学习和科学与人文融合为特色的教学试验,并在实践中勇于创造和大胆探索。

第四章　组织领导

9. 为做好中学物理名师工作室建设的指导工作,成立中学物理名师工作室建设指导小组:

组　长:黄灿明　(亳州市教育局教科所副所长　高级教师)

顾　问:杨思锋　(安徽教科院物理教研室主任　专家教授)

成　员:刘　年　(利辛县城第一中学校长　高级教师)

　　　　郏　勇　(蒙城第一中学政教科长　特级教师)

　　　　黄　伟　(亳州第一中学电教主任　特级教师)

　　　　冯立仁　(亳州第二中学教导主任　高级教师)

　　　　郭飞峰　(亳州一中南校电教主任　高级教师)

　　　　徐文立　(涡阳县城第九中学校长　高级教师)

　　　　王永先　(利辛第一中学教研主任　高级教师)

10. 为做好中学物理名师工作室建设工作,成立中学物理名师工作室建设工作小组,成员如下:

组　长:王晓东　(亳州名师工作室主持人　正高级教师)

副组长:张全三　(蒙城一中物理学科主任　高级教师)

　王科建 （亳州市一中学科带头人　高级教师）

秘书长:韩　明 （蒙城县一中学科带头人　一级教师）

成　员:杨成勇 （涡阳县二中学科带头人　高级教师）

　王辛辛 （涡阳龙山中学拔尖人才　特级教师）

　李　飞 （蒙城县六中教导副主任　高级教师）

　姜万和 （利辛高级中学教研主任　高级教师）

　彭振宏 （亳州二中物理学科名师　高级教师）

　邹　波 （涡阳第四中学育人标兵　高级教师）

　汪邦家 （亳州市一中学科带头人　高级教师）

　岳　征 （亳州一中南校学科组长　高级教师）

　赵　旗 （利辛一中物理骨干教师　高级教师）

　钱会会 （蒙城二中物理骨干教师　一级教师）

　连　磊 （涡阳一中物理骨干教师　一级教师）

　方　倩 （蒙城白杨中学物理名师　一级教师）

　张　志 （蒙城一中物理教学骨干　一级教师）

第五章　工作职责

11. 指导组要把握物理教学研究的方向,对中学物理名师工作室各项工作提出具体的指导意见,并及时督促落实。指导组成员每学期至少一次亲临中学物理名师工作室,指导教学教研工作,切实抓好中学物理名师工作室建设。

12. 中学物理名师工作室团队要在领导组和指导组的指挥下,深入开展物理学科的理论研究和实践探索,及时收集整理、分析研究课改动态和物理教学,并将各类考试信息及时提供给全市各基层学校。每学期有计划地举办全市性学科教研活动,如举行公开教学研讨,邀请市内外名优教师讲学、上示范课,组织听课调研、送教下乡等活动,及时总结经验,积极撰写教学研究心得、教学案例和教科研论文,并出一定水平的教研成果或教学经验。

13. 中学物理名师工作室团队要加强资源库建设,认真办好学科网站。网站开设课改动态、教研窗口、教学资源、考试在线、名师讲座等栏目,为教师自主交流、学生自主学习服务。

第六章　工作任务

14. 课题研究。在全市范围开展有关物理课堂教学的课题研究,以课堂教学为对象,以教学设计为抓手,强化课题研究的时效性。通过课题研究这一有利载体,使物理教师自觉学习教育科研理论,促进教育理论和教育实践有效地接轨,加快教师成长的步伐。

15. 校本研修。依托学校物理教研组,针对高中教学进行科学性诊断,变话题为问题,变问题为课题,认真做好应对策略研究。这里包括研究各学段学习要点和知识、能力落实情况以及研究教学要求和教学评价与检测情况,并配合市教科所组织和承办全市性物理教学研讨活动等。

16. 课程培训。中学物理名师工作室要按照上级要求,积极组织高中物理教师参加国家级、省级、市级新课程通识培训、学科课程标准培训等,研修《普通高中物理课程方案》,准确解读学科课程标准,细化课程标准在物理学科中的落实。

17. 评教评学。中学物理名师工作室成员要认真研究课堂教学,注重听课评课和集体磨课,创新教学设计,提高课堂教学效率。积极参加每年一度的市级"3116 名师工程建设"评选活动,上好公开课和优质课。

18. 考试研究。中学物理名师工作室成员要认真研究考试命题和试卷分析,尤其是高考命题和应考方法,还要配合市教科所做好高一、高二统考、高三适应性考试试卷命制、审阅、研讨等工作。

19. 名师讲座。中学物理名师工作室将邀请市内外教育教学专家到基地举办学术讲座,充分利用本市特级教师、教育名师、骨干教师、学科带头人等宝贵教育资源,加强对薄弱学校的帮助和指导,促使他们尽快提高物理教学质量,实现共同发展。

20. 示范辐射。中学物理名师工作室每年不定期选派优秀教师到全市各校支教,将先进的教学理念和教学方法送到各基层学校。并通过收集、整理、加工所获得的高中物理教学信息资料,及时与兄弟学校实现教育资源共享。

第七章　保障措施

21. 明确管理责任。中学物理名师工作室的有关工作和活动,由中学物理名师工作室所在学校全面负责和具体实施,重大问题报请指导组协调解决。

22. 建立资料文档。中学物理名师工作室必须建立专项档案,在中学物理名师工作室开展的各项活动,包括全市性教研活动,由中学物理名师工作室办公室

目 录
CONTENTS

负责做好记载,由专人将相关活动资料及时收集、整理归档,并妥善保管。

23. 落实考核评价。制定《亳州市中学物理名师工作室考评细则》,定期由市教育局组织对中学物理名师工作室活动情况进行督察。每学年由市教育局对中学物理名师工作室履行工作职责情况及工作成绩进行综合考评。

24. 落实活动经费。由中学物理名师工作室所在学校,负责定期拨一定经费用于中学物理名师工作室各项活动,每学年对在中学物理名师工作室各项工作中表现突出、对全市物理教学质量提升做出重大贡献的中学物理名师工作室成员进行奖励。

亳州市中学物理名师工作室

2014 年 3 月 20 日

亳州市王晓东中学物理名师工作室建设方案

（2014. 3.——2017. 3.）

1. 中学物理名师工作室建设的意义

《国家中长期教育改革和发展规划纲要》中指出:"树立以提高质量为核心的教育发展观,注重教育内涵发展,鼓励学校办出特色、办出水平,出名师,育英才"。可见,教师专业发展是教育永恒的主题。设立中学物理名师工作室,是促进教师的专业化发展,抓好教科研工作的重大举措。首先,通过中学物理名师工作室建设,可有效促进学校加强硬件建设,改善教研条件,引导学校高标准、高质量地开展科研工作,调动广大教师积极投身教科研,提高学校科研的水平和品位,有效地整合本土教育和科研资源,促进学校在"科研兴校"的道路上率先发展,培养一支专业学者型的教师队伍,推进教育教学改革。其次,通过中学物理名师工作室建设载体,可充分发挥市教科所在教育科研方面的人才和智力优势,推进教育理论与教育实践相结合,让科研扎根于学校,增强学校教师的教育科研能力和教育教学水平,提升学校的办学理念,形成学校龙头项目,凸显学校办学特色,促进学校的内涵发展,形成学校的科研品牌。还可通过中学物理名师工作室建设载体,使学校成为教育科研的窗口,形成以学生发展为中心的特色学科文化,对周边兄弟学校起到示范和辐射作用,带动全市学校教育科研工作的开展,进而推动全市教育事业的改革和发展。

2. 中学物理名师工作室建设的内容

(1)高中物理课程疑难问题的研究

通过本课题的研究,组织本学科全体教师紧密联系教材和教学实际,深入研究教材和教学全过程,为全市普通高中本学科提供解决教材重点、难点问题,提高教学效果和质量的有效途径和方法。团结协作,合作攻关,处理解决一系列长期以来久拖未解的疑难教学问题(既包括课堂教学中遇到的疑难问题,也包括研究性学习、青少年科技创新大赛、学科竞赛、教辅资料的使用等方面的思维创新)。

(2)高中物理教学教研资源的整合

依靠亳州市教研室,广泛地结合亳州市各学校及省内外名校,收集整理包括教学软件、教学设计、教具、书籍、典型案例、学案、实验录像、配套习题等相关资源;以学科《课程标准(实验稿)》和主流教材为线索,研究课程资源整合和开发利用的方法,探索如何建立学校新课程资源保障体系以及学校课程资源保护、开发及共享应用机制,建立适合学校校本需求的动态课程资源中心,提高教学资源利用效率,从根本上解决新课程教学和教师专业发展过程中的课程资源建设问题。

(3)高中物理学科青年教师的培养

通过优质课评估、撰写论文、观摩研讨、会议交流等形式,把基地建设成为学习型、研究型组织,构建教师学习研究共同体,深入开展学科教学理论学习和教学实践探索。努力从教师的学科专业素养,综合文化修养等方面促进教师尤其是青年教师业务素质与能力的提高,尽快实现由教书型向研究型、学者型教师的转变,力争在撰写论文、教学方法、课外教学研究等方面均有新的突破。

3. 中学物理名师工作室建设的措施

(1)高中物理学科团队建设

高中物理学科建设必须依靠物理学科队伍来实现,没有一支高水平的物理学科队伍,就不可能建设高水平的物理学科。加强高中物理教师队伍建设,充分发挥其特长,增强团队凝聚力与战斗力,是物理学科团队建设的任务。在培育高中物理研修团队的过程中,强化物理教师的"内功"是工作中的一个立足点。通过强化物理教师的学科功底和人文思考来提升物理教师的专业理念、专业态度和研究能力。

①强化团队成员的学科功底

在对物理教师学科功底的强化中,我们把工作重点放到了命题磨题培训、实验教学研究及课程与教学资源建设这三方面,希望通过命题磨题培训强化习题教学能力,通过实验教学的研究强化实验教学能力,通过课程与教学资源的建设强化课程整合能力。

命题磨题培训

在高中物理创新团队和高中物理学科基地的培训中,分别由教研员和外聘专家开设了相关讲座,从命题理论和命题技术两方面,从命题科学性和命题规范性两个角度进行了详尽的交流和研讨。要求学员从"改编经典习题""深化教材习题""量化常规习题""媒体信息入题""联系生活实际""关注实验操作"等六方面做好总结和反思。学员从这六方面逐一进行命题练习,并按科学性和规范性严格"磨题",而且以书面形式上交培训作业。

实验教学研究

物理是一门以实验为基础的学科,高中物理学科的教学也应该以实验为基础。因此,实验教学的能力是物理教师学科功底的一个很重要的方面。我们在培育物理研修团队的过程中,发挥名师的作用并通过自制实验教具的培训强化学员的实验教学能力。在培训中,开设了实验教学与研究的讲座,开办了自制实验教具的展览,举办了自制实验教具的评比活动,也安排了结合实例的实验教学交流和研讨。

课程资源建设

现代信息技术的迅猛发展和网络技术的日新月异,给高中物理教学提供了丰富的课程资源。在物理研修团队的培育中,我们开设了大量应用现代信息技术促进学生自主探究的讲座和研讨,制作和积累了大量可用于实际教学的多媒体课程资源。通过研训引导教师在物理教学中将信息技术与物理课程整合,在学生学习物理知识和技能的同时,培养学生收集信息、处理信息、传递信息的能力。

无论是命题磨题培训、实验教学研究,还是课程资源建设,过程都是艰苦的。但是从强化物理教师的学科功底,促进物理教师的专业知识和专业能力这个角度来说,研训效果得到了学员的认可。

②强化团队成员的人文思考

在强化学员学科功底的同时,我们也在强化学员对物理教学工作的反思,特别是对物理教学的人文思考。希望通过人文思考提升物理教学的理念,优化物理教学的策略,学习为人处世的态度。

思考教学理念的提升

物理教学的理念决定了物理教学的行为和策略。因此,在物理研修团队的培育过程中,我们更多思考"为何而教"的价值观问题,以转变和提升学员的教学理念。确实,物理教学应该让学生获得物理知识和能力,但更重要的是培养学生运用物理知识的意识和能力。我们努力让学员能深刻感受到:物理教学应该为提高全体学生的科学素养而教。

思考教学策略的优化

物理研修团队的学员来自不同生源的学校,所面对的学生,学习基础不一。因此,我们在强化学员学科功底的同时,也要求学员思考如何更好地使学生得到发展。如来自重点中学的学员在竞赛辅导及市级物理竞赛的开展过程中确立了"培养和提高学优生学习动机的心理学思考及实践"这样的课题;来自普通中学的学员以高度的责任感在"学困学生的认知特点和辅导"上倾注了很多的精力。通过物理教学策略的研讨和反思,突出了物理研修团队成员"为所有学生的发展而奋斗"的共同目标。

思考为人处世的态度

培育研修团队的过程中,我们采用"请进来"和"走出去"相结合的方式,使学员和本市及本省的名师接触、交流。通过和名师的联系及面对面交流,熟悉名师的工作、学习和生活,学习名师的成长过程、学术经历和工作作风,感悟物理学界前辈的科学态度、治学精神和处事态度。通过对为人处世态度的思考和学习,增进物理教师之间的相互了解,增强对物理团队的强烈感情,从而增强物理研修团队的凝聚力。

物理研修团队成员在强化人文思考的过程中,专业理念和专业态度得到了较好的提升。在教学理念上更多地关注了学生的学,在具体教学行为和策略上,更多地关注了不同类型学生的发展,体现了因材施教的原则,体现了物理教学的长期效应和学生科学素养的提高。

③加强团队建设的整体优化

教师个体的发展规划

青年教师是学校工作的主力军,抓好青年教师的培养工作是学科团队建设的重要内容。除了老教师的以身垂范,通过潜移默化的方式对年轻教师产生一定的影响外,更重要的是通过制度育人,用机制的力量保证对年轻教师培训的力度和效果。

攻坚团队的组建计划

为了能够充分发挥每一位教师的特长优势,集中教师力量对教学过程中的一些疑难问题把脉会诊,对每一个研究课题进行更有效的集体攻关,计划将基地全体成员按照个人专长、工作兴趣和研究方向分成不同的攻坚团队,并将学科建设中的工作进行分工。以此带动全体基地教师共同参与,成果交流共享。

学科梯队的整体优化

虽然目前学科队伍的结构无论从教龄分布、教学能力层次结构上看都比较合理,但要有危机意识,清醒认识自身不足,在组建攻坚团队的同时,我们将有计划地对学科教学各个实施层面考虑培养接班人。

(2)高中物理学科资源建设

①编撰习题资料,实现同步资源的本土化

我们在长期的教学过程中,经过几代教师的共同努力,积累了大量的优秀的习题资源。多年来三个年级的同步练习资料,均为备课组教师在往届资料的基础上更新。应该说,编写具有本土特色的同步练习资料的时机已基本成熟,之后可以组织全组教师参与,结合新课程的具体要求,总结历年优秀的习题资源,编写本校物理学科的同步练习,实现同步练习资源的本土化。

②整合网络资源,实现媒体资源的系统化

多年来,我组的许多教师在建立自己的多媒体资料库方面进行着不懈的努力,已形成了一定的规模。这其中包括有大量原创的视频资料和多媒体课件资源,也有许多来自网络的图片、文本、音频和视频资料。但由于整理工程浩大,一直未能实现多媒体资源的系统化,导致临时组建花费大量的查询时间。这一次我们要抓住学科建设的时机,收集全组教师的媒体资料,并按新课程教材的章节体系,分门别类地对媒体资源进行整理,最后以学科资源网站的形式呈现,争取用三年的时间,将学科组网站建设成高中物理教学资源的主流网站。

③开发教育基地,实现非课程资源的课程化

在学科资源建设的过程中,我们不能忽视校内信息网络中心、实验室、图书馆和校外的小商品市场、生产企业、文化馆以及外单位的专家人力资源等对学科教学的作用,我们将重新审视这些非课程资源的利用问题,实现非课程资源的课程化。

(3)高中物理学科制度建设

①以规范谋生存

首先,要实现教学常规的制度化。对备课、课堂实施、作业批改、课外辅导、作业讲评等各个教学环节的要求,在广泛征求教师意见的基础上,要形成制度。

其次,要实现教研活动的规范化。在学科带头人的带领下,经常开展丰富的有益的教研活动,如听课评课、集体备课、专题读书、外出参观交流、元旦教案评比、校园新秀和校园新星的评比、专家讲座等,为教师的快速成长起到不可估量的作用。所以这些教研活动在今后一定要持续不断地进行下去,但是为了活动效果的最优化,必须对活动的时间、地点、方式、人员以及评价进行规范。

②以评价促发展

每学期结合各级政府和学校的安排,都要涉及必要的评比、总结、表彰活动,对成绩突出人员要给予一定的精神和物质奖励。合理公正的评价对于促进学科建设的良性发展起到巨大的推动作用,而松散的、随意的、不科学甚至不公正的评价则会极大挫伤教师的工作积极性,给我们的工作带来负面影响。这就有一个评价的机制问题,如何根据教师的工作过程和成果进行有效评价是我们谋求学科建设稳定发展的重要研究内容。

4. 学科项目建设

学科项目包括教科研项目与课题、优质课、精品课程、名师培养、优质资源开发、优秀教学论文等,可以说是学科建设的得力"抓手"。本方案对于其中部分内容已有较为详细的介绍,这里不再重复叙述,需要补充的有以下方面。

(1)开展校本课题的研究,促进教师专业化发展

"校本教研"是指有计划、有目的地以学校教师为研究主体,以学校所面对的各种教育教学问题为对象,在理论指导下进行的实践性研究。是解决本校教育教学问题,提高教师的研究水平,进而带动师资队伍水平的提升,推进素质教育为归宿的研究。

根据新课改的理念,针对我市物理教学的实际情况,我们期望通过"校本教研"课题的研究,在"校本教研"的行动保障、学科组活动的运行模式、课堂教学的有效性模式、学生自主学习的管理模式、小课题研究的操作方式和学生研究性学习的引导方式方面找到切实可行的途径,为我市的物理教学朝着"教师教得恰到好处,学生学得生动活泼,教师学生目标明确,素质能力有口皆碑"的方向跨出坚实的步子。

为了最大限度地调动教师的主动性、积极性和创造性,我们将在建立教育科研核心小组、制定科研规划、制定必要的教科研制度、教科研课题的立项规划和中期与终期检查、组织和指导、评选和推荐、组织汇报交流和专题讲座等方面做一些工作。

（2）引领教学论文的撰写，促进教师学者型转变

撰写科研论文，不仅是反映科研成果的问题，而且也是深化科研成果和发展科研成果的问题，在撰写科研论文的过程中，对研究过程所取得的大量材料进行去粗取精，实现由感性认识向理性认识的飞跃和升华，使研究活动得到深化。而且撰写论文为不同空间、不同时间人们交流认识，承接认识成果提供方便，也为进一步开展教育科研活动提供可靠依据，从而推动教育科研活动自身不断完善。教师撰写论文有利于教师以写促读，学习教育教学方面的理论著作，有利于总结自己、思考自己、展望自己，促使教师由技能型向学者型转变。

为了提高教师的论文撰写能力，我们拟请具有深厚写作功底的王超良老师对全组进行论文撰写培训，对教师选题、写作规范等方面进行指导。依托广泛开展的校本课题的研究，定期举行论文写作论坛。

亳州市中学物理名师工作室

2014 年 3 月 20 日

亳州市王晓东中学物理名师工作室三年规划

（2014. 3—2017. 3）

根据亳州市"名师工作室"实施方案和相关文件精神，按照《名师工作室工作职责》的总体要求，针对物理学科的具体情况，结合工作室的特点及成员的年龄、职称结构、学科特点以及教学经历，特制订本工作室三年工作计划及实施方案。

1. 工作目标

以提高中学物理课堂教学有效性为目的，全力打造一个学习型、研究型的团队，培养一批县、市级物理骨干教师，力求使本工作室成为亳州市中学物理教学研究的重要基地和中学物理教育资源中心。

（1）总体目标

坚持以服务全市中学物理新课程改革为先导的方针，坚持自主学习与名教师的示范、指导和辐射作用相结合的原则，以计算机网络技术等新型媒体为主要途径开展教育教学研究活动，通过读书、观摩、研讨、撰写教育随笔等方式，促进全体成员的快速成长，使工作室真正成为教师专业发展的平台，促进全市中学物理教

师素质的提升,实现物理教育高标准、高质量均衡发展的目标。

(2)具体目标

①每个成员 1 年内至少要读 1 本教育著作,3 年至少要读 10 本教育、哲学方面的书。

②每个成员 1 年内要上 2 次校内公开课,3 年内要上 1~2 次县级以上示范课或公开课。

③每个成员 1 年至少要撰写 1 篇理论文章,3 年要在专业技术杂志上发表 2~3 篇文章。

④每个成员 3 年内至少要获得 2 次市级以上的教育、教学、科研成果奖励。

⑤全体成员 3 年内至少完成 1 个县级以上教育科学研究课题。

(3)工作原则

①在市名师工作室管理办公室及学校领导下,严格按照标准、计划开展各项活动。

②以教师专业发展为本。始终把培养和引领教师的专业发展作为工作的出发点和落脚点,充分尊重工作室成员的个性和特长,实现成员间的差异化发展,实现教研成果与全县教师共享,促进教师的全面发展。

③在新课程改革中发展自己。切实抓好工作室各成员的自身发展,转变教学方式,提高教学质量,推进新课程的改革与发展,实现师生共同发展。坚持教学研究,探索教育教学的改革方向,适应社会发展要求,探索课堂教学的改革和创新,进一步加强教学交流研讨活动,提高新课程课堂教学的驾驭能力。

④坚持考核评估。加强工作室日常活动的制度建设管理,增强工作室工作的服务意识,建立健全充满活力、富有效率、更加开放的工作机制,使工作室的活动规范化、制度化、科学化。

(4)主要工作

①探讨中学物理教育的改革趋势和前沿动态,参与物理新课程的改革与实施。

②围绕教师专业发展,开展读书活动。

③研究物理课堂教学与信息技术的整合与优化。

④培养工作室成员,引领一批优秀教师参加教育科研工作。

⑤针对成员个性特长,制订个人发展规划和学习研究计划。

（5）具体措施

工作室是中学物理教学研究、物理教育科研、名师培养与教师发展的交流平台，从"听、说、学、研、写"夯实基本功。

①听：听是工作室活动的主要方式，包括听课、听评课、听讨论、听讲座、听报告等。孔子曰："三人行，必有我师"。他山之石，可以攻玉。在名师工作室中，通过近距离地聆听名师的教学经验、教学思想、教研思路，学习名师的科研方法，开阔思路，激发思维，引起反思。做好听的文章，从而掌握课堂观察的基本方法，制定物理课堂观察量化表，走进学员自己的课堂。关注教师备课上课、教学设计、教学方法、练习设计和身体语言，并及时对自己的教学进行反思，参与到评课中去。要走近专家的学术空间，认真听专家讲座，了解学科领域新知识、教育理论和实践经验，把握专家的教研理念和教学基本素养，共享专家的成长资源和知识资源。

②说：说的过程是一个梳理、内化的过程，是一条"转知成智"的渠道，也是对教学更透彻的理解和更真切的感悟。定期进行讲评课的讨论、问题行动研究过程的探讨、举行讲座和学员论坛、实践考察探究、学习交流等活动，开展与专家对话、与学员对话，使每位学员在众说纷纭之中感受到思维的碰撞、灵感的顿悟和理性之光，领略真知灼见，用智慧点燃智慧，用情感激发情感，以说来促进交流，促进发展。把听到的思想、学到的知识、研究的收获、思维的过程和智慧的结晶，说出来与同事分享。

③学：工作学习化，学习工作化。善学才能善教善研，学是成长的源头活水，具备广博的知识与深厚的文化底蕴才能拥有充满智慧和灵气的课堂。要求有计划、有选择、有实效地读书，养成自觉读书学习的习惯，掌握教育理论、专业知识、学科发展、哲学思想等方面的知识，夯实理论基础，学会"知识管理"。要求三年累计精读指定书目200万字（每期1本书），自选书目150万字，浏览书目不少于600万字，并要见诸笔记。

④研：研究始于问题，行动始于研究，没有行动就不可能解决实践问题。

一是在课堂教学研究中形成特色课堂。通过教学课例研讨提供一个研究、展示课堂教学过程的平台，执教教师谈教学设想与意图以及教学反思，共同探讨和交流分享听评课信息，从而提高学员的课堂教学能力和水平。积极举行公开课、示范课和研究课等教研活动，在教学方法、教学环节、教材处理、重难点突破、作业布置等方面不断探索研究，将自己的观点、理念、经验、做法毫无保留地与学员进行交流和探讨，搭建起教学研究和学员成长的平台。

二是积极开展课题研究,以《中学物理课堂教学有效性实践研究》作为工作室的研究课题,通过研究、探寻、实践,构建有效的中学物理课堂教学。达到:①转变中学物理教师的教学理念。促进教师提升教育理念,提高对课堂教学有效性的认识,强化对有效教学的研究与实施,构建有效教学新模式,能够提高课堂教学效率,提高物理教学质量。②改变学生学习物理的方式。以饱满的精神状态积极参与物理课堂教学活动,实行师生互动、生生互动的探究式学习方式,学会并自觉地将新知识纳入已有的认知结构,在已有的经验基础上建构自己的知识框架和理论体系。③促进物理教师的成长。提高课题研究教师的整体素质和业务水平,自觉地变"奉献型"为"效益型",变"经验型"为"反思型",变"教书匠"为"教育家",从而加快课题研究教师队伍的专业化成长。④建构有效的物理课堂教学评价指标和评价体系。掌握有效教学的评价标准,而且能够灵活地根据具体的教学内容调整评价标准,科学地将定量与定性、过程与结果有机结合起来,全面地评价学生的学习成绩和教师的工作实绩。⑤为中学物理的教育教学提供借鉴或参考,具体探讨教师掌握和运用的有效教学策略,探索有效性教学的基本模式,为物理教师改进教学提供指导。

三是积极开展小课题研究。将教育教学实际当中具体的、细小的、真实的问题进行梳理,建立问题库,采取校本研究、行动研究、叙事研究、个案研究、调查研究、经验总结式的研究方法,扎根于教学一线,通过跟踪调研、交流指导和成果推介等方式,深入推进问题行动研究。把研究中获得的感性认识及时总结上升为理性认识,形成一般规律,指导教育教学活动。

四是积极参加教学实践考察活动,到教学有特色的学校进行学习性考察,主动到学科教学薄弱校进行诊断性考察,带着问题到学校进行研究性考察,提升教学实践研究能力。

五是厘清知识间的内在联系,宏观把握教材,微观把握知识点,着力突破教学中的重点和难点,构建学科知识树,搞好学习前知识树的设计和学习后知识树的二度设计。

六是善于反思总结实践研究成果,注意材料的及时积累和总结,在反思的过程中不断调整自己的研究行为。

⑤写:写作是一个深层思考的过程,它不仅可以让我们对教育的理解更为深刻、思维更为周密,而且可以让我们的表达更为准确、流畅。苏霍姆林斯基说过:"每一位教师都来写教育日记,写随笔和记录。这些记录是思考及创造的源泉,是

无价之宝,是你搞科研的丰富材料及实践基础。"可见,写对提高教师水平的重要性。在名师工作室中要写的东西很多,可以写对教学研究的感悟,写学习过程的体会,写问题研究的过程反思,写有理有据的论文,写至情的教育叙事,写随心所欲的随笔,写教学行为,写随行为而产生的思想、情感及灵感。采取教学随笔、教育日志、教育叙事、教育案例、教育反思、教学课例等表达方式,把名师工作室中所思、所闻、所想、所感、所悟和开展的一系列活动中流淌的思想、灵感的顿悟、思维的交互碰撞、智慧的火花进行提炼和升华,揭示出内在的价值与蕴含的教学思想,推动教师不断将实践经验转化为认识,与全县教师共享教学智慧,从而影响、带动、辐射、引领全市学校和教师的发展。

(6)学员管理

①对物理工作室各项活动进行严格考勤。

②建立规范的工作室成员个人成长档案,全面记录学习和培养过程的相关情况。

③每位学员每学期须制订切实可行的学习计划,学期结束时开展阶段性学习反思活动,上交学期工作总结,进行一次自评和互评,接受工作室的综合考核。

④加强横向联系和示范辐射作用。选一所乡镇中学作为帮扶实验基地校,加强该校物理学科建设,以物理学科建设为中心,带动其教师队伍建设、教育教学质量的提高和教育科研水平等。

⑤设计制作工作室网页,开辟成员介绍、工作动态、课程资源库、课题研究、训练中心等,激励工作室成员开展行动研究,加强工作室成员之间的联系,提高工作室及成员的知名度,增强工作室的辐射效应。

亳州市王晓东中学物理名师工作室

2014 年 3 月 20 日

亳州市王晓东中学物理名师工作室规章制度

(2014.3—2017.3)

1. 会议制度

(1)建立隔周一次的例会制度,总结前期工作,商讨布置下期工作。

（2）每学期召开一次工作室计划会议，讨论本学期工作室计划，确定工作室成员的阶段工作目标、工作室的教育科研课题及专题讲座内容。

（3）每学期召开一次工作室总结会议，安排本学期需展示的成果内容及形式，分享成功的经验、探讨存在的问题。

（4）根据工作室计划，每学期至少安排三次阶段性工作情况汇报会议，督促检查课题的实施情况，解决实施过程中的难点。

2. 培训制度

（1）采用导师培养制度，工作室主持人为工作室其他成员的导师，并与学校签订《名教师工作室项目研究和培养中青年骨干教师协议书》。

（2）工作室领衔人为工作室成员制订具体进步计划，安排培训过程，并与工作室每个成员签订《名教师工作室成员互相合作、共同提高协议书》。

（3）工作室成员必须参加工作室布置的带教培训工作，完成工作室的学习、研究任务，并有相应的成果显现，努力实现培养计划所确定的目标。

3. 考核制度

（1）工作室主持人主要由县教育局领导小组考核。工作室成员主要由主持人考核，主要从思想品德、理论提高、管理能力、教育教学能力、研究能力等方面考察是否达到培养目标，考核不合格者则调整出名师工作室。

（2）工作室主持人每学年至少开一次县以上教师培训讲座会。每学年听本工作室成员课不少于 10 节；每学年在省级及以上刊物发表论文 1～2 篇；工作周期内必须主持并与工作室成员共同完成至少一个市级以上研究课题。

（3）工作室成员每人每学期开一节校级公开课；每学年开一节县以上公开课；每学年听本工作室成员课不少于 5 节；每学年至少获市级论文评比二等奖 1 篇；每学期至少必须撰写一篇教学心得、分析一个教学案例、学习一本教学论著并写 10000 字的读书笔记；每三年必须协助主持人完成至少一个市级以上研究课题，至少在省级及以上刊物发表论文 2 篇。

4. 档案制度

（1）建立工作室档案制度，做好档案的管理工作。

（2）工作室成员的计划、总结、听课、评课记录、公开课、展示课、教案等材料及时收集、归档、存档，为个人的成长和工作室的发展提供依据。

（3）每个工作室成员还要做好个人档案的建设工作，并积极配合工作室搞好档案建设。

5. 经费制度

名教师工作室经费由启动经费和项目经费两部分组成。启动经费暂定每年10000 元,项目经费由学校视项目价值、投入的物力、人力及产生的影响等情况核拨。工作室所有经费均专款专用。

亳州市王晓东中学物理名师工作室

2014 年 3 月 20 日

亳州市王晓东中学物理名师工作室成员工作量化考评细则

（2014. 3—2017. 3）

序号	考评项目	考评内容	考评赋分标准	查看材料	得分
1	思想品德	表彰惩处（10 分）	各级表彰:国家级 10 分;省级 8 分;市级 5 分;县级 3 分;校级 1 分 违法违纪:各类违法违纪、师德考核不合格均扣 10 分;造成不良影响扣 5 分	查看证书、文件、处分决定等	
2	组织纪律	基地活动（10 分）	按时参加会议加 4 分,无故缺席每次扣 3 分; 按时参加集体活动加 3 分,无故缺席集体活动每次扣 3 分	查看活动记录和活动通知等	
3	工作安排	计划总结（10 分）	有规划加 4 分,没有扣 4 分; 有计划或行事历加 3 分;无计划或行事历扣 3 分;有总结加 3 分;无总结扣 3 分	查看规划、计划（行事历）和总结	

序号	考评项目	考评内容	考评赋分标准	查看材料	得分
4	充实自我	学习培训（10分）	理论学习:有学习内容和心得体会加5分;无故不参加学习扣5分 在职培训:有培训结业证每次加3分;无故不参加培训每次扣3分	查看学习安排、学习心得和培训文件、结业证书等	
5	课题研究	立项结题（15分）	立项:国家级7分;省级5分;市级3分;县级1分 结题:国家级8分;省级6分;市级4分;县级2分 获奖:国家级10分;省级8分;市级6分;县级3分	查看立项申请书、立项文件等; 查看开题、中期和结题报告,结题批复等; 查看获奖文件和获奖证书等	
6	论文论著	发表获奖（15分）	发表:国家级8分;省级6分;市级4分;县级2分 获奖:国家级6分;省级4分;市级2分;县级1分 交流:国家级5分;省级3分;市级1分;县级不计分 著书:专著10分;主编8分;编委4分;编者2分	查看著作和杂志样本等;查看获奖文件和获奖证书等;查看会议文件和交流证书等	
7	评教评学	说课上课（20分）	优质课:国家级10分;省级8分;市级6分;县级2分; 说课:国家级8分;省级6分;市级4分;县级2分 公开课:国家级6分;省级4分;市级2分;县级1分	查看获奖文件和获奖证书等	

续表

序号	考评项目	考评内容	考评赋分标准	查看材料	得分
8	教学测试	命题评卷（10分）	命题:省级8分;市级6分;县级2分;校级1分 评卷:省级8分;市级6分;县级2分;校级1分 编题:每提供创新题1道加1分	查看相关文件和样卷等;查看相关文件和评析报告等;查看创新题的佐证材料等	
9	实验教学	课件教具（10分）	创新大赛:国家级10分;省级8分;市级6分;县级2分 自制教具:国家级10分;省级8分;市级6分;县级2分 课件制作:国家级10分;省级8分;市级6分;县级2分	查看相关文件和获奖证书等;查看制作的课件和自制的教具等	
10	教学活动	竞赛调研（10分）	学科竞赛:国家级10分;省级6分;市级4分(仅取最高1人) 研究活动:有活动计划、过程和总结加10分 送教活动:每次加3分	查看相关文件和获奖证书等;查看学习计划、过程和总结材料等;查看送交文件和活动记录等	
11	名师工程	荣誉称号（15分）	市级:特级教师8分;学科带头人6分;骨干教师4分;教坛新星2分 县级:特级教师6分;学科带头人4分;骨干教师2分;星级教师1分	查看当年相关文件和荣誉证书等	

续表

序号	考评项目	考评内容	考评赋分标准	查看材料	得分
12	教育技术	网络资源（15分）	网络教学：上传教学资源每 G 加 2 分；网络交流：积极加 5 分；一般加 2 分；无网络交流扣 5 分	查看网络资源和网上交流记录等	
主持人签字			考评总分	考评等第	

说明：

1. 名师工作室办公室负责对每位成员实行量化考评，每学年 1 次。

2. 对成员量化考评总分设为 150；出于全面均衡发展考虑，在"考评内容"栏中设该考评项最高上限分；同时，为便于量化考评的计分操作，每位成员设 30 分的起始分。

3. 对每位成员量化考评分优秀、良好、合格与不合格四个等第。具体分数设置是：不合格（59 分以下）、合格（60~74 分）、良好（75~89 分）、优秀（90 分以上）。

4. 凡有违法违纪、师德考核不合格扣分者，当年考评认定为不合格；工作造成不良影响者考评最高为合格等第。

5. 对成员量化考评优秀者予以表扬和奖励，连续两次不合格者自动退出中学物理名师工作室。

6. 本量化考评细则从 2014 年 10 月 1 日执行。

亳州市王晓东中学物理名师工作室办公室

2014 年 3 月 20 日

【学术报告】

亳州市王晓东中学物理名师工作室到
涡阳二中做学术报告

2014 年 5 月 6 日，亳州市中学物理名师工作室应邀到涡阳二中开展送教活动。王晓东老师在学校四楼大会议室面向全体高三理科学生，以"2014 年高考物理你准备好了吗？"为题进行专题讲座，指导学生如何做好冲刺复习，受到全体师生的好评，具体内容是：

1. 高考说明的变化你知道了吗？如"电容器的电压、电荷量和电容的关系"由理解和运用变为了解和认识，"匀强磁场中的安培力公式"改为"匀强磁场中的安培力计算"，"洛伦兹力的公式"改为"洛伦兹力的计算"，"全反射"中增加了"光导纤维"，实验部分中删除了"关于'实验练习使用多用电表'只要求会使用多用电表正确进行电阻、直流电流和直流电压的测量"的说明等。

2. 各章知识结构你掌握了吗？这里的知识结构是指经过概括的要点，是回忆一章内容的主干，从这里延伸出去可及枝叶，联系出全部内容。

3. 各章基本概念你掌握了吗？这里的回忆是指在掌握知识结构的基础上有条理的回忆。若在回忆中加以比较，常会有更深的理解。

4. 各章基本规律你熟记了吗？这是解决物理问题的有效工具，只有熟练掌握，才能运用自如，得心应手。

5. 物理求解方法你掌握了吗？这里主要指物理纲要中要求的整体法、隔离法、合成法、分解法、程序法、伏安法和数学法，包括解决物理问题的基本步骤和常规的思考方法。如分析受力应首先考虑整体法，涉及物体间的受力才用到隔离法。

6. 实验内容方法你掌握了吗？考生应逐个回忆一下每个实验的目的、原理、步骤和注意事项，尤其是基本仪器的使用、电学实验内容以及实验结果的处理方法。

7. 物理解题规范你做到了吗？解题能否做到有简单的过程分析、精练的文字说明、较准确的示意图、通用的符号标注、依据的基本规律、统一的计量单位、简捷的计算过程、正确的解题结果和必要的结果讨论。

8. 各章典型习题你会解了吗？如电路变化题，从某处电路变化入手，确定电路总电阻的变化；根据全电路的欧姆定律，确定总电流和端电压的变化；应用部分电路的欧姆定律，确定支路电流、电压及其他物理量的变化。

9. 高考物理迎考你安全了吗？如有高考自信心和安全感的特征：大考小考一个样，考与不考一个样，今考明考一个样，考难考易一个样，考这考那一个样，有无干扰一个样，考否睡眠一个样，考否吃饭一个样，考否心境一个样，考前考后一个样。

王晓东老师讲座现场

亳州市高三年级物理学术交流报告会在
蒙城第一中学举行

2014 年 10 月 16 日,亳州市高三物理学术研讨会在蒙城一中召开,本次研讨会由亳州市中学物理名师工作室承办。安徽省教育科学院杨思锋教授、亳州市教育局教科所黄灿明所长出席了本次会议。

会上,杨思锋教授以《谈谈高中物理教学与考查的一些问题》为主题做了专题讲座,对 2013 年安徽高考物理试题进行了细致的分析,如考点分析、分值分析和难度分析等,并提出了一些教学中的启发性问题进行探讨,如关于洛伦兹变换的问题等,引发与会人员的深思。

杨思锋教授学术报告会现场

亳州市中学物理名师工作室到蒙城
第二中学开展送教活动

亳州市中学物理名师工作室应邀于 2015 年 4 月 17 日到蒙城第二中学开展教学交流活动,一同前去的还有教育局教研室副主任邹传友。活动受到副校长陈平和教导主任张建廷的热情接待。王晓东老师为全体高三学生做了"2015 年高考物理实验二轮复习"的专题报告，受到 300 多名与会师生的热烈欢迎。

1. 一种仪器可测量多少种物理量？即一把尺子能测量什么？一只万用电表能测量什么？一只示波器能测量什么？一只天平测量什么？一把尺子能做哪些实验？

2. 一个物理量可用多少种仪器测量？如时间可用秒表和打点计时器 2 种仪器来测量，长度可用直尺、卡尺、千分尺 3 种仪器来测量，质量可以用天平来测量，转换后质量还可用测力计来测量。力可以用测力计来测量，转换后还可以用天平来测量。电流可以用电流表、万用电表 2 种仪器来测量，转换后还可以用欧姆表和电压表来测量。电压可以用电压表、万用电表和示波器 3 种仪器来测量，转换后还可用欧姆表和电流表来测量。电阻可以用欧姆表、万用电表 2 种仪器来测量，转换后还可以用电流表和电压表来测量。

3. 一个物理量可用多种方法测量？即摩擦系数测量有多少种方法？重力加速度测量有多少种方法？折射率测量有多少种方法？电阻测量有多少种方法？电动势测量有多少种方法？

4. 一种方法可测量多少种物理量？如伏安法可测量电阻、电阻率和电动势等。描迹法可描绘电场中平面上的等势线，描绘小电珠的伏安特性曲线和描绘平抛物体的运动抛物线等。图像法可求重力加速度，探究弹力和弹簧伸长的关系，验证机械能守恒定律，求电源电动势和内阻等。

王晓东老师讲座现场

亳州市中学物理名师工作室到利辛一中
举行学科专题讲座

亳州市中学物理名师工作室应邀于 2015 年 5 月 17 日到利辛一中开展教学交流,名师工作室指导专家黄灿明副所长也参加了本次活动。其间,王晓东老师为学生做了"高考心理状态调整与应试技巧训练"的专题报告,受到一致好评。具体内容如下:

1. 影响高考成绩的因素有哪些? 王极盛教授通过对考入北京大学的 51 个高考状元调查结果:影响高考成绩的 20 个因素中,学习方法的重要性居第 3 位,学习基础的重要性居第 4 位,而考场心态的重要性居第 1 位,考前心态的重要性居第 2 位。

2. 良好认知结构是考试成功的关键。良好认知结构指学生掌握的知识是有组织、有条理和有系统的。它是指概念准确、知识点清晰、知识点按层次排列,且知识点及知识层次之间的内在联系。

3. 考试焦虑的构成。认知成分:消极地认为自己考不好,考不上学很难堪,总是想过去失败的情景。生理成分:属于增强自主神经系统的情绪性反应,如心率加快,呼吸紧促,肠胃不适、尿频多汗、头痛失眠,寝食异常等。行为成分:是一种逃避或防御性的行为方式,如惶恐不安、情绪烦躁,或脑子一片空白,胡乱答完卷子早早离开等。

4. 著名的耶克斯道森定律。解释心理压力、工作难度以及成绩之间的关系。工作动机压力的作用与工作难易程度有关,压力较高对简单任务能产生好成绩,压力较低对复杂困难任务产生好成绩。

5. 如何正确认识"高原现象"。高原现象并不是学习进程的必然现象。在另一些学习活动中,如果学习材料支配得当,由易而难,学生主观努力发挥好,教师指导正确,"高原期"是可以避免的。不过无论何种学习,短期的波动在所难免。

王晓东老师讲座现场

亳州市中学物理名师工作室到蒙城一中
举行学科专题讲座

亳州市中学物理名师工作室按照活动计划,于2015年9月5日在蒙城一中多媒体报告厅为高一年级学生举行专题讲座,题目是"转变教学方法,跨越学习台阶",受到全体学生的热烈欢迎,具体内容是:

1. 学习台阶存在的原因

在学习思维上,初中生学习需要形象思维较多,抽象思维较少;而高中生学习需要抽象思维较多,形象思维较少。在心理状态上,高一学生正处在从少年向青年的过渡转折期,心理具有强烈的闭锁性,学习上缺少交流,有问题羞于向老师或同学请教,致使学习上积累的问题越来越多。在学习习惯上,由于初中物理涉及的问题简单,学生学习比较机械简单。往往习惯于背、习惯于仿、习惯于课堂合唱,不习惯于创,不习惯于独立思考。在学习方法上,初中学生更多地习惯于由教师传授知识,而高中物理学习中在相当程度上,要求学生独立地或在教师指导下主动地去获取知识等。

2. 初高物理知识的区别

初中物理研究问题相对独立,高中物理有一个知识体系;初中物理介绍一些简单知识,高中物理则注重更深层次的研究;初中物理注重定性分析,高中物理则注重定量分析。

3. 跨上学习台阶的方法

消除心理障碍,树立学习信心;端正学习态度,做好知识过渡;立足课堂学习,掌握学习技巧。加强学法指导,让学生会学习。灵活运用多种教学方法,提高学生思维能力。适当降低教学要求和测试难度,结合学生实际,灵活处理教材内容。加强直观性教学,提高物理学习兴趣;转变思维方式,重视物理理解;注重实验观察,培养学习兴趣。

王晓东老师讲座现场

亳州市中学物理名师工作室到蒙城
六中举行学科专题讲座

亳州市中学物理名师工作室应蒙城六中副校长焦云献的邀请,于2016年5月7日到贵校举行"养成良好习惯,助你快速成才"为题的学科讲座。一同前去的还有县教研室副主任邹传友和蒙城二中张朝标老师,活动受到了与会师生的热烈欢迎,具体内容是:

1. 行为习惯养成的内涵

习惯就是人的行为倾向,是刺激与反应之间的稳固链接。习惯又是一种"自动化"的行为,潜意识表现的行为,不一定是自己希望的行为。良好的习惯不仅益于自己,还有益于他人、有益于社会。常见的习惯包括行为习惯、生活习惯、学习习惯等。

2. 学习习惯养成的意义

培根在《论人生》中指出："习惯真是一种顽强而巨大的力量,它可以主宰人生。"良好的行为习惯是促进一个人健康成长的重要条件,是健全人格形成的基础。

3. 学习习惯养成的方法

一是反复训练法:习惯是一种动力定型,是条件反射长期积累和强化的结果,必须经过长期、反复的训练才能形成。因此专家学者认为严格要求、反复训练,是形成良好习惯最基本的方法。如坚持做定时练习,考试就不会超时;坚持规尺作图,考试就不会乱画。二是检查对照法:同学们正处于长知识和长身体阶段,世界观、人生观、价值观以及各种习惯正在形成的可塑时期。中学行为规范和各种道德行为要求是同学们良好习惯形成的一面镜子,日常生活学习过程中要严格按照要求去做。保持好的习惯、克服差的陋习,勇于挑战自己,在检查补漏中进步和成长。三是榜样激励法:"榜样的力量是无穷的",是同学们良好行为习惯的典范,是行为规范的模式。榜样是活的教科书,具有生动、形象、具体的特点。对同学们有更大的说服力,更强的感染力。如同学们的一个心理特点就是模仿,这样用正面的典型做榜样,可激励自己向积极的方向去努力。榜样还有矫正作用,它像一面镜子,可使自己经常对照检查,改正自己的不良行为。如经常参观好班级同学的礼貌表现、组织纪律、集合列队、课间活动和放学排路队等,能够使自己找出不足,比较好地规范自己的行为等。

市物理工作室主持人和邹传友校长在会场上

王晓东老师讲座现场

亳州市中学物理名师工作室到利辛一中
举行学科专题讲座

2016 年 12 月 22 日,亳州市县两级联动高三教育教学视导工作在利辛一中举行,来自全市的二十多名学科专家集聚一齐,为 2017 年高考把脉,通过听、看、查、谈等方式了解利辛一中教学现状,肯定成绩、查找不足、提出建议。会上,亳州市中学物理名师工作室主持人王晓东应邀做了题为"高三备高考,上好三类课"的学术讲座,具有学科教学的指导性、针对性和实用性,受到与会者的一致好评,内容如下:

复习课是教学过程一种非常重要的课型,对夯实学生的基础、培养和提高学生运用知识、解决问题的能力起着举足轻重的作用。复习课又是最难上的一种课型,难就难在学生对复习课的学习激情下降,没有了学习新课程的新鲜感。复习课的一般操作程序为:首先是回忆,就是学生将过去学过的旧知识不断提取而再现的过程。它是复习课不可缺少的环节,教师要有意识地引导学生看课题回忆所学的知识,看课本目录回忆单元知识。其次是分析,就是对单元中的重点内容和学生中的疑难做进一步的分析,帮助学生解决重点、难点和疑点,使学生全面准确地掌握教材内容,并加深理解。最后是练习,就是选择有针对性、典型性、启发性和系统性问题,引导学生进行练习。通过练习,提高学生运用知识解决实际问题的能力,发展学生的思维能力。抓一题多解或一题多变,做到举一反三,使学生通过练习不断受到启发,在练习中进一步形成知识结构。

习题课是帮助学生梳理知识结构,完成知识体系,纠正存在的问题,培养学生思维能力不可缺少的载体。习题课中常见问题有:一是独霸课堂,按习题序号一讲到底,忽略了"习题课主体是学生",把习题课上成教师讲题课。二是超前提示,学生不能深入思维,加重了学生的依赖心理,起不到习题课应有的作用。三是就题论题,忽略了引导学生获得正确答案的思维过程,缺乏基础知识或思维方法的归纳延伸,不利于提升学生的分析能力。四是重果轻因,只讲出现的错误,不挖掘产生错误的原因。

试卷的评析对教学起着矫正、巩固、丰富和深化的作用。评析过程是师生思维强度最大化,学生能力提升最大化的教学过程。试卷分析的策略是:从逐题分析到整体分析,进行考题设问,如这道题考查的知识点是什么? 从数字分析到性质分析,统计各种原因的丢分数值,如计算失误、审题不清、考虑不周、公式记错等。从口头分析到书面分析,对话可是潜意识的,要求口头表达,最好是书面表达。从归因分析到对策分析,在现象分析的基础上,进行归因分析和对策分析。

市中学物理名师工作室主持人王晓东在讲座

王晓东老师讲座现场

亳州市中学物理名师工作室到亳州二中
举行学科专题讲座

2016年12月30日,亳州市高三年级教育教学视导工作会议在亳州二中召开,会议主要议程是听取学校校长的备考工作汇报、学科专家随堂听课、参加学科教研活动会和召开师生座谈会,查教师教学计划、作业批改、自习辅导、听课记录、授课教案和培优方案等,旨在督促检查、提升质量。亳州市中学物理名师工作室主持人王晓东做了"高三考练,重在评析"的专题报告,受到一致好评,报告内容如下:

学科测试是教学常规中的重要一环,其重要作用在于检测课堂教学效果,帮师生发现教学问题、查找薄弱环节,以利调整教学、弥补不足和提高效率,这一任务需通过实效的学情分析,即"六比较、五查看、一激励"才能完成。六比较内容是:比同一个班级的不同学科,哪个学科增分,哪个学科减分;比同一位教师为哪个班级增分,为哪个班级减分;比同一个层次的不同班级哪个为分部增荣,哪个为分部减辉;比同一个班级在同次考试中的位次高低和不同次考试中的变化;比同一位教师在同一次考试中的位次高低和不同考试中位次的变化;比同一次多校联考各分数段人数的变化,学校名次和学科名次的变化。五查看的内容是查高分段学生在班级人数分布中的变化,看培优转差方案的落实情况;查学科基础知识的得分多少,看第一轮复习的效果;查同一类考题得分情况,看一下考后一百分的落实;查考纲内知识的考查比例,看一下对考纲学习把握的准确度;查各班级和各学科平均分的变化,看一下班级管理和学科教研效果。"一激励"的内容是教学考试结束后,及时开表彰会,表扬不同层次学生、班级和学科;或出荣誉榜,激励不同层次学生、班级和学科;或组织励志演讲,请专家进行激情教育。

为确保做实考试学情分析,学校加强监督检查。要求各类分析会议召开由不同主持人提前上报时间、地点、内容,由上一级领导督查到位。具体安排是"年级主任召开的分析会"由校领导督查;"备课主任召开的学科教师分析会"由教科室督查;"学科教师召开的学生分析会"由教导科督查;"班主任召开以考情为内容的主题班会"由政教科督查;"班主任召开的任课教师分析会"和"分部主任召开的分析会"由年级主任督查。以上工作将记入班主任和教师业务档案,纳入学校个人业务评价内容。

王晓东老师讲座现场

亳州市中学物理名师工作室到涡阳中学
举行学科专题讲座

　　亳州市中学物理名师工作室,应涡阳中学校长黄艳武的邀请于 2017 年 1 月 12 日上午到贵校举行"名师的成长之路"为题的学科讲座,活动受到了与会教师的热烈欢迎,具体内容是:

　　1. 愿景修炼,不断追求卓越

　　(1)二次发展理论

　　一个教师要走向成功,仅有第一次专业成长是不够的,起决定性作用的是第二次专业成长。第一次成长主要靠经验的积累,第二次成长主要靠用理论来反思自己的经验。第一次成长主要表现在行为方式的变化,第二次成长更重要的表现为思维方式的变化。

　　(2)生涯发展阶梯

　　教学技能(3～5 年),教学模式(5～10 年),教学境界(10～15 年),教育哲学(15～20 年),教育信仰(20 年以上)。

市中学物理名师工作室主持人王晓东在讲座

2. 学术修炼,提升学术素养

一是有底气,扎实的专业知识:学科知识——学科教学知识——学生知识。提升学科教学知识,是教师专业发展的关键!二是有眼界,宽广的学科视域:物理是一种文化,物理学以实验为基础,客观性上表现为真;物理学成果造福于人类,目的性上体现出善;物理学还在人的情感、意识等方面反映了美。三是有根基,丰厚的文化底蕴:理科教师要有人文素养,文科教师要有科学背景,所有教师都有哲学头脑。

3. 心智修炼,善于理性思考

一是大道至简,回归本真:大凡最普遍、最本真的东西都是最简洁的。这是我们识别事物真伪的一条准则,可作为评价一堂好课的重要标准。二是大智若愚,还原稚化:展现教师的思维过程,回归学生的思维起点。引导学生思维的最好办法是教师与学生一起思考,而不是代替学生思考,或者比学生更聪明地思考。三是大成若缺,留有余地:完美的东西要有一点空缺,不能求全求美,这样才有生命的张力。教学同样不应片面地追求完美无缺,要学会运用留白艺术。做到:"三讲",即核心问题要讲;思路方法要讲;疑难之处要讲。"三不讲",学生已会的不讲:不讲也会的不讲;讲也不会的不讲。

王晓东老师讲座现场

亳州市中学物理名师工作室到涡阳五中
举行学科专题讲座

亳州市中学物理名师工作室主持人王晓东,按照工作室的活动安排,应涡阳五中校长徐文立的邀请于 2017 年 2 月 9 日下午到涡阳五中举行"优秀教师的培养途径"为题的学科讲座,活动受到了与会教师的热烈欢迎,具体内容是:

1. 理论学习

(1)学习内容:教育学、心理学、教师法、教育法、师德规范、课标考纲、教材教法、班级管理、现代教育技术等专业理论。

(2)学习要求:每学期至少读一本专业教学理论,内容由学校指定或自己选定,教学之余进行认真学习,并做好学习笔记,期末上报教科室,查阅后存入教师业务档案。

(3)督促检查:不定期进行《青年教师教育教学理论学习测试》,具体采用比赛的形式,教师首先参加笔试比赛,然后依据笔试结果分年级和学科组进行表彰,最后选六个学科组进行知识竞答,设集体一、二、三等奖予以鼓励。

2. 教研科研

(1)请进来:请外地知名专家来校为青年教师举行专题讲座和业务培训,或邀外校骨干教师来校与青年教师举行同课异构教学活动,以长补短。并将学习心得和教学设计存入学校教师业务档案。

(2)走出去:选派青年教师到外地进修学习,开阔视野、更新观念。鼓励青年教师积极参加各级各类评教评学活动,到大课堂中去锻炼,提升自我。同样,将学习体会和成长记录存入学校教师业务档案。

(3)听评课:青年教师除上好自己的课程,完成教学任务外,更重要的是听课评课。要求听老教师的示范课、名师的优质课、骨干教师的研讨课、同龄教师的公开课。每周三至五节,随听随评、耐心学习、虚心请教,并认真填写听评课记录备查。听者必评、低资先评、重复不评、不足先说、说不足必须给建议!

(4)教研会:青年教师注重教研会中的集体备课,把课标和教材读透——做到"精";把教学重点和难点找出——做到"准";把学科进展和走向把握好——做到"新";把学科知识深度和广度领会——做到"深";把知识前后联系并进入融会贯通境界——做到"熟"。

(5)课题:一是课题小,意单一。课题含义具体,小巧且具有单一性和实用性。研究周期短,少则一个月,多则一个学期。二是程序全,起点低。主要指申报、立项、开题、申评、结题、归档等项目齐全,过程完整。秉承"疑题就是话题、话题就是问题、问题就是课题"科学且朴实的研究理念,把"科研"变成"课研",深入浅出。

3. 拜师收徒

(1)师徒组合

①师傅选择:依据"能者为师"的原则,主要从学校德才兼备、乐于助人的各级名师和经验丰富的老教师中选出。

②收徒对象:体现"惑者为徒"的原则,主要是刚进校门或教龄在三年以下的新教师,在自愿申报后,选择肯学习、好钻研、求上进的青年教师优先作为收徒对象。

③师徒组合:按照"双向选择"的原则,师傅选择徒弟,徒弟选择师傅。一般是"一师收一徒""一徒拜一师",师徒同在一个年级教学,便于开展带教活动。

④"拜师收徒"三年一期(也可提前出师),学年伊始举行"青年教师拜师会"。学校主持双方签订"拜师收徒"责任书,并向带教老师发聘书,"传、帮、带"工作自此开始。

(2)师徒职责

①师傅尽职尽责、诲人不倦。指导徒弟备课、写教案,审查徒弟的考试命题;经常听徒弟的授课,每周至少一节,并及时给予点评;带领徒弟参加校本教研和教科研活动,指导撰写教科研论文;三年力求把徒弟培养成为骨干教师,赶上甚至超过自己的教学水平。

②徒弟虚心求教、尊敬师长。接受师傅在备课、上课方面的指导,认真完成教学任务;经常听师傅的课,每周两至三节,学习师傅的教学方法和教学艺术;在师傅引导下积极参加教科研活动,走教改创新之路;三年后胜任本职工作,力争成为教坛新秀或骨干教师。

(3)检查验收

学校由教科室负责"拜师收徒"工作,建立专项工作档案,随时记录师徒教学的阶段考评结果,并作为常规教学的一项成绩指标。

①考评办法

考评实行四个结合,即将"拜师收徒"与常规教研活动结合起来,带教老师要充分利用平时教研时间传经送宝,解决徒弟教学中的疑难问题,提高业务水平;将"拜师收徒"与教学测试成绩结合起来,如高考或大型阶段考试中徒弟所带班级的优秀学生人数、班级平均分和学科平均分位次,均作为师徒的共有成绩;将"拜师收徒"与各级各类评优评先结合起来,学生积极参与、努力拼搏取得各种荣誉称号,均作为师徒的共同荣誉;将"拜师收徒"与带教老师的评职晋级结合起来,"师徒结对"的过程和成果,分别作为带教老师在职称评审材料中青年培养一项的经历和成果。

②考核等第

一是优秀:被带教师经考评发表或获市级论文(含优质课、课件、微课、设计、教具等)两篇以上、教学成绩(含优等生人数、班级平均分、学科平均分)排名在同类班级前三分之一或学科测试分析折线图中反映连续四次以上位次上升、获市级以上各类荣誉称号视为优秀,除发给结业证书外,还给予表彰和一定的物质奖励。二是合格:被带教师经考评发表或获市级论文(含优质课、课件、微课、设计、教具等)一篇以上、教学成绩(含优等生人数、班级平均分、学科平均分)排名在同类班级前二分之一,或学科测试分析折线图中反映连续三次以上位次上升、获县级以上各类荣誉称号视为合格,发给结业证书。三是不合格:被带教师经考评没一篇发表或获市级论文(含优质课、课件、微课、设计、教具等)、教学成绩(含优等生人数、班级平均分、学科平均分)排名在同类班级后三分之一或学科测试分析折线图中反映连续三次以上位次下降、没获任何一项荣誉称号视为不合格,不予结业,或立即重组师徒,或让被带教师停课进修。同时,不为带教老师职称评定提供培养青年教师的相关证明材料。

王晓东老师讲座现场

亳州市中学物理名师工作室在
蒙城一中举行高考励志讲座

亳州市中学物理名师工作室主持人王晓东,按照工作室的活动安排,于2017年2月18日在报告厅为高三学生举行题为"坚持就是胜利"的高考励志讲座,活动受到了全体学生的热烈欢迎,具体内容是:

成功与失败往往只有一步之遥,坚持到底就会成功,半途而废往往失败,只有坚持到底的人才能绽放出最灿烂的笑容。因为坚持,李时珍用27年时间完成《本草纲目》;因为坚持,司马迁用16年时间著成《史记》;因为坚持,爱因斯坦创立震惊世界的相对论;还是因为坚持,贝多芬创作出非同凡响的音乐交响曲。再如大家所熟悉并十分关注的跨栏飞人刘翔,八岁开始了他的运动生涯,最早开始练跳高,后来转入跨栏项目。在十几年的刻苦训练中,每天面对的就是奔跑、起跳、跨越;跨越、奔跑、起跳。日复一日,年复一年,这对于热爱音乐、电脑的十几岁的少年刘翔来说,是何等的枯燥、乏味!但是,刘翔坚持下来了,十几年如一日的刻苦训练,成就了刘翔,雅典奥运会上,一个令西方世界惊诧不已的东方神话横空出世,刘翔带给全中国人民的是何等的荣耀和自豪。

世界上最容易的事是坚持,最困难的事也是坚持。说容易,是因为不管是谁,无论他的条件怎么样,只要他愿意去做,都可以做;说困难,是因为真正能够长期坚持下去的人,毕竟只有少数。"一个人做点好事并不难,难的是一辈子做好事。"的确,我们干什么事,要取得成功,坚持不懈的毅力和持之以恒的精神都是必不可少的。同学们,回想一下,在你们刚踏进校门的时候,有谁没有立下过"努力学习,朝着自己梦想不断前进!"的雄心壮志。时间飞逝,一个月、一个学期、一个学年很快就过去了,经过一次考试,有喜有忧。于是很多同学开始总结经验,认识不足,然后决定发奋读书,开始制订详尽的学习计划,具体的时间安排,一系列的实施方案;或许还曾经闻鸡起舞,梦里挑灯,上书山、游学海;也曾经上课聚精会神,作业一丝不苟,自习用心专一。可是,一周之后、一月之后、半学期之后,你坚持了多久,实施了多少,收获了多少。为什么每个人的学业成绩、实践能力、对社会的贡献会有那么大的差异呢?原因就在"坚持"二字上。谁坚持了,谁就成了成功者;谁半途而废,谁就将以失败而告终。

何谓坚持?它不是口头上的豪言壮语,而是要付诸行动,从一点一滴做起,正如刘翔、姚明的胜利是经历了一次次艰苦的训练。同学们,不要因为一道数学题而沮丧,不要因为一个英语单词而懊恼。只要你找到适合自己的学习方法,坚持下去,困难就会一个个离你而去,成功就会慢慢向你走来。在这个世界上只有雄鹰和蜗牛能够到达金字塔的顶峰,蜗牛之所以能到达金字塔顶峰,有的只是坚持到底的恒心,如果你自以为不是雄鹰,又想到达金字塔的顶峰,那你就做好当蜗牛的准备吧。

王晓东老师讲座现场

亳州市中学物理名师工作室在蒙城中学
举行教师专题培训

亳州市中学物理名师工作室主持人王晓东,按照工作室的活动安排,应蒙城中学校长赵栋的邀请于 2017 年 2 月 27 日在报告厅为全校教师举行题为"从教师到名师"的专题培训,受到了全体教师的欢迎,具体内容是:

既然当了教师,就希望成为名师,只不过这样的理想在绝大多数教师那最终变成了梦想。问题在于:一是经验成就好教师,但经验却能阻碍你成为名师。教学就和游泳一样,不能只在岸上讲理论,非得亲自到游泳池里游几圈或者游几年,也就是亲自到课堂中去上几节课或者上几年课,否则你对教学实践没有感觉,对教学理论也没有感知。因此,不能把经验转化为理论,也不能把经验转化为思想,当沉浸在经验把自己成就为好教师的喜悦之中时,经验的反作用就会阻碍教师成长为名师。二是学科成就好教师，但学科本位阻碍你成为名师。要当学科教师比如当数学教师，就意味着得在数学系学上几年，可如果你真的在数学系学了几年后，就会把自己归属于数学专业人员。当数学教师上课搞不定学生时，就会用学科来搞定学生，这些和数学学科没有关系，而是和教育教学有关系。如果把数学置于学生之上，数学就阻碍你成为名师。三是实干成就好教师，但思维缺失阻碍你成为名师。教书多年后，会觉得是一个名师，想法充满了智慧。可当要你把教学做法写出来与大家分享，你可能会说讲讲可以，真要写成论文，太艰难了。没有教学语言，就很难形成教育思维，这就成了阻碍名师形成的重要原因。出路在于：首先，要系统掌握教育教学概念与术语。假设物理教师想告诉化学教师如何把学生教好，肯定是一件非常痛苦的事情，由于学科专业术语的不统一，导致教育教学经验无法分享。教师需要用一套属于教育教学自己的概念体系或者术语体系，这套概念体系或者术语体系不是原来的学科体系，而是教育学科体系。有了这些通用的专业术语，才有大家的日常说法和做法。其次，要形成学科教学思想和教育理念。不管教师教出了多么有名的学生，如果教师讲不清楚这名学生是怎么教出来的，在什么样的教育理念和教育思想指导下教出来的，都很难承认这位名学生是这位不出名的名教师培养出来的。当教师自己没有学科教学思想和教育理念时，必须学习和借鉴别人用教育教学术语和概念形成的教学思想和教育理念，在这儿需要提醒的是，他人的教学经验和教育做法虽然更鲜活，却难以直接借鉴和沿用。

王晓东老师讲座现场

亳州市中学物理名师工作室在亳州城区中学开展教学交流

依据亳州市教育局教科所的计划要求,2017 年 4 月 11 日至 4 月 12 日,亳州市中学物理名师工作室在亳州一中、亳州二中、亳州一中南校开展高三复习迎考教学交流活动,工作室全体成员和全市高级中学部分高三教师参加了本次活动。会上,中学物理名师工作室主持人王晓东以"高三物理轮回复习应该这样做""规范答题,高考增分""考前'六练习''六突破''一标准'"为题,做了三个半天的主题报告,受到与会师生的热烈欢迎,报告内容是:

1. 六练习

(1)练速度:常规考题自动化,无须思考自来答;高考考题练限时,几次时练取平均;薄弱环节专注练,弱项专注针对练;智能考题重方法,突破一般找技巧。即练自动、练限时、练专注、练技巧。

(2)练规范:必要说明,示意图形,基本规律,通用标注,运算过程,正确结果。

(3)练手感:每天必练,每科必练,每项必练,每时必练,每型必练,勿要间断。

(4)练心态:吃饭不少,睡时不少,活动不少,随时可考,所有备好,自信考好。

(5)练准度:易题全拿,中档九成,难题争分,常题近满,变题过八,新题半数,选择过八,填空准答,计算分答。

(6)练结构:串成线,构成面,结成块,建成体,织成网。

2. 六突破

突破知识结构,促进综合提升;突破重点难点,促使主干掌握;突破解题规范,确保会题全分;突破应考心态,挖掘非智因素;突破对题比率,保证做题多对;突破解题速度,使会题有时做。

3. 一标准

经常研究答案标准,自己命制答案标准,练习按答案标准,考后对照答案标准,宣讲展示标准答案,掌握记住答案标准。

亳州一中高三教师　　　亳州一中南校学生　　　亳州二中高三学生
交流会现场　　　　　　报告会现场　　　　　　报告会现场

【交流活动】

亳州市中学物理名师工作室到利辛一中
开展教学交流活动

　　2014 年 4 月 18 日,亳州市高二物理教研会在利辛一中召开,参加会议的有亳州一中、亳州二中、亳州三中、蒙城一中、蒙城二中、蒙城六中、蒙城八中、利辛一中、利辛高级中学、涡阳一中、涡阳二中、涡阳四中等近 200 名教师,亳州市中学物理名师工作室全部成员参与了本次会议。

　　会上,亳州市教科所黄灿明所长就近期高中物理教学工作做了安排,利辛县教育局刘年书记介绍了利辛教育发展和教育科研经验,吴峰副校长介绍了利辛一中的教学教研情况。亳州市中学物理名师工作室成员岳征和利辛一中教师王永兴共同执教公开课《简谐运动的回复力和能量》,工作室主持人王晓东老师做了《物理教师成长之路》的专题报告,会议气氛热烈,收获颇丰。

工作室主持人王晓东做专题报告

亳州市学科名师工作室专题工作研讨
会议在蒙城一中召开

　　2014 年 5 月 30 日,亳州市学科名师工作室工作研讨会在蒙城一中召开,亳州市各学科教科研基地学校校长、学科名师工作室主持人、教育局副局长石磊和教科所副所长黄灿明、蒙城县教研室主任杨超等出席了本次会议。

　　会前,与会人员参观了亳州市中学物理名师工作室的活动室,听取了工作室主持人王晓东对中学物理名师工作室启动工作的介绍。接着各工作室分别就自身建设做了发言,李跃进校长畅谈了亳州一中两个工作室的构建,教科所副所长黄灿明做了重要讲话,期望各学科名师工作室认真开展研究,拿出下阶段工作计划。

　　教育局副局长石磊充分肯定了中学物理名师工作室的建设工作,要求其他学科名师工作室应该借鉴学习,并反复强调:领导重视是名师工作室建设的前提,学科名师工作室主持人的能力是关键。同时要求教科研要立足于课堂教学研究,学校要加强对工作室的领导,教育局要全力以赴地支持学科名师工作室的建设。

亳州市名师工作室教研会现场

亳州市中学物理名师工作室课堂教学
研讨在蒙城八中举行

　　2014 年 10 月 22 日,亳州市中学物理名师工作室会议在蒙城八中召开,会前听取了蒙城八中陈振利教师和工作室成员方倩的"四环节教学"公开课。

　　会上,蒙城八中教研室主任韩国胜做了"四环节高效课堂的实施"的专题发言,介绍了蒙城八中课堂改革的历程,课堂改革的价值意义和对高效课堂的理解与认识。讲到"效"概念,韩国胜主任用"让学生学什么? 学生怎么学? 学得怎么样?"来阐述对高效课堂的理解,并讲述"以学定教"和"以学评教"的原则。"以学定教",即根据学生的掌握进度来确定教学的进度,根据学生的学习方法来确定教师的教学方法,根据学习的重难点来调整教学力度的大小。"以学评教"原则中谈到了情感的投入度、思维的深入度、参与的广泛度、交往的融洽度和目标的达成度。在具体实施操作上,高效课堂的实施一般分五步:集智备课、编导学案、小组建设、教学流程和分层达标。与会人员很受启发,一致说"学有收获,对一线教师特别有启迪"。

　　最后,县教研室领导杨同贺做了总结发言,他说中学物理名师工作室的各项活动都很务实,承诺一如既往地支持工作室的建设。

中学物理名师工作室会议现场

亳州市中学物理名师工作室到涡阳第二中学
开展送教活动

2014 年 12 月 16 日,亳州市中学物理名师工作室到涡阳二中开展送教活动,来自三县一区的物理老师以推门听课的方式,走进高一教室进行教学观摩。工作室成员张全三在多功能教室上了课题为《碰撞》的教学公开课。接着,高效和校长就涡阳二中实施高效课堂教学改革的情况做了报告,报告从走出去到拿进来,从教师不理解到努力去做,从社会的怀疑指责到逐渐接受承认,受到与会者频频赞许。最后,在黄灿明副所长的主持下对高一年级物理高效课堂进行了点评,参会老师谈了各自看法,并提出了不少合理化的建议。

物理名师工作室会议现场

高效和校长介绍高效课堂

亳州市县区中学高三物理教学研讨会在
涡阳第四中学召开

2015年4月11日,亳州市高三物理教研会在涡阳四中召开,亳州一中等12所学校的百余名高三物理教师参加。亳州市中学物理名师工作室成员韩明、张全三、赵旗、彭振宏、王科建、李飞、钱会会、连磊、杨成勇、邹波、张志、岳征、姜万和等参与了本次会议。

会上,亳州市中学物理名师工作室成员邹波就高三第二轮复习上了一堂专题教学公开课,工作室成员王科建分析解读了刚刚结束的皖北协作区物理考试卷,工作室成员彭振宏结合实际给出了高考二轮复习策略,工作室主持人王晓东老师以"稳中求变"为题,解读了高考物理大纲。上午12时,会议圆满结束。

工作室成员王科建讲座

工作室成员邹波上公开课

黄灿明副所长在会场上

工作室成员彭振宏谈高考复习

亳州市中学物理名师工作室在蒙城八中
举行教学交流活动

2015 年 4 月 25 日,亳州市中学物理名师工作室在蒙城八中举行"同课异构"教学活动,蒙城县教研室主任陈兆勇和工作室部分成员参加。

与会工作室两成员以"重力势能"为题,举行了"同课异构"课堂教学观摩活动。在评议两位老师的授课时,大家各抒己见,提出不少好的建议,与会者获益颇多、受益匪浅。王晓东高兴地说,中学物理名师工作室活动开展得很有成效,既加强了工作室成员间的交流,也锻炼了成员的竞技能力。县教研室陈兆勇主任也给予高度评价,他说工作室活动有声有色,令人欣慰、非常满意,希望物理名师工作室所有成员再接再厉,将物理教研的精神传承下去,争取辐射得更广。

陈兆勇主任在会场上交流

亳州市中学物理名师工作室到涡阳
第五中学参加教研活动

为将"一师一优课,一课一名师"活动落到实处,2015 年 5 月 27 日,在涡阳五中南校开展了亳州市初中物理教研活动。亳州市中学物理名师工作室指导组长黄灿明和成员王辛辛、方倩参加了本次活动。

上午,来自三县一区的四位老师分别上了一堂展示课。分别由涡阳五中姜影老师执教《认识压强》、工作室成员方倩老师执教《升华与凝华》、亳州九中张红娟老师执教《研究物体的浮沉条件》、利辛实验中学刘月侠老师执教《探究欧姆定律》。四位教师的课精彩纷呈、各有特色,体现出了扎实的教学基本功和良好的专业素养。

下午,大家又齐聚一堂,展开了热烈的交流研讨。与会老师畅所欲言,在对执教老师给予高度肯定的同时,也指出了存在问题并给出了中肯的意见。最后,亳州市教科所所长黄灿明做了总结讲话,为与会教师提出了专业发展要求,指明了今后努力的方向。

工作室成员方倩在为学生授课

亳州市中学物理名师工作室在蒙城二中
举行教学交流活动

2015年10月21日,亳州市中学物理名师工作室在蒙城二中举行"同课异构"教学交流活动,市县两级工作室成员张全三、陈振利及二中全体物理教师参加。

工作室成员钱会会和代鑫鑫老师分别以"弹力"为课题执教教学公开课,王晓东老师主要就他们上课时出现的不足提出了改进方案,工作室成员张全三、陈振利等发表了个人看法,整个过程充实有序,两位老师听后均觉得受益匪浅。蒙城二中教导主任张建廷对物理工作室的到来表示感谢,并希望工作室多到二中来开展一些活动,以加强和工作室成员间的交流,提高二中的教科研能力。会议在热烈友好的氛围中结束。

工作室成员钱会会在授课

亳州市中学物理名师工作室教学
交流会议在蒙城六中举行

2016 年 5 月 20 日上午,亳州市中学物理名师工作室教学交流会议在蒙城六中举行,多位工作室成员及六中全体高三物理教师参加了本次会议。整个活动分成三个阶段:第一是"同课异构"教学公开课,由蒙城六中教师岳巍巍和工作室成员韩明分别执教"高三电学实验专题复习课",接着进行评教评学,最后由工作室主持人王晓东做"五练习、六突破、一标准"高考备考指导讲话。王老师深入浅出的话语不时赢来阵阵掌声,大家一致认为讲话很有意义,操作性强、实用性大,对即将参加高考的考生很有帮助。

工作室成员韩明在课堂授课

亳州市中学物理名师工作室到蒙城八中
开展教学交流活动

2017 年 3 月 9 日上午,亳州市中学物理名师工作室在蒙城八中举行高三教学交流会议。第一阶段是"同课异构"教学活动,由工作室成员张全三和孟素玉老师共同执教"向心加速度"一课,第二阶段是评课议课,在第三阶段主持人王晓东畅谈了"如何成为一位好教师",把活动推向高潮。王老师的发言理论性高,可操作性强,对年轻教师的成长具有指导意义。

工作室成员在上课

亳州市中学物理名师工作室到蒙城一中
开展教学交流活动

　　2017年3月15日,亳州市中学物理名师工作室在蒙城一中举行高三教学交流会议。工作室成员和一中高三全体物理教师参加了本次会议。工作室成员张志和陈新侠先后执教"江南十校物理试卷评析课",接着进行评课。接着工作室主持人王晓东老师畅谈了"讲试卷和评试卷"及试卷评析的"五要五不要"。整个发言以小见大,平常而富有哲理,对青年教师讲评试卷具有积极的指导意义。最后,会议在欢快的气氛中结束。

工作室成员在上课

第二章

教育管理

管家　管制　管理

当今社会,管理是个热门话题,如"管理出效益""管理出人才""管理是生产力"等,不一而足,足见其在人们生活、生产中的重要地位和作用。那么,管理到底是什么？或者说管理的内涵有哪些？笔者查阅了不少论说论著,浏览了多个相关网页,收获颇丰。值得一提的是,笔者在搜索管理含义的同时,也触及了管家、管制等类似概念,不由自主地将其联系起来,在此,一并谈谈管家、管制、管理三个层面在学校教育工作中的不同表现,一孔之见,难免偏颇。

1. 管家

"管家"这一概念最早源于法国,其职责范围却在英国受到了宫廷礼仪的规范,使英式管家成了家政服务的经典,只有名门贵族才能享受管家服务。其实,管家就是仆役长,给每一个奴仆分派工作(包括家庭理财、接待客人、维修房屋等),并进行监督和验收,事无巨细都要由管家来安排。豪宅里还有一个统领女仆的女管家,因女仆干的都是煮饭洗衣等事,故有"女管家""管家婆"之称。随着人类生活水平的不断提高,管家职责已不局限于日常生活的管理,管家服务也从先前的家庭式,到近代的酒店式,再到现代的机构式。虽然如此,管家工作性质并没有得到实质性的改变,给人的印象依然是做做小事,终究成不了大气候。

曾几何时,管家服务也进入了学校,表现诸多。一是事必躬亲,每事必管,忙得连上级教育行政会议也无时参加,更谈不上对新课程改革与实施的教育考察了。二是坚信"动口不如动手",最好是连一本教师用书也从自己手中发出去心里才踏实,什么主管、分管,全是个人统管。三是足不出户,从早到晚坐在办公室,大事小事忙个不停,很难抽出一点时间到教学区走一走,到教学课堂上听一听。四是制订的计划少说也要万余字,唯恐工作内容涵盖不完,留下遗憾,最终是"懒婆娘的裹脚布,又臭又长",主次不分,主题不明。五是多面出击,常帮财务会计开票据,帮考务室人员摆凳子,帮办公室主任管印章,接待外宾也要亲自出马。六是绰号多多,校长办公室主任、财务员、教辅管理员、学籍管理员、保卫科长等,比比皆是,好不容易!

教育不是不需要精细化,但不能主次不分,"眉毛胡子一把抓",忘记了什么是主要矛盾,什么是次要矛盾;教育不是不需要脚踏实地,但不能"只埋头拉车不抬头看路";教育不是不需要"黄牛"精神,但管理者更需要的是创新管理体制,走新课程改革之路;教育不是不需要管家,但无须事必躬亲、凡事必抓。其实,现代"管家婆"教育管理专用软件,能使教育管理科学化、制度化、规范化和精细化,对提升教育教学质量,深化学校管理内涵功效显著,不是很好吗? 有些学校举行"今天我是管家"主题活动,让学生在周日做一天"小管家"。早晨做饭,上午洗衣,下午擦地板,晚上收拾东西……一天下来,腰酸背痛,辛苦非常,这样的活动不仅能让学生体会父母的辛劳,也激发了孝顺父母的情感,不是很好吗? 我们赞美教育上的"红管家"精神,绝不是让学校管理者去当管家。学校教育需要大家合理分工、齐心共管,不是领导者一人全管。否则,久而久之,管理者不但工作做不好,反而成了"独裁者",岂不哀哉!

2. 管制

从管家的起源、性能及表现来看,管家适宜于小范围、作坊式等组织的管理工作。显而易见,随着社会大生产的发展以及社会各种矛盾的出现,管家的职能越来越不适应形势发展的需要,越发显得捉襟见肘。于是,为了社会稳定和生产有序,社会管制便应运而生。

管制是由政府机构制定并执行,直接干预市场配置机制的一般规则或特殊行为。更普遍的意义是指刑法规定的一项量刑种类,即对罪犯不予关押,但限制其一定自由,由公安机关执行和群众监督改造的刑罚方法。可见管制作为一个刑法规定,属于刑法范畴,与教育管理风马牛不相及。皆因应试教育泛滥,急功近利思潮抬头,这个本与教育管理无缘的约束手段,却成了当今一些教育管理者的法宝,并被吹捧为教育创新。教育管制,不仅折射出了当代教育的故步自封,更折射出了教育体制的僵化与强权!

《扬子晚报》曾刊登一则题为《不堪"好学校"刻板教育方式，两少年千里流浪到南京》的报道。该报道说的是河南某重点中学的两名少年因不堪枯燥的寄宿制生活，翻墙离开学校，度过难忘的七天流浪生活。在这所"封闭寄宿制管理学校"里，学生每天什么时候做什么，全由老师安排，双休日也不例外。无形重压之下，孩子们选择了离校出走寻找"自由"。很显然，封闭式教育把学生的智育发展置于最高地位，学校所做的一切都是为升学考试服务，什么道德品质、心理健康等都是身外之事，这种以牺牲学生综合素质发展为代价的教育模式，严重地违背了现代教育目标。陶行知先生早就提出"解放教育"，真正具有时代教育理念的领导者，应该敞开校门，还学生一块属于他们的空间，在开放的环境中培养高素质的人才。

无独有偶，鉴于影视节目影响力持久而无形，湖南一所学校规定"学生周末不准看湖南卫视"。此项禁令一出便争议一片，虽有家长力挺，但多数家长则直接"拍砖"。赞成者认为，现代社会环境复杂多样，需要为孩子的成长环境设置禁区。反对者认为教育要的是管理，不是军队里的管制。中学生正处在青春叛逆期，越是禁止的东西，他们越觉得新鲜，越要去尝试。再看一例，2011 年 11 月 17 日，网友"zzfa2008"在天涯论坛发帖称"广西平南实验中学因学生带手机进课堂开除 20多人"，直指该校校规是"霸王条款"。该帖一发便引发大量网友的转发和评论，许多网友认为"学校的做法太过分"，有人认为"这是抹杀学生受教育的权利"。甚至有人称"这是一所没人性的学校"，并呼吁教育部门尽快调查处理。《南方日报》记者随即调查证实该校确有此事，且类似规定多达几十条。对此，学校部分领导还理直气壮地告知记者这是按照校规办事，"合情、合法、合理、合乎大部分学生和家长的利益"。我们说，学生的良好行为习惯是靠受教育养成的，不留面子地说，学校出台教育禁忌的背后折射出的是"教育懒政"的影子。毕竟，变"堵"为"疏"说起来容易做起来难，包括说服教育、校园环境文化教育等。正因为如此，学校常会采取"一刀切"的措施，直接"颁布"种种禁令，把难题推给家长和社会，自己落得个无责一身轻。

有些学校管理教师招数更绝，陕西省宜川县宜川中学开展了一项"最差教师"的评选活动，使得该校高二年级的 60 名教师人心惶惶、不知所措。习惯了"优秀教师"等称号的评选，突然开展"最差教师"的评选活动，创意还真是新鲜。我们说，学校管理绝不是让教师出丑，而是促进教师实现专业化发展。其实，没有一个教师愿意最差，一旦管理行为让他们成了名副其实的"最差教师"，他们很可能会按照"最差教师"的行为去工作,这是一种恶性循环。可见,这种评选方式评出的不是教师素质的高低,而是学校管理的无能,是典型的对教师的管制。深度观察还会发现类似管理还真不少,什么"教师坐班制""末位淘汰制""上班手印制",体现在班级管理上的"高考倒计时牌子",触目惊心的激励语言"要上天堂,先下地狱"等,大有破釜沉舟,不成功便成仁之功用。试问这是教育管理吗?这是对教师和学生身心的摧残和践踏,是对教育的犯罪。

3. 管理

管理就是制定、执行、检查和改进。管理作为一种方法或工作程序,其原则是科学的、运用是艺术的。管理是一个持续和协调的动态过程,重点在于建立分工合作和融洽的人际关系,实质在于科学决策和提高功效,充分利用或改变各种资源来满足人类的需求。教育管理作为管理的一个范畴,是管理者通过组织协调教育队伍,充分发挥教育的人力、物力资源作用,利用各种有利条件,高效率实现教育目标的活动过程。

英国雷丁大学教育学教授在《如何管理你的学校》一书中指出:"领导与价值目标相联系,管理与实施技术相联系……管理要确定战略目标和执行计划,管理的执行需要有价值观的支持。"实践表明,不重视学校管理文化的建设,学校只能在一种较低的层次上徘徊。人们常说,一流的管理靠文化,二流的管理靠制度,三流的管理靠汗水。一所学校的发展不仅取决于物质条件和师资素质,更取决于隐藏在其背后的核心精神与核心能力,以及形成核心精神和核心能力的学校管理文化的建设。可见,文化和制度是学校科学管理的基本内涵,是推进素质教育的有效措施。

(1)实行学校文化建设管理,创新文化观念是前提

首先,学校领导应具有先进的办学理念,有中远期办学目标,正确定位学校的发展。能破除封闭自守观念,树立开放办学思想,有民主开放的管理作风和勤奋务实的工作精神。其次,学校要树立"以人为本"的管理思想,把师生真正当成服务的对象,摒弃以训斥、命令、束缚和控制,乃至摧残为标志的刚性手段,代之以尊重、信任、理解、宽容、激励和交流等人性化的柔性手段,创造具有亲和力的学校人文生态环境,使学校成为让师生兴奋和留恋的地方,增强教师从教的幸福感。最后,学校教师要善于学习,能够吸纳新思想和新观念,并将其转化为教育教学行为,具有团队合作的精神,以及自我反思和自我超越的意识。

（2）实行学校文化建设管理，创建文化氛围是关键

学校物质环境文化，是以物质形态存在的文化设施，它以其独特的风格与文化内涵，影响着师生的理念和行为。可利用建筑风格、文化设施、室内布置、绿化设施等创设优美的校园环境，体现一定的文化追求。如校园文化雕塑、池塘亭阁、回廊字画、班级文化等，给人以潜移默化的影响。学校人文环境文化，指学校长期积淀而形成的文化氛围，如确立学校共同愿景，制定学校发展规划，明确办学目标并内化为教师的事业理想，让每一位教师都能自觉与学校发展保持一致，都在自己的岗位上尽心尽职，在发展学校的过程中体现个人的价值。再如发掘"校训、校歌和校徽"等特定的文化内涵，感染、美化师生心灵，营造一种"团结向上"的群体氛围。

（3）实行学校文化建设管理，加强制度建设是载体

要从学校的实际出发，以教师的专业化发展为本，建立现代教育教学管理制度，激活教师工作的主动性和创造性，促进学校的可持续发展。第一，建立"民主科学"的管理机制，改变"家长式"的管理制度，如成立由教师、学生、家长和教育专家组成的课程委员会，制定以教师为主的教职工代表大会制度，加强民主管理和监督，使教师参与教育管理工作。第二，创设"现代学校制度"：如建立由学校领导、教师和学生家长组成的学校理事会，承担学校决策审议职能；聘请知名教育专家担任教育总监；建立由"首席教师"组成的校务委员会，承担学校内部的决策咨询职能。第三，创新"内部管理体制"，如对不同水平的教师建立不同年限的"资格聘任制度"，对不同专业水平的教师建立不同标准的"岗位责任制度"，对不同个性潜能的教师建立不同标准的"分配激励制度"。第四，完善"教学评估制度"的内容和标准，要把教师的教学研究、教改实验、创造性教学和师生关系纳入进去，体现新课程的精神，反映教师角色转换的要求和教学改革的方向，有利于教师的专业成长。

总之，教育管理是一门科学，学校领导是教育的管理者，不是教育的"管家婆"，更不是教育的"警察"。随着我国教育改革的不断创新和发展，素质教育日趋深入人心，去年出台的《国家中长期教育改革和发展规划纲要（2010—2020 年）》，为教育的持续发展描绘了宏伟蓝图。相信教育界不乏有志之士担当着致力于学校改革和创新发展的管理者，只要我们学校领导者的理念新、方向正、目标清、工作实，以文化转变师生观念，以制度规范师生行为，就一定能打造出自己的办学特色，提升教育质量，成就教育品牌。

（作者　王晓东）

学校管理　首在常规

"基础不牢,地动山摇"。在学校诸多工作中,提升质量是目标,改革创新是手段,常规管理是基础。"千里之行,始于足下",提高教学质量必须从常规管理做起!

1. 教研管理

教研是教学的需求,教学是教研的体现。学科教研是学科教学的二传手,犹如球场上二传不到位,主攻就没有杀伤力一样,教研不到位,教学就不可能有优秀成果。

(1)学科主任制度

①教研组织

备课组:由同年级、同教材的老师组成。备课组的工作职责是研究制订年级学科教学计划,认真组织集体备课活动,组织教师研究和改进对学生学习活动的评价,加强对本年级学习困难学生的帮扶。

教研组:由整个学校研究同一科目的老师组成。教研组的工作职责是组织开展业务学习,广泛开展教学研究活动,协助学校加强教学管理,积极参与学校课程建设,积极开展教育科研,做好教师培养工作。

学科组:学科组的内涵与职权都比原来的教研组宽泛得多。在河北衡水中学,学科主任列席校长办公会,直属校长管理,与教导主任、政教主任、总务主任职能相同。学科组负责整个学科的教育教学,包括学科计划、学科管理、学科教师的培养等。学科主任就是学科团队的队长,如教师参与各级各类优质课比赛或到外校进行经验交流,学科主任就是编剧,组里优秀教师就是导演,参赛选手就是演员,集思广益、各负其责,一损俱损、一荣俱荣。

②主任职责

在校长和教科室的领导下,按照教育规律和学生认知特点,开展本学科"课堂教学、考试和评价"的研究,同时承担本学科教师培养的部分工作。

开学制订本学科教研工作计划,认真组织实施;期中检查落实情况,调整教研计划;期末做好学科总结,向学校汇报工作情况。

带领本学科教师学习业务,监管年级集体备课活动,定期或不定期地进行听课调研。有计划地组织本学科的教学研究课、公开课和展示课,及时发现问题、提出建议,并总结交流和推广经验。

依据现代考试理论,研究本学科考试命题的基本原则、操作流程和具体要求,协助做好各年级考试的命题和评卷工作。

收集本学科高考改革信息,结合学校高中毕业班的教学实际,研究高考的应试方法,探究自主招生的考试策略。

根据需要进入年级、级部、班级、学科进行教学质量的调研,写出相关分析报告,提出改进本学科教学的方法和措施。

调研本学科常规教研和教学中存在问题的原因,如备课的效率、作业的优化、教辅的使用、尖子生的培养等,为学校制定"培优转差"等相关方案提供依据。

注重本学科教师的培养。推荐学科教师积极参与各级各类评优活动,根据学校计划组织好学科教师外出参观学习和观摩考察,安排好在校内外举行的各级各类教研活动。

运用现代教育技术整合本学科教学资源,主持编写校本教材和教学辅助资料,服务于教学。利用校园网络和媒体技术,建立本学科网络教学交流平台,如开通博客、微信、QQ 群,即时加强教学交流。

围绕学校工作重点,秉承"疑题就是话题、话题就是问题、问题就是课题"的校本教研理念,抓好本学科教科研课题的申报、立项、开题与结题工作,尤其是最贴合实际的校级课题研究,如"每周一题""一题一议"等微型课题研究工作。

(2)校本教学教研

①课标学习

确定领学人,给出学习内容以及重点讨论的问题。制定导学案,人手一份提前发给参会教师,引领学习,加强学习效果。

每次学习后都留下思考题,要求写出学习心得和体会,由备课室主任上交教科室备查。

将课标学习与实际教学课例结合起来,边学边思、边学边用,力求吃透课标。每次阶段考试结束后都要带着考试反映出的问题对照学习,进一步加深理解和应用。

②集体备课

基本要求

集体备课要做到"四定""七备"和"五统一"。"四定",即定时间、定地点、定内容和定中心发言人;"七备",即备思想、备教材、备教法、备学生、备手段、备过程、备练习;"五统一",即统一进度、统一目标、统一内容、统一作业、统一测试。值得说明的是"五统一"不是"一刀切",而是根据教学的具体情况,经集体分析后做出的合理安排。

主要环节

集体备课分个人初备、集体研讨、修正教案和教学实践四个环节。具体流程是确立课题、组内讨论、确定主备(形成初案)、集体研讨(形成共案)、个性设计(形成个案)、交流反思(跟踪修正)、教学实践(形成正案)。

做好记录

集体备课时中心发言人主讲、老师共同探讨、相互补充,使教案内容更加充实完善。每位教师都要在集体备课中积极参与讨论、发表独到见解、集思广益,并将研讨内容翔实记录在教研活动记录表上备查。

③活动检查

教研主题报告制:各备课室按计划确定每周教研主题,并及时通知本组教师,以便提前撰写发言稿。每周一下午教职工例会时上交教研主题报告表至教科室负责人。

学科主任巡察制:常规教研会,各学科主任深入备课组,检查、督促、指导、了解该备课室活动情况,并做好记录。

教师发言讲稿制:每位教师要提前写好发言稿,规范发言内容,会后统一交备课组存档,纳入教师评价机制。

教研评定等第制:每学期结束,各年级备课室,依据每位教师的教研活动情况(主要指出勤、发言次数和质量、参与活动其他情况等),对各位老师进行评价,分A、B、C 三个层次,比例为3∶5∶2。分别按教师业务档案赋予教科研成绩总分的0.85 倍、0.75 倍和0.6 倍记入。

2. 教学管理

(1)课堂教学

四环节课堂教学模式:自学环节(约 5 分钟,学生活动);交流环节(约 10 分钟,师生活动);讲述环节(约 15 分钟,教师答疑);巩固环节(约 10 分钟,师生活动),课堂教学四环节可分段进行,也可交叉进行。

①自学环节:预习是高效课堂的前提,体现学生课堂的主体性。教师要指导学生如何预习,如给出提纲或预习内容,禁止"一句话"式的预习安排。

②交流环节:教师依据预习内容提出问题,让学生同桌或分组进行交流,老师参与其中或巡视学生交流情况。

③讲述环节:学生交流后随机进行展示,或教师通过提问,对重点问题进行强调,对难点进行讲解,对疑点进行诠释。

④巩固环节:课堂练习要紧紧围绕课堂教学目标以及教学重点、难点和易错点。做到每个教学目标都有针对性的课堂练习,不遗漏任何知识要点。练习要体现"大容量、多练精练"的原则。认真落实"堂堂清",该掌握的要当堂掌握,该会用的要当堂运用,该检测的要当堂检测,该矫正的要当堂矫正。

(2)公开教学

①期初各备课室应据实排定公开课日程细目表,本着课堂教学改革和提高教师教学素养的目标,落实到班级、授课者、教学课型和内容,上报教科室备查。

②全室教师均应参加公开课教学活动,并做好听课记录备查,重在给出评价和教学建议。

③当周教研日进行评课活动,重点记录主持人、授课教师、同组教师的评课意见,并作为评定优秀备课组的重要内容之一。

④评议要求听课者必评、青年教师先评、讲优点必先讲不足、后评者内容不得重复、提出不足时一定要给出改进意见。

⑤对不参与听课、听课不评课、评课不到位的教师在记录里点出姓名,作为年终教研成绩"C"级的一项内容。

(3)教学考练

①考练关系

考具有正统性,如难易度、区分度、覆盖率、信效度等,而练重在针对性,具有灵活性,如不拘泥于时长、题型和题数。

考具有阶段性,应是教学中有规律的安排,隔一段时间进行一次,可自考和联考。而练具有灵活性,考前考后、课前课后,堂练日练、周练月练,随时随地,不拘一格!

练是为了考,严格说平时的各类考试都是为高考而练习,随时练习是为了平时考(大练),大练是为了最终高考。反之,高考指导平时的模拟考,模拟考暴露问题,指导平时有针对性地练。

②考后分析

教学测试学情分析会必须在考后第一备课活动日进行。备课室主任要点出存在问题的教师和教师存在的问题,并集思广益,找原因、拿措施。同时,要求下一次考试前的备课室活动日,存在问题的教师要汇报问题整改落实情况,此项作为合格备课室的必要条件之一,务必做好记录备查。

落实阶段考试"考后一百分"的工作,学科教师要共同研讨共性错题的原因、教学内容的缺漏、教法学法的完善,制定针对性措施,记录错题本、形成错题案、命制错题卷。

研究周考命题,试卷结构可不拘一格,无须完整、面面俱到。可做单元内容测试、难点内容测试、薄弱内容测试、题型内容测试、共性内容测试和阶段考试共错内容测试,保留试题试卷备查。

3. 校内督导

为确保学校各项决策的贯彻落实和年级教育教学的规范化,及时查找不足、发现问题、调整计划、促进发展、提高质量,决定对各年级进行督导。面向年级,以全面评估各学科教学为根本,鼓励年级在依章规范管理的基础上,发挥优势,提高教学质量。

(1)督导方法

一是看年级班级整体面貌、室内布置等,二是听课堂教学、师生反映、部门领导汇报,三是查教案编写、教材运用、作业批改、自习辅导、答疑释疑等,四是开专题调研会议并提供调研报告,五是对年级教学管理和教学效果进行评价、总结与反馈,提出意见和建议。

(2)督导内容

①课堂教学:课前预习、师生风貌、组织形式(传统、创新)、互动情况(师生互动、生生互动)、问题设置、笔记记录、内容设计、风格特色、模式优化。

②教案检查:紧扣课标、教学目标、重难点把握、学情分析、教师活动、教具使用、教法运用、板书设计、作业布置、教学反思。

③作业检查:作业次数、内容安排、创新设计、批阅态度、学生态度。

④考试检查:考试次数、考题设计(是否紧扣课标、教材、面向全体学生)、批改情况、考情分析、考后反思、学生纠错。

⑤班级建设:安全教育、文化建设、规章制度、日常卫生、课间跑操、公物保护、节电措施、培优补差、班级理念。

⑥教研活动:公开课安排与落实、听评课、集体备课、教研氛围、教研记录、专题研究。

（3）督导反馈

①数据汇总

督导组成员对各自采集的信息，经过提炼后形成个人的若干观点、相关例证及必要数据，并将观点、例证、数据如实、清晰地填入督导工作信息记录表。督导考核结果不记分数、不排名次、不扣帽子、不打棍子。用集体形式评议，在各成员提供的个人观点、相关例证及数据基础上逐条进行。评议坚持标准、客观分析、实事求是、民主集中的原则，对有争议的问题要补充了解，查明原因。

②措施建议

教学督导意见的形成，要求表述过程中将成绩与问题并举，特色与建议同列，篇幅大致相当，重在鼓励和督促。整改部分则要直视问题、指出不足、分析成因，切实做到中肯、具体，可操作性强。督导意见要形成报告，与年级相关领导、教师形成对接，共同学习先进的教学经验，分析并解决存在的问题，以期达到有效整合、优势互补的目的。

校本教研是教师专业成长的助推器

1. 教师成长的重大意义

《国家中长期教育改革和发展规划纲要（2010—2020年）》第17章第51条指出：教育大计，教师为本。胡锦涛在清华大学建校100周年讲话中指出，"广大教师和教育工作者是推动教育事业科学发展的生力军"，"要把加强教师队伍建设作为教育事业发展最重要的基础工作来抓，提高教师地位，改善教师待遇，关心教师健康，使教师成为最受社会尊重的职业"。从一定意义上讲，教育的意义与价值是通过教师来实现的。发展教育，教师必须要确立完整、科学的价值观，充分重视教师在整个教育事业发展中的基础性、关键性作用，以造就一支师德高尚、业务精湛、结构合理、充满活力的高素质专业化教师队伍。

2. 新型教师的基本素质

（1）教师要有方向感

一个人有很多种活法，归根到底的哲学问题只有一个：精神立身或者富贵立身。作为一名年轻教师，如果你想在教师这个行业里成为物质上的大亨，那么我真诚地劝告你，最好赶紧离开这个行业，你想在精神的天堂里寻求物欲的膨胀，那将会无功而返。不少青年教师就在这种目标混乱的无谓中长久徘徊,消耗自己最珍贵的青春年华。乃至过了浮躁岁月,却再也没有青春的活力,再也没有奋斗的勇气了,一切就在表面的安逸中走向人生的尽头。离开精神追求,只是一种活法,绝不可能上升到人生的本质意义。

(2)教师要有责任感

一个人没有了家庭责任感,这个家庭就注定不会幸福;一个人没有了工作责任感,他的人生就注定不会取得应有的成就。在共同的教育责任感之下,建设好教师集体,每一个教师都将教师集体视为自己生活的重要空间。教师需要有三种态度,一是把教育的事当作学校的事来做。学校布置什么工作,视之为包袱,视之为学校不让我过安宁日子,总想着早点卸了这包袱才好,才自在。对他们而言,教育是学校的事,与自己关系不大。做事能简单处理就简单处理,能应付就应付,学生素质是否得到提高,自我能力是否得到发展,教育人生是否随着时光的流逝而充实起来,从来不想。这类人所看重的只是每月工资卡上的工资,除此之外,再没有什么能吸引他们了。二是把学校的事当作自家的事来做。他们对于学校布置的各项工作,或许会发牢骚,但最终会尽可能地去做,这类老师工作很辛苦,起早贪黑,任劳任怨,加班加点,没备好的课,回家备;改不完的作业,回家改。从不去进行深入的分析与思考,不知道教育人生的真义在哪儿。三是把自己的事当作教育的事来做。这类教师有明晰的教育人生方向,把自己的人生价值锁定教育,一切有价值的活动都围绕着教育展开,自己所做的一切有意义的活动就是与教育相关。在他们身上,有教育的主动性和创造性,他们不满足于现状,他们努力探求着教育的有效之路、高效之路,他们把教育的创新看作人生最大的乐趣和最大的满足,并且,享受着探索路上的种种欢乐和痛苦。他们的生活状态已经和教育密不可分,他们上班从事的是教育,业余思考的也是教育。

态度决定一切,如果愿意奋斗,就做第三种态度的教师,就是做一位真正有责任感的教师。新课程标准把培养学生的创新精神和实践能力放在很重要的位置,但有些教师对此却无所谓。在他们眼里,只要把学生的考试成绩弄好,新课标、旧课标与他无干。课程标准实施数年来,教育界发生了多大变化?即便有所谓的"量"的变化,也只是专家听课或必要的"新课标汇报会"上"热热闹闹"的展示。君不见,应试教育大回潮在全国泛滥?我想,即使再来几次课程改革,情形也不会太好。20世纪80年代的"片面追求升学率"之后提出了"素质教育"观,90年代的"应试教育"却愈演愈烈。21世纪虽进行了新一轮基础教育改革,目前的境况却是"全面追求应试教育"的味道越来越浓。不是课程改革好不好的问题,不是培训到不到位的问题,不是各级领导重不重视的问题,问题的症结在于,越来越多的教师失去了必要的责任感。

（3）教师有奋斗感

一个事业是否高尚,不是因为事业本身,而是因为有一群高尚的人在为这个事业勤奋耕耘。如果你偷懒,你一定会被察觉,如果你敬业,你迟早也会被发现,因为世界从来没有像今天这样信息发达,不是只有眼睛才能看到,也不是只有一种直接的方式才能使人明白。

教师的几种常见借口:"学生基础太差了,班风也差……""我的记忆力不行了……""我一直这么教的……""我忙不过来啊……""找班主任去……""这件事我做不了,让别人去做吧……""我就这点水平呀……"人们不愿意去做事情的时候往往会有许多借口。作为教育工作者,教师应拒绝借口,成功人生就在你的眼前!

教师任何虚浮的行为,最终导致的只能是教育的失误乃至失败。从这个角度出发,你将对它有一个全新的认识,你将能把苦难当作锤炼自己的机会。失败面前,全世界都可以指责你,唯独你不要指责自己。全世界都可以放弃你,唯独你不可以放弃自己。"用自己的力量成长"是句箴言名句。一个教师要想做到杰出,或许是需要天分,需要后天环境等各种因素。但要成为一名骨干教师,成为在一定范围、一定领域里有所成就的人,就必须通过自身努力才能达到。

（4）教师要有专业感

一个教师只要理想之光不灭,就一定能朝着教育的理想境地前进。"热爱学生"是教师的职业底线,有了这股情意,教育就会产生神奇的力量。"言传身教"是教师专业的涵养。教育是一种影响,人格是一种熏染。教师应当是人格高尚的人,应当是先进文化的代表,具有实践的智慧。教育是一项实践性很强的工作,这项工作固然需要经验的支持,更需要智慧的决断。当前教师需要具备五项专业能力。一是教材解读能力,画家不一定能成为优秀的美术老师,作家不一定能成为优秀的语文老师,原因就在于他们不一定具备教材的解读能力。二是与学生交往能力,关注学生,就要和学生打交道,要和学生建立"忘年之交"。三是课堂管理能力,若没有较好的课堂纪律,肯定无法保证良好的学习环境。四是教学应变能力,探究学习中没有进入教师预设之中的、出乎意料的事实在太多,教师需要具备应变能力。五是试卷编制能力,坚决不让学生做没有意义、没有价值的试卷。

（5）教师要有智慧感

不管什么工作，要想做出滋味来，请用上你的大脑；不管什么工作，要想做出成就来，请用上你的智慧。一个老师如果不与学生同呼吸共命运，就很难把学生的耻辱当作自己的耻辱，很难把学生的光荣当作自己的光荣，学生也就不会视你为最密切的伙伴，不会把你看作生命中情感与心灵的呼唤者、引领者。一个真正的老师，对学生的爱应是深刻的，不只关注其今天，更关注其明天；不只关注其智力，更关注其情感；不只关注其基石，更关注其创造。真正的教育世界里，教师付出的全是智慧，只有智慧的教育才是塑造人的灵魂的教育。

3. 校本教研的内容

（1）备好课

①备"课标"。新的课程标准与过去的教学大纲有诸多质的不同，从理念到结构都给我们耳目一新之感。它不再包括教学重点、难点以及课时安排，只提出原则性的教学和评价意见。它不仅为我们提出了知识与技能、过程与方法、情感态度与价值观三维教学目标要求，还在学生学业评价、教师使用教材等方面提供了许多新颖的、实用的建议。

②备学生。新课程强调"教"服务于"学"，把学生置于教学的出发点和核心地位。教师应以学生的心理发展为主线，以学生的眼界去设计教学思路，预测学生可能的思维活动并设计相应对策，要根据学生的个性特点和认知水平确定分层教学目标：基础目标力求面向全体，做到循序渐进；高层教学目标则照顾学有余力的学生。

③备教材。不仅要备知识点（重点、难点），还要备知识点背后蕴藏着的方法和过程，情感、态度和价值观；不仅要备书本知识，还要备教师经验性知识、学生的体验性知识和生活性知识；不仅要重视教材上预设的结论性、事实性知识，而且要重视复杂多变的课堂上师生积极探究而生成的新知识。

④备方法。教学过程不是教师教与学生学的简单相加，而是师生互教互学、积极互动的过程。如何从教学的"独白"过渡到"对话"是教学方法选择的基本原则。

（2）上好课

在素质教育下课堂教学依然是学校教育的主渠道，要向45分钟要质量。我认为教师在课堂教学中的最高境界应是"难问题讲易、易问题讲难"。教师上一节课就如同演员演一场戏，要有序曲、高潮和结尾。

课堂的序曲就是你的课程导入,高潮就是课堂上教材重难点的解剖。结尾就是一节课的小结和作业布置。鉴于没有反思就没有进步,就没有创新,就没有最终的成功,课后要有针对性的反思。

课前备课、写教案固然重要,课后备课更利于教师的专业成长。教案的价值并不仅仅在于它是课堂教学的准备,教案作为教师教学思想轨迹的记录,也是教师认识自己、总结教学经验的重要资料。教师如果能够记录下遇到突发事件的处理情况,自己通过施教所获得的体会和感悟,则可以帮助自己总结积累经验、形成教育理念,有见地、有真切感受的札记,实际上是论文的胚胎:它是教师最宝贵的第一手资料,是一种实实在在的教研行动。

(3)说好课

说课是由授课人在个人备课的基础上,面对同行讲述自己的教学设计及理论依据,然后由听者评议,说者答辩,相互交流,共同提高的一种教学研究活动。它和上课完全不同,两者不能混淆。讲课的对象是学生,说课的对象是同行。说课就是要说准备好的教案怎么用,要做到把课说清楚,必须思路清晰,即按照"教什么、怎样教、为什么这样教"的思路说课,才能体现出课堂教学的概貌,才能符合教学的程序并与听者的思维同步。

①说清"教什么"

说课者应说清课文的主要内容、特点、教学目标、教学重点、难点、疑点、前后课内容与本课内容的内在联系等,让听者了解你对本堂教学内容所做的梗概并吸引听者思维与你同步推进,为讲与听之间的共鸣做好铺垫。

说教学内容。本部分内容包括哪些知识点,它们在整体的知识体系中的地位及其前后联系;从知识内容反映出来的有哪些技能、能力及思想方法;教材的重点、难点及确定重难点的依据等。

说教学目标。教学大纲对该教材的要求、完成的任务,这部分教材应实现的具体目标,学生需要形成能力或倾向的构成成分及其层次关系;实现这些目标的有效教学条件和不利因素等。

②说清"怎样教"

说清"怎样教",是实现讲与听之间相互交流达到说课目的的重要内容。这就要:说清根据教材特点和学生特点采取的教学方法和教学手段;说清课堂教学思路步骤、结构环节、板书设计、作业训练,以及如何突出重点和突破难点等项目。

说教学方法。俗话说"教学有法,但无定法,贵在得法",不同的课程、不同的年级、不同的班级等,可以采取同一教法,也可选择不同的教法。关于选择教法的问题,是一项因人、因内容而异的事情。如选择什么样的教法,为什么选择这样的教法,如何发挥师生两方面的积极性和主动性,准备什么样的教具、实验、教学手段,怎样落实双基及培养能力,并能有效地进行反馈评价等。

说教学程序。说出突出重点、突破难点的方法,说出教学过程的整体安排及其理由,即说出的教学方法是启发式、讨论式、探究式,还是讲授式等;教学过程中先做什么,后做什么,通过怎样做,达到什么目的等。

③说清"为什么"

说清"为什么这样教",是实现讲与听这个高层次认识趋同的重要手段。这就要求说清这样教的理论依据,包括大纲依据、课本依据、课本编写意图依据、教学论依据、教育学和心理学的依据等。以"楞次定律"为例,其教学设计流程图为,从引入新课,激发学生兴趣入手,由观察实验、提出问题(突出重点),如何解决问题,借助实验、多媒体,让学生充分讨论,教师引导,最后得出"楞次定律"。这一过程既完成了课本中知识的传授,更重要的是执行了大纲中培养学生观察、分析、归纳的能力。另外,应弄清如何才能把课说好,这是说课艺术的体现。

(4)评好课

①听课

教师要会备课、上课,要不要学会听课评课呢? 严格说来,听课评课也是教师的一项基本功。教师听课应该按下面三个步骤来进行,即听前准备、听中记录和听后交流。

听前准备。打算听谁的课,应该事先问问他教什么内容,把课本找来预习一下,看看课文写的是什么,是怎样写的,有没有难点、疑点;同时自己设想一下,假如让我教这样的课文,准备怎样教,以便听课时有个对比。如果听课不做准备,匆忙走进教室,盲目地听,不理解教者的教学意图,不熟悉教材,就不会有较大的收获。

听中记录。教师听课要高度集中注意力,全身心地投入,还要有虚怀若谷的态度。教师在课堂上不仅要听,还要看,要仔细捕捉讲课者的语言和表情,记下他每个教学环节和教学方法。教师要一边听,一边观察思考,既要看教,又要看学,二者兼顾。看教者对教材的钻研,重点的处理,难点的突破,教法学法的设计,教学基本功的展示。看学生的学,要看学生的课堂表现,看学生参与的情绪,学习的习惯。总而言之,要看教师主导作用和学生主体地位的有机结合。听课应详尽记录课堂的教学过程,也记下自己主观感受和零星评析。

听后交流。俗话说,"思之,思之,鬼神通之"。教师听完课后不能一听了之,应将课堂实况在脑中过几遍,应进行反复的琢磨。思考的办法有很多,或翻翻听课记录,或与执教者交谈,或将几节"互相牵连"的课做番比较,或写一篇"听课心得",或干脆将他人执教的内容拿到自己班上试试等。

在分析总结他人的课时要注意比较、研究,取长补短。每个教师在长期教学活动中都可能形成自己独特的教学风格,不同的教师会有不同的教法。听课的老师就要善于进行比较、研究,准确地评价各种教学方法的长处和短处,并结合自己教学实际,吸收他人的有益经验,改进自己的教学方式。在分析他人的课时,听课者还要注意分析执教者课外的功夫,看老师的教学基本功和课前备课情况。

②评课

传统教学评价在课堂教学中贯穿着这样一条逻辑:以教师为中心,以知识技能达成为目标,重结果,求一律;用简单的数码符号去衡量千差万别的人格面貌及其内在深刻复杂的认知、行为、情感和态度。这种知识传授型的课堂教学评价忽视了学生个性发展和创新能力的培养,忽略了学生学习方式、学习水平和学习情感、态度、价值观的评价。在形式和方法上都偏离了"以人为本"的理念,与素质教育的目标构成了彻底的悖论,使得新课程有效地促进学生全面发展与教学评价方式滞后之间的矛盾凸显出来。因此,全面实现新一轮课程改革目标,需要我们树立发展性评价观,建构起能促进学生全面发展、教师教学水平不断提高、课程改革不断深入的课堂教学评价体系。

③发展性高中课堂教学评价表的内涵

转移了评价重心。如对学生评价的权重占50%多,对教师评价的权重不足50%等,说明评价已由原来对教师主体的关注转移到对学生学习和发展的关注。

拓宽了评价主体。如增加了"教师自评"和"学生自评"。这是新课改评价理念倡导的两种主要评价方式,旨在促进学生的不断发展和教师的不断提高。由于"自评"首次进入课堂教学评价表,操作上有一定难度。因此,制定了《高中课堂教学教师自查评价表》和《高中课堂教学学生自查评价表》,配合《评价表》实施对高中课堂教学的评价。[见附表(2)和附表(3)]

改变了评价内容。如对教师评价已由原来的"知识讲解",转移到了对学生素质发展起着重要作用的"角色把握""环境营造"和"技术运用",同时增加了"主体交流"和"师生互动"等评价内容。

实施了隐性评价。如只对学习方式、学习水平、学习效果和情感目标的达成进行隐性评价,没有对知识、能力等教学目标进行显性评价。说明评价已由原来对教师"教"的关注转移到对学生是否学会、会学和喜欢学的关注。

突出了"发展性评价"。如表中的"量分"是次要的,既可以改变,也可以不用。所有教育工作者都可根据该表所体现的理念和学科的特点制定不同的评价表,从而构建出"以学生发展为本"的课堂教学评价标准。

综上所述,"发展性高中课堂教学评价表"[见附表1]体现了新课改精神,符合教育教学实际和素质教育的评价目标。这既能"发挥评价的教育功能,促进学生在原有水平上的发展",又改变了以往评价流于形式,评价结果与实际情况不相符,甚至相互抵触的尴尬状况,使高中课堂教学评价更具有可操作性,为教师进行高中课堂教学改革、学生个性发展和主体地位的弘扬搭建了一个良好的平台。

附表1 发展性高中课堂教学评价表

学校			学科		日期		执教者	
课题			总分			总等第		
对象	内容	分值	得分	等第分类				等第
学 生 40 分	学习 方式 15分	15		优秀:积极主动地参与发现、探究,创新答辩、富有个性				
		12		良好:具备良好的自学习惯、态度、品质和心理素质				
		8		一般:思维集中、听讲练习、随题作答				
		5		较差:唯师唯书、机械记忆、被动接受				
	学习 水平 15分	15		优秀:能合作交流,善综合归纳,富于想象、敢于否定				
		10		良好:能分析、善反思、敢表达,有较强的创新能力				
		8		一般:课堂听得懂、习题能做会,课本知识基本掌握				
		5		较差:自学缺方法、概念靠死记、解题靠模仿				
	学习 效果 10分	10		优秀:有浓厚的学习兴趣,能运用各种学习策略提高学习水平				
		8		良好:掌握知识技能并能运用,表现出勤奋、自强的学习品格				
		6		一般:有自信心,但学习情趣一般,学习水平尚需提高				
		4		较差:学习无兴趣、枯燥乏味,知识贫、技能差				

教 师 30 分	角色 把握 10分	10	优秀:学生学习的指导者、合作者、促进者和培养者	
		8	良好:学生学习的帮助者、辅导者、传授者和激励者	
		6	一般:学生学习的知识传授者、活动组织者	
		4	较差:满堂灌、填鸭式、地道的封闭教学	
	环境 营造 10分	10	优秀:能营造民主平等的学习环境,有利于对完整人的教育	
		8	良好:能使学生学习的材料、时间和空间得到比较充分的保障	
		6	一般:教学设计井井有条、丝丝入扣,规范有序	
		4	较差:唯我独尊、课堂专制、沉默压抑	
	技术 运用 10分	10	优秀:能用各种媒体提供丰富的学习资源,利于学生的个性发展	
		8	良好:媒体运用符合学科特点和教师个性,学生认知目标能达成	
		6	一般:照本宣科、手段单调,只能呈现教材、讲授知识	
		4	较差:教法陈旧、讲解模糊、目标不明、过程紊乱	
学生 之间 10分	主体 交流 10分	10	优秀:能合作探究,创新答辩,学主体参与的积极性特别高	
		8	良好:能自学交流、争论研究,积极参加分组讨论	
		6	一般:学生参与性不高,交流贫乏,合作没激情	
		4	较差:课堂无交流,学生各自独立地听知识传授	
师生 之间 10分	教学 互动 10分	10	优秀:师生合作充分,读、思、疑、议、练、创贯穿教学全过程	
		8	良好:教学设计具有开放性,课堂基本实现了师生互动	
		6	一般:师生交流仅限于知识性的陈述问答,无目标性	
		4	较差:师生无交流、无沟通、各吹各的号	
学生 自我 5分	情感 体验 5分	5	优秀:有强烈的学习愿望和兴趣,学习方式和水平有很大进步	
		4	良好:能参与课堂实验及分组活动,并体验到成功的快乐	
		3	一般:只能在老师指导下学习,课本知识基本掌握	
		2	较差:学习方式传统,被动接受,无积极性和主动性	

续表

教师自我5分	教后反思5分	5	优秀:课堂开放,资源丰富,教学效果显著,教师自身得到了发展
		4	良好:主体参与积极性高,真正成为学生学习的促进者和合作者
		3	一般:知识传授无科学性错误,但课堂气氛不够浓厚
		2	较差:教学思路传统,仅能基本实现知识目标的落实

附表2　高中课堂教学教师自查评价表

项目	自评内容	优秀5分	良好4分	一般3分	较差2分	优势与不足
教学目标	培养学生技能和协作精神,尊重学生的见解,关注学生行为方式和价值观念的形成和发展					
教学设计	教学方案能突出课堂主体,具有针对性和开放性,符合自己的个性,并能根据需要随时调整					
教学环境	能营造宽松、民主、和谐的学习环境,能使学生的学习材料、时间和空间得到充分的保证					
教学媒体	能科学运用各种媒体提供丰富的学习资源,激发学生的学习兴趣和动机,发展学生的个性					
教学效果	能实现有效的教学互动,学生学习轻松愉快,能促进学生创新能力和学习水平的全面提高					
教学管理	能使课堂教学有序进行,活而不乱,能应对学生的即时表现,具备"课堂机智"的管理能力					
总体情况	课堂教学目标、教学设计、教学环境、教学媒体、教学效果和教学管理得以有效达成					

　　说明:①把你认为达到的项目在相关层次要求的空白栏内打"√";②此《教师自评表》配合《发展性高中课堂教学评价表》使用,由授课教师课后自评再记入总评。

附表3　高中课堂教学学生自查评价表

项目	自评内容	优秀 5分	良好 4分	一般 3分	较差 2分	情感与 体验
主动性	能以课堂教学主体的身份积极主动地参与学习、交流、求知,有强烈的学习愿望和兴趣					
独立性	能在教师指导下进行独立性学习、思考,能自学、善反省,能选择、敢否定					
独特性	能以自己的实际能力参与课堂学习,能发挥自己的学习优势,富有个性					
体验性	能身体性参与课堂实验和分组活动,能分析、善归纳,体验到成功的喜悦					
创新性	参与发现问题、分析问题和解决问题的全过程,敢表达、敢质疑、富想象、有创新					
成效性	掌握知识技能并能运用,表现出勤奋、独立和自强的学习品格,学习水平明显得到提高					
总体性	课堂学习的主动性、独立性、独特性、体验性、创新性和成效性能得以有效达成					

说明:①把你认为达到的项目在相关层次要求的空白栏内打"√";②此《学生自评表》配合《发展性高中课堂教学评价表》使用,由听课学生课后自评再记入总评。

(5)研好课

要积极参与教研科研,尤其是校本教研,不搞教研和教学交流,只埋头课堂苦教书,充其量只能是一个教书匠,只能是一只小鸟,想飞也飞不高。

①教研内涵

校本教研不等同于教研组活动,也不等同于集体备课,更不是单纯的教师的研究。校本教研是自下而上,采用行动研究的方法,即"问题、设计、行动、反思"模式,特征是校本性、人本性、牵引性、依托性,用来研究、解决教学实际问题,促进专业发展。

②核心要素:"自我反思、同伴互助、专业引领";教研制度:理论学习、案例分析、教学反思、结对帮扶、经验交流、调查研究、教学咨询、教学指导、听课评课、合作论坛等。活动形式是开放式、促进式、针对式、学科整合式等;操作程序是问题、计划、行动、反思,努力提高校本教研的针对性和实效性。

自我反思。教师的自我对话,对自己行为进行思考、审视、分析。结合教师专业发展需要,制订专业提高学习、个人教研学习计划,并根据学校校本培训计划内容,自行学习和对自己的教学行为进行分析,提出问题、制定对策。

同伴互助。以教研组和课题组为互助载体,促进教师与同伴的对话。注重"以老带新,以强带弱";提倡在校本教研中有不同呼声,在一个群体中有不同思想,鼓励教师大胆评点,各抒己见。以教师或学生存在的问题为研究内容,将问题入组,以组为单位制订计划开展研究。

名师引领。提倡教师从专业的著名刊物或互联网上学习和引进名家教研思想,聘请校外教育教学研究专业人员或专家来校内进行专业指导。将教研专家的新理念和教育思想引进学校,促进校内教师素质提高,形成校内"优势专家群体"。

4. 教师的专业成长

(1)终身学习是教师专业成长的基本途径

细心的教师常常会发现,几乎所有的特级教师都有一个共同的嗜好——学习,他们充满智慧和灵气的课堂正是得益于他们广博的知识积累和深厚的文化底蕴。不少教师写论文时总感到无话可说,有时好不容易凑出来一篇文章也是干巴巴的,这其中最关键的原因就是平时学习不足、缺少知识的积累。"要给学生一杯水,教师要有一桶水",这一桶水从哪里来?很重要的一个途径就是学习。教师作为世人眼中的"文化人",理应养成不断学习的良好习惯。

①阅读书籍。教师可以根据自身的需要,选学一些教育理论经典书籍,特别需要经常读一些大师作品。一本好书就是一个好的老师。教师只有在不断的学习,不断的探索中,扩大自己的视野,才能在不断的社会进步中跟上时代的步伐,才能有更多更新的知识来面对学生提出的各种问题。同时,在看书、读报时,要特别关注那些与教育、教学相关的文章,好的文句要做一些笔录,并且在有空的时候经常翻出来看看,以使自己经常受到激励和启迪。

②远程培训。教师培训是促使教师专业快速成长的有力措施,要想使培训有力、有效,最重要的是使培训贴近教师的工作实践,使培训能真正满足教师的有效需求,尤其是最需和急需。这样才能有效地调动中小学教师接受培训的积极性和

主动性,提高他们的学习兴趣。读书学习是教师专业成长的"加油站",广大教师只有不断地学习,充分给自己"充电""蓄能""吸氧""补钙",才能源源不断地接受源头活水的补给。

教师的专业成长需要教师付出毕生精力,教师的专业成长意味着教师的终身学习。我国当代教育家斯霞17岁从教,80岁高龄时仍不断学习总结,她所倡导的"童心母爱"教育思想、所创造的"随课文分散识字"教学方法,以"没有爱就没有教育"为座右铭,在全国教育界产生广泛影响。事实证明,教师众多的教育学知识、心理学知识、现代教育技术、新课程理论等都是在长期的教学实践中真正领会并掌握的。教师的终身学习需要一个规划。其内容如下:一是对环境和自身的分析,分析自己专业发展的有利方面和不利方面、自身发展所处的阶段,以及自我的专业知识、专业技能和专业态度等,找出自己的优势、不足、类型和风格。二是确立目标,如课堂教学、班级管理、教育科研目标等。三是实现目标应该采取的措施和需要的条件,包括自身素质的改进,客观条件的改善,专业发展模式和途径的选择等。

(2)反思性教学是教师专业成长的核心因素

反思能力是教师持续发展的一种必备素质。美国波斯纳的教师成长公式"经验+反思=成长"充分说明了反思的作用。新课程的全面实施,对教师的素质提出了强有力的挑战。它要求教师必须是一个娴熟而高超的教育教学设计者、决策者、支配者、发展者和创造者。教师如果不懂得反思,就很难胜任这个重任。思广则活,思活则深,思深则透,思透则明。反思,使人的思想不甘平庸;反思,使人的大脑变得富有智慧。

教师反思性教学必须使自己始终处于思维活动的怀疑、犹豫、困惑、心灵困难的状态;为解决怀疑、消除困惑而在实践中不断探索,在观察自己的教学实践中省查自我,在观摩学习及与同事交往中提高自我,在教育教学评价中发展自我。反思性教学基本内容:第一,从教师个人教学情况入手,包括反思教学目标,反思教材重点难点,反思实施方案和方案实施情况,反思教学行为和已有经验,反思教学效果。第二,从学生的学习情况入手,包括反思学生个性差异,反思学生学习行为,反思学生学习态度,反思学生学习兴趣等。反思的基本方式有两种:一是课后教学反思,包括反思教学行为是否达到教学目的,反思教学活动是否沟通与合作,反思教材使用是否具有创造性,反思教学过程是否迸发出智慧火花,反思教学过程是否适应学生个性差异等。二是写教学反思后记,即教师在教完一节课后,对教学过程的设计和实践进行回顾和小结,将经验和教训记录在教案上。

(3)上公开课是教师专业成长的催化剂

我们就是在听公开课的过程中成长的,也是在上公开课的过程中成长的,哪位教师有机会上公开课,他的成长就快一些。如果没有公开课,教师的专业成长是缓慢的,对于公开课在教师专业成长中的作用,许多教师深有体会。

公开课的类型不外乎两种:一是校内的公开课,二是各级各类的观摩课、比赛课或评优课。校内公开课的作用是为教师提供了一个真实的研讨情境,大家互相听课、互相借鉴和研讨,并从中找到课堂教学改革的方向,在这个过程中大家有发现的快乐,也有创造的快乐。各级各类的观摩课、比赛课或评优课,被赋予代表一所学校或一个地区教学水平的重任,往往一节公开课倾注了全体教师及相关专业人员的集体智慧。经过公开课的打磨,教师对如何把握教材、如何把握学生、如何设计课堂的每一个环节就会十分清晰,上完课以后,也可以从评课老师那里反馈自己的优点与不足,多了一份专业引领。如果教师把公开课写成课例研究报告,那么对专业发展会大有裨益。教师在公开课的磨砺中渐渐成长,大大缩短教师的成长周期,是教师专业成长的催化剂,是成就名师不可缺少的磨炼。

(4)教育博客是教师专业成长的助推器

教育博客以其技术上的低门槛、情感上的人本化、使用上的开放性、经济上的零成本优势,以及个人电子出版物的亲和形式走进教师的工作和生活之中,使教师乐于在教育博客上记录教学经历和教学心得,乐于反思、学习与自我完善,乐于欣赏自己的才华、成就与发展,使新课程引发的学习、交流的需要与教师主体意识融为一体。教育博客是教育工作者的网上家园,是知识管理、行动研究、专业引领、同伴互助的平台。

①知识共享。教师可以随时随地以文字、多媒体等方式,将自己日常的生活感悟、教学心得、教案设计、课堂实录、课件等上传发表,超越传统时空局限,促进教师个人隐性知识显性化,让全社会可以共享自己的知识和思想。通过访问其他教师的博客,看到发生在别人课堂上的事件及他们的思考,进而开始以一种审视的目光来看待自己的教学,去思考其中的问题与困惑。同时,可以有效实现同行之间信息资源的共享,借鉴和效仿新鲜的教育教学信息,减少许多重复性的工作。

②同行互动。一个精彩的帖子,往往起到"招蜂引蝶"的效应——吸引众多的博友光临、引发众多的自由评论。在博客里,我们可以突破身份、地域和学科等方面的界限,把远在千里之外的同行聚在一起,形成即时互动式交流,通过参与回

复、讨论,可以体验他人思想、分享他人经验,使我们在自己的工作圈内无法解决的问题得以顺利解决,使自己的思想观念与知识结构实现跨越式的提升和完善。博客的交流以作者观点为主,其他人围绕这个主题思想进行各种讨论,能够比较系统地反映某种思想,使得在这里的交流具有强烈的针对性,使思想得到实践的检验,认识得到不断的升华。

③专业引导。博客是一个远程技术帮助的平台,针对特定的专业领域开设的博客网站,通常是由该领域的专家或造诣较深又热衷于技术和网络、乐于奉献的学者充当博主。他们会千方百计地把该领域的精华收集整理,不断向读者展示该专业最核心的问题、最新的趋势和发展、最重要的人物和成果、最新的产品、最好的文章、期刊和网站等。

教师博客,让所有的教师有话能说,它是一种高效、民主、平等的新型教研文化和自由、开放、温馨的校园文化,越来越受到学校、教师的普遍欢迎和教育行政部门、科研机构的高度重视,正在成为当前形势下促进教师专业成长的有效助推器。

(5)教育科研是教师专业成长的有效方法

教师专业成长离不开教育科研。教育科研并不神秘,一线教师的教育科研不必像专家"创新"或"填补空白",其主要目的是"促进教师自身专业成长,全面提高学生的素质和教育教学质量"。立足校本,注重学校实际,开展校本教育研究,问题就是课题,这是中学教师教育科研的基本特性所在。

①课题研究。中学教师的教育科研主要有课题研究和经验总结两种。教育经验总结法(把成功经验上升为理论)更是一种适合广大中学教师投身教育科学研究,促进自身专业成长的比较容易掌握的方法。先进的教育工作经验的科学总结分两个阶段:第一阶段是广大教师对个人的教育和教学工作实践经验的不断积累,贯穿广大教师的日常工作之中;第二阶段是对教育工作经验的科学总结。这是一个集体参与的过程,它可由学校领导和教师共同完成。其内容主要包括:经验的筛选,即选择那些有研究和推广价值的经验作为科学总结的对象;经验的验证,包括经验的具体内容和形式、经验所提供的新方法的具体实施过程、方法的实际效果等经验的核实和验证;对经过验证确认有效的经验进行理论分析、提炼和概括,上升为一般的教育理论或教育模式;教育经验或理论的推广。经过理论化的教育模式或方法要放到具体的教育实践环节去经受实践的考验。

②案例研究。案例研究是以某一具体的课为研究对象,重在对课本身的"改

进、优化和提高",从而给出"问题解决"的示例的一种研讨活动。案例研究把先进的理念课例以载体进行研究,强化了教师实践智慧,发展了教师反思能力。研讨内容包括:教师设计＋教学实录＋教学反思。展开方式有一人同课多轮、多人同课循环、同课异构、互动式观课、诊断式观课和反思式观课等。让教师始终以研究的眼光审视、反思、分析和解决自己在教学实践中遇到的问题,改进教学行为。

③教育沙龙。教育沙龙是一种由志趣相同的教师参加的可以自由发言的专题讨论会。教育沙龙营造出的宽松自由的研究氛围,让大家在"品一品,尝一尝,聊一聊"中探讨课改中的"疑点、难点、热点、焦点"话题。每次可就一个课改话题展开讨论,不强求统一的结论,旨在开阔思路,引导思考,加深教师对某一问题的认识,寻求更多的教学策略,探索课程改革中的新方法、新模式。教师是新课程的实施者,教师专业水平的优劣直接影响到课程改革的成败。每一所学校都要根据校情、师情、生情的特点,努力为教师搭建专业成长的平台,寻求促进教师专业成长的新途径,让教师专业水平与新课程改革齐头并进。

蓦然回首,我们年过半百的老教师已留下了许多遗憾。这样的遗憾绝不能在你们青年教师身上出现,只要你们踏踏实实,任劳任怨,教书育人,为人师表,就一定在不远的将来成为一名特高级别教师,成为一名教育专家,育桃李于天下。

(作者 王晓东)

新教师如何快速适应新角色

刚刚踏上讲台的教师都会经历一个角色的转变过程,从学生变成教师,从知识的接受者变成知识的传授者,这个过程充满着兴奋与憧憬,也掺杂着苦闷与失望,而这些都能使新教师褪去青涩转向成熟。每位新教师都应该知道此时的教室已不是大学里学习锻炼的模拟教室,下面坐着的是一群希望获得知识的学生,他们期盼的是一个上课熟练、知识丰富的教师。当新教师带着家长和学校的信任站在讲台上开始授课时,大多数人便能领悟"纸上得来终觉浅"这句话了,从大学里学到的教育理论有时和实际教学相去甚远,这时各种压力就会慢慢爬上你的肩头。这时新教师就要及时从教学心态、教学内容、教学方法、继续学习和课后反思等方面进行调整,才能不断走向成熟。

1. 新岗位上遇到的问题

（1）如何与学生相处

很多新教师担心学生认为自己年轻管不住学生就刻意让自己严肃冷漠，与学生保持距离，想让学生觉得他很有威严感。学生觉得新来的老师对他们太过冷淡、无法交流。也有很多新教师对学生很友好，与学生打成一片，成为名副其实的孩子王，然而学生不能完成老师布置的作业，对老师的各种要求也置之不理，难以提高教学效率。新教师面对如此困境，不禁问道：到底该如何摆正自己的位置？

（2）如何适应新环境

很多新教师怀着对大学依依不舍的心情走上教师工作岗位，会感觉新的工作环境一时难以适应。现实与期盼有着很大的差距，与大学几年的生活环境更是有着本质的区别。他们中有很多人在陌生的城市工作，不熟悉周围的生活环境，也没有可以交心的朋友相互分享喜怒哀乐，难免会情绪低落。加之现在的中小学条件往往比他们刚刚离开的师范学校差很多，教师严谨的行为规范同过去松散的学生生活又有一定距离，很容易使新教师产生怀旧心理，在一段时间里总是回忆学生时代丰富而浪漫的生活，导致情绪低落。

（3）如何有效地教学

当走上工作岗位后，大多数新教师对未来充满信心，对事业有钻劲和闯劲，他们初上课时，广泛搜集资料，恨不得把自己所知道的知识都传授给学生，以显示自己的博学。然而学生的成绩却很一般，他们所做的努力，在时效性较长的教育工作中难以立竿见影，与经验丰富的中老年教师相比，工作成绩显得不突出。他们认真执教，但学生的成绩和评价跟自己的预期却相差甚远。因此，新教师很容易情绪一落千丈，开始感叹如何才能使学生有效学习。

2. 如何适应新角色

（1）新教师要正确处理好师生关系。教师是学生学习的引导者，是学生生活中的朋友。新教师要做到关心学生、热爱学生、尊重学生、信任学生，以平等的身份与学生相处。新教师要做到课堂上是良好纪律的组织者，良好学习氛围的营造者，良好学习方法和过程的引导者；课外是学生生活的帮助者和心灵的倾听者。同时，新教师还应该学会有效处理师生关系的技巧，不能让学生从一开始就熟知他们的脾气，否则就会在师生交流中陷入被动。新教师要善于在学生面前展现自己的能力，从而在学生面前树立威信；在学生对自己产生钦佩感的基础上再与之交流，将有利于学生与自己形成相互尊重且平等交流的融洽关系。

（2）新教师要尽快实现从学生到教师的身份转变。要明确自己已为人师，要有强烈的责任心，努力让自己适应忙碌的教学活动并在教学中找到快乐，使自己的忙碌变得有意义，从中找到满足感，进而开始热爱这份忙碌的事业。新教师还要学会稳定自己的情绪，不要太心急，要循序渐进，做到忙有所值。此外，新教师要适当调节自己，积极参加体育锻炼、缓解压力，使自己逐渐变得身心轻松、心态平稳，从而更好地参加教学活动。

（3）新教师应尽快适应新的环境。人不可能一辈子在一个一成不变的环境里生存。既来之则安之，既然不能改变环境，那么就积极改变自己，努力使自己适应新的环境，从美好的大学生活中走出来。再者，同样的环境，别的老师能适应，新教师也应该能适应。新教师应该积极参加学校的各项活动，多与学生和同事交流，与他们建立友谊，逐渐喜欢上新的环境，从而积极健康地对待生活。

（4）新教师要努力积累教学经验。很多新教师通过长期的大学教育，拥有了大量的科学理论知识，从掌握知识的广度和深度上来看，都超过了许多老教师。但他们很难做到理论与实践相结合。许多老教师虽然学历不高，但拥有长年在实践中积累起来的教学经验，有丰富的生活阅历，对学生的心理特点，掌握得很透。新教师必须虚心向老教师请教学习，做到多听课、多观摩、多实践，试着跟他们合作，不断自我完善。此外，新教师还应该多写教学案例反思和随笔，认真对待每一堂课，做学习型的教师，不断探索新的教学方法，做一个快乐的研究者。

3. 教学应对策略

（1）教学内容。打开教材，当你知道你所要教会学生的知识是如此的浅显时，首先不要抱怨，不要觉得大学辛苦学的知识无处发挥，不是这样的。虽然需要学生掌握的知识是简单的，但要把这看似简单的内容讲得精彩，需要相当丰富的知识储备。同时不要高估的学生的理解能力，中学生的逻辑思维能力刚刚形成，有些抽象点的内容不容易接受。这就需要你从各方面来把抽象的内容形象化和具体化，可以利用图片、模型、多媒体演示，加强学生的理解。甚至简单的中学教学，也需要有其他科目知识的储备，这就要平时多看相关资料，多研究教材教法，多想如何激发学生学习的兴趣。兴趣是人积极探索某种事物的认识倾向，是学习的强大动力和内在力量，孔子早已指出："知之者不如好之者，好之者不如乐之者"，怎样激发学生学习的兴趣，就需要从教学艺术上考虑。

（2）教学方法。有的新老师可能早已经想过自己今后怎么教学生，采用什么样的方法教，也许有的老师已经有自己的一套理论，但是无论理论多么完美，都要接受实践的考验。理论与实践在很多时候都会产生冲突,此时就只有改变你的理论,做适当的调整,让它们适应学生、用于学生,才能不至于变成一纸空谈。如新课改提倡"讨论法",课堂上提一些问题请学生小组讨论,希望学生能积极参与,可实际上,大部分学生只把这个机会用来聊天,结果教学就很差。所以新教师在刚开始教学时要仔细地观察,总结学生之间的差异。有的班活泼,就可以采用问题启发方式;有的班沉静,就慢慢讲解,让他们接受,有的学生积极就让他多考虑问题,开发他的思维;有的学生沉闷,就多让他读读资料,提高他的积极性。

(3)继续学习。学生是个特殊的群体,他们天真活泼,充满好奇,对一些想知道的答案会刨根问底,有时候他们的问题会超出你的知识体系范围,这时就需要你能恰当地应对。对知道的知识要全部告诉他,并鼓励他通过网络书籍等途径查找;对不是很了解的知识就如实告诉他,不要编造,也可以带他一起去查找资料,一起找答案,并告诉他教师并不是万能的,老师的知识也是不断学习积累的,很多知识教师也在学习中,让他不至于对你失去信心。教师确实需要广博的知识,因为学生时不时就会带着各种问题来问你,这就需要教师不断从各种途径获取各方面的知识,增强自己的信心。

(4)课后反思。现代认知心理学认为,在教师教学活动的五个系统(目标系统、材料系统、操作系统、产品系统和监控系统)中,监控系统处于核心和支配地位,而在课堂教学中,教学监控具体表现为教师自我检查、自我校正和自我强化的过程。课堂教学中最常见的问题,主要有教师在课堂教学情境中所使用的教学方法和学生实际接受状态存在的差异,具体表现为学生"吃不饱"或"吃不了"。所以新老师应该对自己的教学活动进行有意识的检查,上每一堂课时,对自己要讲什么内容,为什么要讲这些内容,沿着何种思路讲都要有清楚的认识,这些认识不仅表现在课堂教学中,也表现在课前准备以及课后对整个过程的回顾中。总之,只有对教学环节认真体会,才能发现问题,并为进一步解决问题打好基础。

总而言之,只有真正实现了教师角色的转变,才能适应教师工作岗位。然而,要真正实现这个转变,又非一朝一夕之事,但新教师只要充分认识到这点,想快速适应岗位工作,做学生欢迎的好教师,就不是难事了。

(作者 王晓东)

转变思维方法 搞好物理学习

——说在高一物理学习之前

物理学是人类探讨大自然的一门重要学科。高中物理所讨论的内容是物理学中最基本的规律,所采用的方法是最基本的方法。所以,学好高中物理知识至关重要,而学好高中物理必须从高一起就要打好基础。不过,从初中物理到高一物理有一个较大的台阶,只有跨过了这一台阶,才能有更大的发展。物理难学和难考之原因,归纳起来,既有客观原因,也有主观原因。客观原因可概括为基础、思维和智商三种,主观原因可归纳为学习习惯、学习方法和学习方式。学者们将从初三到高一物理学习中困难的攻克,比喻成生活中的台阶跨越,确实比较恰当。

1. 学习台阶存在的原因

(1)学习思维

初中学生学习中形象思维较多,抽象思维较少;高一学生的学习中抽象思维较多,形象思维较少。可以说,高中物理内容大部分都比较抽象,这使得高一学生觉得物理难学。

(2)心理变化

高一学生正处在从少年向青年的过渡期,心理具有强烈的闭锁性,在学习上缺少交流,有问题羞于向教师或同学请教,致使学习上积累的问题越来越多。如果不及时疏导和补救,物理会真正成为这部分同学不可逾越的"台阶"。

(3)数学要求

物理问题的解决离不开数学知识,物理高考考试纲要就一个"用数学知识解决物理问题能力"的要求。然而,刚进入高一物理学习,数学知识是滞后的。如一次函数图像的斜率、截距和三角函数等。还有"力分解与合成"中的三角知识,"运动学"中的二次方程中"根"合理性的判别,"万有引力"教学中的幂运算等,这些都一定程度上影响物理知识的学习。

(4)教材特点

从直观到抽象:如物体(质点)。从单一到复杂:二力平衡(多力平衡),匀速运动(变速运动、圆周运动、简谐运动)。从标量到矢量:算术运算(矢量运算,平行四边形法则)。从浅显至严谨:定性处理(定量处理)。

（5）学习习惯

初中物理涉及的问题简单,现象直观、生动、具体、形象,容易理解;篇幅少,概念少、公式少,容易记住;题型简单、转弯少、数字小、易计算。因此,学生学习比较机械、简单。习惯于背,不习惯于推理、归纳、论证;习惯于简单的计算,不习惯于复杂的计算;习惯于仿,不习惯于创;习惯于课堂合唱,不习惯于独立思考;按学生的话说:"只要记住了公式,把题中已知条件代进去就可得到答案。"

（6）学习方法

初中学生更多习惯于教师传授知识,而高中物理学习中,要求学生独立地或在教师指导下主动地获取知识(包括预习、独立地观察和总结实验以及系统地阅读教材和整理知识等。高中教材中定义、概念、规律、现象、公式多,叙述多、进度快、方法灵活,题型多,加之科目多,如果仍靠初中那以机械记忆为主的学习方法,显然是无能为力的。如果理解能力差,即使背会定义、公式,也会不解其意,从而不注意适用条件,乱套公式,乱用数据,解题时往往出错。因此,在高中必须掌握阅读理解、逻辑思维、推理判断、分析综合、比较鉴别、抽象概括、归纳演绎、空间想象、灵活应用等综合解决问题的方法。

（7）先入为主

调查发现,未进入高中前,被他人告知"高中物理难学"的学生占50%以上,这在"中等生"中尤为明显(比例达70%),而"好生""差生"生中较少(比例为15%和22%)。可见,在对高中物理一无所知的情况下,半数以上的学生对物理学科学习存在畏惧感。这种先入为主的人为因素,使学生产生畏惧心理,容易对学好物理失去信心,给高中物理教学造成了无形的障碍。

（8）思维定式

在学生成长与生活中,接触并感受到了许多物理学现象。如初中阶段所研究的杠杆原理和浮力问题等,与其生活感受及生活经验绝大部分是一致的。因此,许多时候凭直观感受或主观想象,就能得到正确的结论。而高中所涉及的物理知识更本质、更抽象,许多时候与生活经验不相符。如物体速度大的惯性就大,分力大的合力就大,功劳大的"功"就多等。这些想当然的错误,如果不能得到及时纠正与澄清,物理的学习就会越来越困难。

2. 初高中物理知识的区别

（1）初中物理研究问题相对独立,高中物理有一个知识体系。如高中物理教材(必修1):第一章是对运动的描述,从运动学的角度研究物体的运动,找出描述物体速度改变快慢的物理量——加速度。第二章是匀变速直线运动规律的研究，主要讲述匀变速直线运动的基本规律。第三章是相互作用，主要讲述常见的三种力的知识，为第四章动力学的学习做准备。第四章是牛顿运动定律，主要讲述牛顿运动三定律，从力学的角度进一步阐述运动状态改变的原因，分析物体的运动状态改变的受力规律及应用。

（2）初中物理介绍一些简单知识，高中物理则注重更深层次的研究。如物体运动，初中只介绍速度及平均速度的概念，高中对速度概念的描述更深。速度是矢量，速度的改变必然有加速度，而具有加速度时又有加速和减速之分。又如摩擦力，高中仅其方向的判定就是一个难点，"摩擦力总是阻碍物体的相对运动或相对运动趋势"。这就需要先分清是相对哪个物体，再用运动学的知识来判断相对运动或相对运动趋势的方向，最后才能找出摩擦力的方向，有一些问题还要用物体的平衡条件才能得出结论。

（3）初中物理注重定性分析，高中物理则注重定量分析。定量分析比定性分析的要难，当然也更精确。如对摩擦力，初中只讲增大和减小摩擦力的方法。高中则要分析和计算摩擦力的大小，且静摩擦力的大小一般要由物体的状态来决定。高中物理还强调：一是注重物理过程的分析，就是要了解物理事件的发生过程，分清在这个过程中哪些物理量不变，哪些物理量发生了变化，若不分析清楚过程及物理量的变化，就容易出错。二是注意运用图像，图像法是一种分析问题的新方法，它的最大特点是直观，这对处理问题有很好的帮助，但容易混淆。如位移图像和速度图像非常容易混淆，其实只要分清楚纵坐标所表示的物理量，结合运动学的变化规律，就比较容易区分。三是注意实验能力和实验技能的培养，高中物理实验分演示实验和学生实验两类，它对于学习和巩固知识都起到重要的作用。故要求同学们要认真观察演示实验，切实做好学生实验，加强动手能力的锻炼，注意对实验过程中出现的问题进行分析。

3. 尽快跨上台阶的方法

知道初高中物理学习台阶产生的原因，就不难找出跨越台阶的方法。这里面有教师的教法，更有学生的学法。作为学生采用怎样的学法才能迅速地跨越物理学习台阶，取得高中物理学习的好成绩呢？

（1）消除心理障碍，树立学习信心

"有信心，才有目标、才有成功。"由于先入为主的障碍，许多学生还未进入高中就对学习物理失去信心。针对这种心理状态，建议学生认真学好《绪论》课，教师着重进行初高中物理内容的对比分析,使学生明确高中物理与初中物理内容大体一样,还是力、热、电、光,只是比初中深刻了一点。至于原子物理,一方面内容浅,另一方面在课本中所占比例小,不必害怕和紧张,从而使学生忐忑不安的心情稳定下来。

(2)端正学习态度,做好知识过渡

学习态度踏实,注意新旧对比,前后联系,如运动、功能、电磁等;对学习中涉及的数学知识要做必要的复习和预习;对物理概念叙述、规律表述、图像描述,要准确理解,熟练应用;通过一题多解、多题一解、一题多变等逐步培养自己的应变能力;对自己想当然的经验错误,及时找出原因,及时纠正。

(3)立足课堂学习,掌握学习技巧

①课前预习。务必在上课的前一天对第二天所要学习的课本内容进行预习。通过课前阅读,了解知识重点、难点和疑点,以便上课时有目标地听讲,集中精力听取课前看不懂、看不透、理解难度大的问题。这样课堂听课时既轻松又愉快,收获大、效率高。另外,通过课前预习,还可以培养自学能力和自学习惯。

②学会听课。一些学生智力不错、遵守纪律、专心听讲,可是每每提问,答非所问。究其原因,就是不会听课,抓不住老师讲课的要领。往往是该听的不听、该记的不记;重点的略听、非重点的详听;关键点懈怠、连接点不注意;前概念铺垫不足、间断点时常出现。

③专心听取。要和老师保持同步,注意学习老师分析问题和解决问题的思路和方法。有些东西要及时记下来,如知识结构、解题方法、好的例题、知识疑问等,以便课后"消化"。另外,记笔记不只要记上课老师讲的,还将自己在作业中发现的好题、好的解法记在笔记本上,这就是常说的"好题本"。要将辛苦建立起来的笔记本进行编号,便于以后经常看。

④课后巩固。对课堂上学过的新知识,课后最好进行全过程回顾,并将其与大脑里已有相近的旧知识进行对比,看看是否有矛盾。如有矛盾就说明还没有真正弄懂,这时就要重新思考,重新学习。在弄懂所学知识的基础上,要及时完成作业,有能力的同学还可适量地做些课外练习,以检验掌握知识的准确程度,随时巩固所学知识。另外,每学完一个模块,要把分散在各章的知识点连成线、铺成面、结成网,使学到的知识系统化、规律化、结构化,这样才能运用起来自如。要把零散的知识联系起来,包括大到整个物理的知识结构,小到力学的知识结构。

⑤独立做题。要独立地、保质保量地做完一些题目。题目要有一定的数量,

不能太少,更要有一定的质量,就是说要有一定的难度。任何人学习物理不经过这一关是学不好的。独立解题,可能有时慢一些,有时会走弯路,有时甚至解不出来,但这些都是正常的,是任何一个初学者走向成功的必由之路。对于完成作业要有严格要求:书写工整,作图规范,表达清楚,推理严密,计算准确。课外学习,阅读适量的课外书籍,丰富知识、开阔视野是必需的。实践表明,物理成绩优秀的同学,无不阅读了适量的课外书籍,这是因为,不同的书籍、不同的作者会从不同角度用不同的方式来阐述问题,阅读者可以从各方面加深对物理概念和规律的理解,学到很多巧妙的解题思路和方法。

(4)学习不怕吃苦,进步必须努力

谁不想做一个学习好的学生呢? 但要想成为一名真正学习好的学生,就要好好学习,就是要敢于吃苦,就要珍惜时间,就要不屈不挠地学习。坚信自己能够学好任何课程,坚信"能量的转化和守恒定律",坚信有几分付出,就有几分收获。请看以下名人名言:我绝不相信,任何先天的或后天的才能,可以无须坚定长期苦干的品质,而得到成功的——狄更斯;有的人能够远远超过其他人,其主要原因与其说是天才,不如说他有专心致志坚持学习和不达目的决不罢休的顽强精神——道尔顿。

(5)转变思维方式,重视物理理解

初中物理主要的学习方法是"记忆",而高中物理主要的学习方法是"理解"。做到理解的基本步骤是"一练""二讲""三应用"。

①一练,即在老师的指导下进行适当的练习,通过对不同类型习题的练习,多方面、多角度地认识概念、规律、知识点和考点。物理学家严济慈先生说:"做习题可以加深理解,融会贯通,锻炼思考问题和解决问题的能力。一道习题做不出来,说明你还没有真懂;即使所有的习题都做出来了,也不一定说明你全懂了,这是因为你做习题有时可能只是在凑公式而已。如果知道自己懂在什么地方,不懂又在什么地方,还能设法去弄懂它,到了这种地步,习题就可以少做。"

②二讲,即把自己对规律、概念、知识点的认识讲给同学或者老师听,在讲解时要多考虑,如何讲对方才能听明白,如何讲对方才更容易接受。一个概念、一条规律若能用自己的语言表达出来,对该概念或规律的认识和理解就有很大的提高。

③三应用,即用学过的规律去解决一些实际问题。若能做到这一点,可算是真正的理解。如在学习摩擦力时,练习过程中经常会遇到"摩擦力既可做动力又

可做阻力"这一说法,摩擦力做阻力现实中的例子很多,也很好理解。但摩擦力做动力就不那么好理解,这时若能举一个传送带的例子,并能讲清楚,摩擦力做动力这一问题就能真正理解了。

(6)注重实验观察,培养学习兴趣

人们常说"兴趣是最好的老师"。一旦有了学习物理的兴趣,就会获得巨大的动力,学习成绩也会突飞猛进。兴趣的培养可以有多种渠道,结合物理学的特点,实验应该是最重要的一种。在物理课本中有许多实验,如演示实验、学生实验和课本中介绍的小实验等。这些实验主要是用来验证规律的,如果能认真研究并做好这些实验,收获的就不仅是验证规律,同时能使自己发现物理是有趣的,从而激发学习物理的兴趣。如课本上"显示微小形变"的小实验,如果能动手做一下,并认真分析一下其结果所反映的内容,那么不仅能对微小形变有正确的认识,而且从中可以体会到学习物理的乐趣。所以培养学习物理的兴趣,认真观察、认真分析、努力做好实验是非常有用的一种方法。

高一物理学习"台阶"的出现是不可避免的。高中的学习方法、学习习惯、学习心理,以及物理这一学科对学生的思维能力、抽象能力、运用数学的解题能力都比初中有更高的要求,大家能否在尽量短的时间适应高中的学习,顺利地跨过这个学习"台阶",是影响学习成绩的主要因素。同学们应从多角度去分析这个"台阶"产生的原因,然后从多方面入手去降低这个"台阶",以利于跨过这个"台阶",从而搞好初高中物理学习的平稳过渡。总之,学习物理大致有六个层次:首先听懂,而后记住,练习会做,逐渐熟练,熟能生巧,有所创新,这样才能最终学好物理这门学科。

(作者　王晓东)

浅论新时期的教师教育教学基本功

教学基本功是指教师完成教学工作所必需的条件性技能和技巧。传统意义上,教师的基本功一般是指"三字二板一话",即粉笔字、钢笔字、毛笔字,板书、板画以及口语表达能力。毋庸置疑,"三字二板一话"的基本功是过去衡量一个教师合格的尺度,它在历史舞台上造就了一批批杰出人才。随着时代的进步和科学技术的飞速发展,现代信息技术冲击着新一代学生和教师的学习和生活方式。对于教师来说,多媒体教学的设计,可以清晰简要或形象生动地呈现要求学生掌握和学习的内容;借助于网络教学平台,可以在网上批作业、写评语、改试卷、分析试卷和交流教学经验,甚至向学生家长发布信息。所以,教师们更加钟情于现代信息技术,也更加乐用于现代化信息技术。网络及多媒体技术已成为教师获取知识信息、交流教学经验不可缺少的工具。相对于写字和书法,教师肯定愿意选择键盘和鼠标。因此,钢笔字、毛笔字、粉笔字会不断退出历史舞台,这是一种必然的趋势。笔者认为,"三字"不必作为教师的教学基本功去要求所有教师都掌握,只要能够实现书面表达与交流的功能即可。

再谈"一话"。虽然口语表达水平直接关系到教师的形象和教学效果,但从新课程对教学方式改革的要求来看,传统课上教师动口的单向语言输入的教学方式将被彻底打破。无论是新课程强调的合作探究学习,还是个人的体验学习,都需要打破教师"一言堂"的局面。在新的教学方式下,教师的口语表达依然重要,不过教师口语表达的效用已远远超越了以课堂教授为中心的朗读、讲述、发布指令等。新课程提出的主动建构的学习就是要求教师不仅要善于表达,还要善于鼓励、引导学生表达,要求教师主宰的课堂给学生说话和表达的空间。那么,新时期教师需要具备什么样的教学基本功呢?

1. 现代教育技术的运用

现代信息技术与课程的整合是新课程改革的一大焦点,也是改变传统教学方式的重要标志,而实现这一整合的关键是教师。教师的信息素养、技能准备决定了信息技术应用的程度和效果。因此,在某种程度上可以说,适应新课程改革需要教师准备的第一位新的基本功就是掌握现代信息技术。

(1)教学演示。教师在授课时可借助于计算机及多媒体技术演示教学内容。如电子教案,POWERPOINT、演示文稿、FLASH 动画、AOSAI 热互动等。这不仅可以增强学习内容的直观性、提升教学效果,而且大大激发了学生的兴趣,增加了教学内容,从而提高了课堂教学质量。

(2)网络资源。互联网是世界上最大的信息库,新时代的教师必须具备最基本的信息意识和信息能力,善于从网络的节点和连接中不断地获取教学材料和信息,开发和利用网上的各种课程资源,拓展学生的视野,扩充课程的内容。在这一水平上,信息技术不再仅是演示的工具,而是学生学习的资源,更是课程内容的重要组成部分。

(3)互动教学。随着信息技术的普及,教师不再是唯一的教学信息源,课堂也不是唯一的教学场所;教学过程不再只是教师向学生单向传授知识;教师和学生可以通过网上教学平台随时进行教学沟通,建立新的学习环境,改变传统教学方式。构建这样的学习环境需要教师全面把握现代信息技术的特征和功能,善于寻找信息技术与课程的结合和融合域,并且能够综合运用多种信息技术。

2. 课程教学资源的开发

新课程的实施不仅需要教师理解课程标准的目标和要求,了解教材的知识体系和重难点,而且要求教师要了解学习主体的学习需要、已有经验和个体差异,然后根据学生的需要、经验及差异去开发、选择或重组课程资源。同时,新课程开发还需要教师不断反思自己的教学效果,并根据反思结果调整课程内容及教学方式,这就需要教师掌握基本的课程开发和课程实施技能,如学生学习需求、评估技能和分析技能等。

3. 教学协作交流的功夫

新课程倡导探究学习、合作学习和综合学习等都需要教师之间的团结协作。通常情况下,一个能诱发不同学生积极参与探究和讨论的主题往往都具有综合性和跨学科的特点,所以帮助学生完成整个探究活动需要多个教师协同完成。同样,课程开发中不仅需要同学科的教师集体协作,更需要不同学科的教师走到一起共同选定研究课题及活动形式。综合实践活动课则可能需要所有学科教师共同设计,分工作业,这都需要教师具有如何与他人协作的基本功。

4. 形成性教育教学评价

新课程提出了发展性学生与教师评价思想,需要教师在学生评价方面,除了掌握传统上以考试为主要评价手段的技能之外,更需要形成性评价的方法与技能。发展性评价要求评价贯穿教学过程的始终,要求评价充分体现被评价者的个别差异,要求被评价者能积极主动地参与,这些都需要教师善于在日常教学中观察学生的行为表现,学会运用一整套的技术即时记录学生的日常表现,进行全面性评价。

5. 新课型的教学基本功

新课程下传授知识技能的方式也发生了很大的变化,不仅仅是传统意义上的室内45分钟课堂教学,而是从室内到室外,在不同环境下进行。如说课、微课、慕课和翻转课堂等,都需要不同的教学基本功。

(1)说课

"说课"是一种新兴的教研形式,指执教者在特定的场合,在精心备课的基础上,面对同行或教研人员讲述某节课(或某单元)的教学设想及其理论依据,然后由听者评议,说者答辩,相互切磋,从而使教学设计趋于完善的一种教研活动。说课也可以说是一种教学的艺术表现。说课不仅要说清"怎样教",而且要说清"为什么这样教"。这是提高教师教学素养,增强教学能力的一种有效的教学活动,现在已经成为师资培训的一种有效的组织形式。一般包括四方面:

①说教材

说本课题或本章节内容在整个学段和年级的教材系统中所处的地位及其作用;说本节课或章节内容的教学目标及确立的依据:一是依据教学大纲的规定,二是教材内容的要求,三是教学对象的实际。

②说教法

选用什么样的教学方法;使用什么样的教学手段;选择教学方法的理论依据。无论是你借鉴的方法还是你正在探索实践的方法,一要介绍这种方法的操作过程,二要介绍这种方法的理论依据。但无论选择何种教学方法,关键在于教师对教材特点和学生认知规律的把握,无论采用什么样的方法,都要始终贯彻"具有启发性""突出主体性""注重思维品质"的原则。

③说学法

说学法不能停留在介绍学习方法这一层面上,要把主要精力放在解说如何实施学法指导上。特别在当今的新课程改革中,转变学生的学习方式,倡导以"主动参与,乐于研究,交流与合作"为主要特征的学习方式,是本次新课程改革的重中之重,这也将成为我们所有教师教学中的"指挥棒"。说学法,要注重对某方法指导过程的阐述,如说明教师是通过怎样的情景设计,学生在怎样的活动中,养成哪些良好的学习习惯,领悟出何种科学的学习方法等。

④说程序

即说出教学过程的整体安排。这种安排既体现教材分析、教法设计和学法指导,又表现为可具体操作的程序:首先,引进课题(创设情境,导入新课),一看选择的内容能否让学生进入新的课堂情景,二看提出的问题是否服务于课堂重点,能否牵动全体学生的心;其次,讲授新课(根据学科知识点的教学目标、重点,难点,形成授课的结构思路);其次,课堂练习(根据教材知识点的示例,形成灵活多变的训练);再次,内容小结(强化知识重点、概念);最后,板书设计、布置作业。

2. 微课

微课是指基于教学设计思想,使用多媒体技术在五分钟左右时间就一个知识点进行针对性讲解的一段音频或视频。在教育教学中,微课所讲授的内容呈点状、碎片化,这些知识点,可以是教材解读、题型精讲、考点归纳;也可以是方法传授、教学经验等技能方面的知识讲解和展示。微课是课堂教学的有效补充形式,微课不仅适合于移动学习时代知识的传播,也适合学习者个性化、深度学习的需求。

(1)微课形式

微课可以使用手机、数码相机、DV 等摄像设备拍摄和录制,也可使用录屏软件录制的音频或视频,录屏软件有 Camtasia Studio、Screen2swf、屏幕录像专家等。

(2)微课要求

录制时调整电脑分辨率为 1024 × 768,颜色位数为 16 位。PPT 尽量做到简洁、美观大方;时间须严格控制在五分钟左右;内容非常碎片化,非常精练,在五分钟内讲解透彻,不泛泛而谈,若内容较多,建议制作系列微课;在编写微课内容时,基于教学设计思想,完全"一对一"地启发解惑;微课在内容、文字、图片、语言等上须准确无误;微课讲解时,声音响亮,抑扬顿挫。语言通俗易懂、深入浅出、详略得当,不出现你们、大家、同学们等大众式用语;若在讲解中使用课件,课件有视觉美感(建议 PPT 尽量采用单色,突出简洁之美)。视频画质清晰,建议能看到教师头像。在 PPT + 视频的录制模式下,要求头像不遮挡教学内容;同时还要有片头片尾,显示标题、作者、单位等信息。视频格式为:Flv、Mp4,视频尺寸为 640 × 480 或 320 × 240。音频格式有 AAC(.aac、.m4a、and.f4a),MP3、and Vorbis(.ogg and.oga)等。

3. 慕课

所谓"慕课"(MOOC),顾名思义,"M"代表 Massive(大规模),与传统课程只有几十个或几百个学生不同,一门 MOOC 课程动辄上万人,最多达 16 万人;第二个字母"O"代表 Open(开放),以兴趣导向,凡是想学习的,都可以进来学,不分国籍,只需一个邮箱,就可注册参与;第三个字母"O"代表 Online(在线),学习在网上完成,无须旅行,不受时空限制;第四个字母"C"代表 Course,就是课程的意思。

(1)课程范围

MOOC 是以连通主义理论和网络化学习的开放教育学为基础的,这些课程跟传统的大学课程一样循序渐进地让学生从初学者成长为高级人才。课程范围不仅覆盖了广泛的科技学科,如数学、统计、计算机科学、自然科学和工程学,也包括了社会科学和人文学科。慕课课程并不提供学分,也不算在本科或研究生学位里,绝大多数课程都是免费的。Coursera 的部分课程提供收费服务"Signature Track",可自由选择是否购买,也可免费学习有这个服务的课程,并得到证书。

(2)授课形式

课程不是搜集,而是一种将分布于世界各地的授课者和学习者,通过某一个共同话题或主题联系起来的方式。尽管这些课程通常对学习者并没有特别的要求,但所有的慕课会以每周研讨话题的形式,提供一种大体的时间表,包括每周一次的讲授、研讨问题,及阅读建议等。

(3)教学测验

每门课都有频繁的小测验,有时还有期中和期末考试。考试通常由同学评分(如一门课的每份试卷由同班的五位同学评分,最后取平均分)。还可由一些学生成立网上学习小组,或跟附近同学组成面对面的学习小组。

4. 翻转课堂

所谓翻转课堂,就是教师创建视频,学生在家中或课外观看视频中教师的讲解,回到课堂上师生面对面交流和完成作业的一种教学形态。翻转课堂是一种手段,增加学生和教师间的互动和个性化的接触时间;翻转课堂中教师是学生身边的"教练",不是讲台上的"圣人";翻转课堂是混合了直接讲解与建构主义学习;翻转课堂使课堂内容得到永久存档,可用于复习或补课;翻转课堂是所有学生都能积极学习和让所有学生都能得到个性化教育的课堂。

(1)翻转课堂能够让学生掌控学习

翻转课堂后,利用教学视频,学生能根据自身情况来安排和控制自己的学习。学生在课外或回家看教师的视频讲解,完全可在轻松的氛围中进行,而不必像在课堂上教师集体教学那样紧绷神经,担心遗漏什么,或因为分心而跟不上教学节奏。学生观看视频的节奏快慢全在自己掌握,懂了的快进跳过,没懂的倒退反复观看,也可停下来仔细思考或笔记,还可通过聊天软件向教师和同伴寻求帮助。

(2)翻转课堂能够增加学习的互动

由于教师的角色已经从内容的呈现者转变为学习的教练,这让教师有时间与学生交谈,回答学生的问题,参与到学习小组,对每个学生的学习进行个别指导。当学生在完成作业时,教师会注意到部分学生为相同的问题所困扰,就能及时组织这部分学生成立辅导小组,并为这类有相同疑问的学生举行小型讲座,及时给予指导。

（3）翻转课堂改变了与家长的交流

多年以来，在家长会上，父母问得最多的是自己孩子在课堂上的表现，如安静听讲、行为恭敬、回答问题，而这些看起来是学习好的特征，我们回答起来却很纠结。因为翻转课堂后，课堂上这些问题不再是重要问题了。现在真正的问题是孩子们是否在学习，如果不学习教师能做些什么帮助他们学习。这个更深刻的问题会带领教师与家长商量，如何把学生带进另一个环境，帮助他们成为更好的学习者。

（作者　王晓东）

高中课堂教学观察与指导

——浅谈新课程理念下的观课议课

教育名家库恩在《课堂教学观察与指导》一书说："理论始于观察，观察渗透理论。"一般说，课堂观察有两大视角，一是关注知识传授、提高认知水平，二是关注学生发展、提高参与度，提高教学质量。课堂观察的重大意义在于提高课堂教学质量，帮助指导教师专业素质得到快速发展。观课的基本要求是明确观课的目的、计划和要求，了解教材、教师的基本情况。具体观课需做到四方面，即观察教学目标、观察教学过程、观察教师施教和观察课堂效果。

1. 课堂观察的维度

（1）课程维度

①目标：课时目标是什么？课时目标是根据什么预设的？预设的课时目标在课堂上的生成情况如何？

②内容：有哪些教学内容？依据是什么？教材的整合情况如何？

③方法：运用了哪些教学方法？效果如何？有没有引起学生对本学科学习方法的关注？

④资源：有哪些资源？资源有没有得到实际利用？利用的效果如何？向学生推荐哪些资源？现实性和有效性如何？

⑤练习：有哪些练习？怎么布置的？练习的质量怎样？发挥怎样的作用？练习有指导吗？指导的过程、行为、方法和结果如何？

（2）教师维度

①环节:由哪些环节构成？这些环节切合教学目标吗？这些环节是否提供让学生主动参与和主动发展的机会？这些环节是否能促进全体学生学习？

②活动:教师有哪些活动(讲授/训练/讨论/提问/合作学习/自学指导/作业设计/评价)？这些活动是如何展开的？这些活动的展开切合教学目标吗？这些活动是否能促进全体学生主动地学习？

③手段:教师运用哪些手段(语言/板书/实物与模型/多媒体/实验)？这些手段是如何运用的？这些手段的运用是否能促进全体学生主动地学习？

④机智:教师遇到哪些课堂管理事件？如何应急处理？教师对学生答错、犯错后的反应、态度和语言表达方式怎样？

⑤特色:哪些方面(语言/教态/学识/技能/思想)比较有特色？

（3）学生维度

①准备:学生课前准备了什么？准备得怎么样？有多少学生做了准备？

②倾听:有多少学生能倾听老师的讲课？能倾听多少时间？对哪些感兴趣？有多少学生能倾听同学的发言？倾听的时候,学生有哪些辅助行为？

③互动:课堂有哪些互动行为？学生互动能为探究新知提供帮助吗？

④行为:回答(主动/被动,群体/个体,教师/学生,回答水平)有哪些？各有多少人？

⑤提问(不懂的/拓展的/创新的,主动/被动)有哪些？各有多少人？提问对象(向老师提问,学生互相提问)有哪些？各有多少人？

⑥讨论(不懂的/拓展的/创新的,主动/被动)有哪些？各有多少人？(同桌/小组/班级/师生)有哪些？多少人没参与？活动有序吗？学生的互动习惯怎么样？学生可自主支配的时间有多少？有多少人参与？学生自主学习形式有哪些？各有多少人？学生的学习资源(印刷材料/实物与模型/多媒体/教师/学生)有哪些？学生有无自主探究活动？

⑦达成:学生清楚这节课要干什么？学生能用自己的话解释、表达核心知识和概念吗？有多少人？学生能用核心技能和方法解决新的问题吗？情感、态度与价值观上有什么感受、认同和领悟？学生的当堂作业有哪些？反馈过程、行为、方法和结果如何？

⑧自主:教师的情景设置、资源利用与生成、自主学习指导上能从学生出发吗？学生在课堂主动参与(个体/群体/小组/师生探讨)的时间有多长？学生能否

从教师推荐的资源中自主选择、重组信息、"发现"规律并自由表达观点？能否对老师和同学提出的观点大胆质疑并提出不同意见？

⑨合作：课堂呈现的合作形式有哪些？运用的流畅程度怎么样？教师和学生运用哪些合作技能(表述、倾听、询问、赞扬、支持、说服、接纳)？课堂中出现各种争端时，能否有足够时间表达观点？

⑩探究：课堂产生了哪些具有思考价值的问题？问题是怎么产生的？有没有进行探究？探究是怎样展开的？有多少人参与？教师是否有指导？提供哪些资源和方法？探究是否有结果？影响结果产生的因素有哪些？

(4)课堂维度

①整体情况：时间分配，提问技巧水平，学生学习投入状态，语言互动，学生参与度及成效，练习目标层次，课堂教学效果。

②思维品质：授课者是否注意培养了学生思维的深刻性和求异性，授课者是否注意了培养学生思维的批判性，授课者是否注意了培养学生思维的灵活性，授课者是否注意了培养学生思维的创造性。

③教师行为：看教师是否鼓励学生质疑问题，看教师是否鼓励学生独立思考，看教师是否鼓励学生在课堂上争辩，看教师是否鼓励学生标新立异，看教师是否鼓励并帮助学生改进学习方法。

2. 怎样做观课记录

(1)记录的内容：人员特性、言语交互作用、非言语行为、活动、管理、教辅手段、认知水平、社会方面、情感水平和教学材料的使用。

(2)记录的形式：叙述式、实录式、分类系统式和图示记录。

(3)存在的问题：重听轻评、敷衍了事、平淡肤浅、面面俱到、参评面窄、以偏概全和评新弃旧。

(4)议课的原则：求真务实的原则，真诚和谐的原则，重点点评的原则，突出个性的原则，激励奋进的原则和讲求艺术的原则。

(5)议课的内容：教学思想、教学内容、课堂结构、教学方法和教学效果。

(6)听评课的目的：一类教师听课是为了听课，即"听课任务户"；一类教师听课是为了模仿，即"仿课专业户"；还有一类教师听课是为了评课，即"评课专业户"。

(7)听评课的类型：如优质课评选、教坛新星评选、学科带头人评选和典型课例评选等，参评的过程是提高的过程。如教研活动中的听评课、公开课等，需要经常化、制度化和生活化。

(8)评优课操作:设计一份《课堂教学评价表》,依次进行听课、分项打分和总体合分,最后按照高低分排序评出优秀课。

3. 现实研讨课情况

(1)没有明确的目的:听课者和被听课者不知道这次听评课要解决什么问题,不做细致的准备,所以听评课的效率大大降低。

(2)没有针对某一具体问题的科学、合理和完善的评价指标体系。虽有一节课的评价指标体系,但广泛而不深刻,听课者没有分工,什么都听,什么都不细致和深刻,听到哪算哪。典型表现是评课时,前两个人讲完后,后面的人基本没话说了。

(3)听课人参与程度不深,大家彼此受益较浅,所以彼此积极性都不高,听评课成了教师任务和负担。

(4)缺乏专业性和技术性,具体表现是谁都可以听课,作秀的情况是家长都可听课和评课。所以不能切实解决教学中的实际问题,听评课应有的功能没有很好地发挥,这使听课活动往往流于形式。

(5)讲课人处于被动地位,只听评课人发言,自己的讲课意图经常不能解释,所以讲课积极性不高。具体表现是听评课往往都是派课,派不掉就抽签。老教师不讲,年轻教师无奈地接受。

4. 从业余走向专业

(1)业余思维:缺乏专门的知识基础,仅当一项工作(行政人员、家长听课,对教师专业的不尊重),一被误认为"多做就会"(学校里轰轰烈烈的听评课制度,但效果不理想),二被误认为"会上课或会研究就等于会听评课"(平时评选新星、带头人从所谓的专家库抽人)。

(2)专业思维:听评课是一种评价、反思、对话和研究的行为,需要专门的学习或培训,需要专业视角。积极倡导基于证据的分析,明确听评课的主体是教师特别是学科同行教师。

5. 课堂观察的框架

(1)学生学习:准备、倾听、互动、自主和达成。如"自主"中的"学生可自主支配的时间有多少? 有多少人参与? 学困生的参与情况?"

(2)教师教学:环节、呈示、对话、指导和机智。如"环节"中的"这些环节是围绕教学目标展开的吗?"

(3)课程性质:目标、内容、实施、评价和资源。如"目标"中的"目标是根据什么(课程标准/学生/教材)预设的? 是否适合该班学生?"

(4)课堂文化:思考、民主、创新、关爱和特质。

6. 课堂观察程序

(1)上课教师陈述:本课的内容主题是什么? 在该课程中的关系与地位怎样? 介绍一下本班学生的情况,包括学优生与学困生座位在哪里,你想让学生明白什么,难点在哪里,你准备如何解决,你将如何知道学生是否掌握了你打算让其掌握的东西。

(2)教师课后说课:这节课是怎样获得成功的? 学习目标达成了吗? 谈谈各种主要教学行为(如活动或情景创设、讲解、对话、指导和资源利用等)的有效性? 谈谈有无偏离自己的教案。

(3)观察的局限性:观察可观察、可记录和可解释的直观现象与行为,如教师言语、学生的课堂反应和课堂活动等。这需要观察者接受一定的专业培训,具备相应的观察技能。也需要一定的时间、设备与技术的保障,来完成程序的三步曲。更需要一个专业合作体作为教研文化基体,在基体内教师可进行自由、分享和互惠的对话与交流。

(作者　王晓东)

高中班主任工作的"12345"

从 2007 年走上教师岗位的那一天,我也走上了高中班主任的工作岗位。在班主任工作的过程中,我深深地体会到新的教育课程改革是一场深层次、全方位的教育改革,这种改革赋予了班主任工作很大的发展个性的空间,同时又对班主任的教育理念、教育角色、教育行为方式等提出了新的挑战。经过近十年班主任工作的摸索,我渐渐感悟到班主任工作的规律性,简单总结为"12345",即为"一个勤""两个学""三个家""四个型""五个心"。

1. 一个勤

勤是做班主任工作的大前提,班主任工作要勤,细化可分为眼勤、腿勤、嘴勤。所谓眼勤即为多观察学生动态,及时了解学生的实际情况;腿勤即为多深入班级中去,多了解学生学习和生活问题,对学生严格要求的同时也要做到表率作用;嘴勤是班主任工作中很重要的环节,班主任工作离不开对学生的循循善诱和谆谆教诲。"亲其师,信其道",只有勤班主任才能培养出勤学生。

2. 两个学

每一位年轻的班主任在初做班主任的时候,都不可避免地遭遇到班级管理方面的瓶颈,要想突破瓶颈,我觉得需要做到"两个学",即学习老班主任的优秀管理经验,也要学习新型教育专家的管理理念。多向老班主任学习,可以借鉴他们如何进行班风建设、如何建设班级文化体系等,这些都可以不同程度地给年轻班主任很大的启迪。年轻班主任在工作之余,要多涉猎一些最新型的教育专家的书籍,从他们的文字感悟中汲取教育教学方面的养料。"两个学"做到了,犹如摸石头过河,心里有底,摸石头过河胜过闭着眼睛蹚水。

3. 三个家

高一的管理模式要有"法家"精神,法家是先秦诸子中对法律最为重视的一派,他们以主张"以法治国"的"法治"而闻名,高一时班级管理也要做到"以法治班"。所谓无规矩不成方圆,班集体的建立离不开班规班纪的建立,这些纪律约束需要全班同学集体建之、守之。班规的建立要重视发挥学生在制定班级目标中的积极性、主动性。在制定目标过程中学生们越主动,那么,在将来实施中他们的积极性就越高。

高二的管理模式要有"儒家"精神,儒家的"德治"主义主张以道德去感化教育人。儒家认为,无论人性善恶,都可以用道德去感化教育人。当然这些教育离不开抓住教育的时机,任小艾说过"抓住教育时机在教育中至关重要",是的,好的教育时机抓住了,教育就可以达到事半功倍的效果,错过了时机,可能很长一段时间内都无法挽回。

高三的管理模式要有"道家"精神,道家提倡自然无为,提倡与自然和谐相处。如果能够很好地做到前两个"家",道家管理自然就形成了,班级管理的终极目标就是要建设一个和谐的、凝聚的、向上的大家庭,法与儒都有了,道自然也有了。

4. 四个型

班主任要做到"实干型""平民型""管理型""开拓型",班级工作要做到点子上,脚踏实地,真正从班级事务入手,有系统地管理班级;平民型的班主任需要有一份平易近人的态度,无论对学生还是家长,都要有亲民之态,学生和家长认可了,班级工作就好做多了;管理型的班主任需要有管理的策略,有属于自己的管理手段和管理的策略,如建立良好的班委体制、良好的学习体制等;开拓型的班主任做事不拘一格,有创设性地开展班级工作。只有完美地将这些"型"结合到一起,班主任工作才能做到有声有色。

5. 五个心

任小艾曾在班主任工作中提到"五心"，即爱心、信心、专心、恒心、虚心。最近读了刘祥老师的《青年教师的心灵成长之旅》一书，书中也提到了"五心"，其"五心"与任小艾的"五心"不同，即为"圣心""佛心""慧心""雄心""闲心"。任小艾从班主任角度谈到的"五心"是对班主任的一种期望，刘祥所提到的"五心"是对教师品德的期许。两者之间略有不同，却都道出了为人师表的真谛。

下面我从个人体会谈谈班主任也要做到刘祥所说的"五心"。圣人可以立言，原因其立言有权威，值得后人学习，是因其有圣心，做班主任须有"圣心"，圣心可以服众，若学生认可，班级管理轻松自如；班主任要有"佛心"，类同于任小艾所说的"爱心"，大爱无疆，慈光普照，班主任工作不能有偏袒之心，应一视同仁，无论学生成绩的好坏，有佛心，可以平等对待任何一个学生，使学生在需要层次上得到了满足，班级全面工作就更好做了；班主任要有"慧心"，做一个有慧心的班主任并不容易，需要班主任经过长时期的经验沉淀才能形成的智慧，不是一朝一夕就形成的，大智慧需要点滴智慧汇聚，慧心的班主任可以适时抓住时机进行班级管理，积小流成江河就是这个道理；班主任要有"雄心"，班主任在所有任课教师中的影响是潜移默化的，一个有雄心壮志的班主任就可以影响一群学生，做学生者需要有壮志去努力去拼搏，这些的壮志不仅是学生自身积淀的，还需要从班主任身上去学习，所以有些人会说"学生随班主任"是有道理的，有雄心壮志的班主任，其学生的状态绝对不会差；最后再说班主任要有"闲心"，这里所说的"闲"是指班主任在闲暇之余应该多涉猎一些闲书，多学习不同领域的知识，班主任识多智广，在班主任管理这一块自然办法就多了，如阿米契斯写的《爱的教育》、詹姆斯·多伯森写的《施爱与管教的艺术》，还有苏霍姆林斯基的《给教师的建议》等都有不错的教学理念。班主任的价值不在于牺牲，而是在于传承文明培养发现精神。因此，有"闲心"的班主任，必然舍得花费时间去找寻那种在照亮他人的同时照亮自己的方法，因为他深知，只有当他拥有了足够的能量后，才能给学生输入足够多的能量。

就班主任工作而言，这是一件十分有意义且十分辛苦的事，只有掌握其工作规律后，才能做得更加科学从容一些。有人说，"要给人以阳光，你心中必须拥有太阳"。班主任是教育者、领路人，只要我们班主任心中拥有太阳，必然能够照亮学生的前方。

（作者　韩明）

爱心是教育成功的基石

——《做最好的老师》读后感

有人说,爱是一盏灯,黑暗中照亮前行的你;爱是一首诗,冰冷中温暖渴求的心房;爱是夏日的风,冬日的阳,春日的雨,秋日的果。著名教育家李镇西《做最好的老师》书中的"爱是永恒的教育理念",很好地证明了这一点。他把自己所有的爱,全部倾注给了他所热爱的教育事业,25年如一日,爱生如子,用他那"激情燃烧的岁月",谱写着一幕幕爱的篇章。他把自己融入班级这个集体大熔炉里,走进学生的情感世界里面去,把自己当作学生的朋友,去感受学生的喜怒哀乐,去赢得学生的信任与敬佩。

每个人都是一棵树。你也许不是最美丽的,但你可以最可爱。你也许不是最聪明的,但你可以最勤奋。你也许不会最富有,但你可以最充实。你也许不会最顺利,但你可以最乐观……我所谓的"做最好的自己",强调的是自己和自己比——昨天的自己和今天的自己比,不断地超越自己。"做最好的自己",便意味着要尽可能在自己的职业中达到自己力所能及的最好程度。

师爱是童心的源泉。教育者拥有一颗童心,对教育至关重要。乐于保持一颗童心,善于在某种意义上把自己变成一个儿童,这不但是教师最基本的素质之一,而且是教师对学生产生真诚情感的心理基础。教师的童心意味着怀有儿童般的情感;教师的童心意味着拥有儿童般的兴趣;教师的童心意味着具有儿童般的思维;教师的童心意味着拥有儿童般的纯真。生活赋予我们成熟,社会经验赋予我们练达,文化知识赋予我们修养,人生挫折赋予我们机智……但是对于真善美的执着追求,对假恶丑的毫不妥协,火热的激情,正直的情怀,永远是教育者的人格力量!作为社会人,教师也许会有几副面孔,但面对学生,教育者只能有唯一的面孔:诚实!须知真诚只能用真诚来唤起,正直只能以正直来铸造。

苏霍姆林斯基在其不朽名著《帕夫雷什中学》中这样写道:"为每一个人培养善良、诚挚、同情心、助人精神以及对一切有生之物和美好事物的关切之情等品质,是学校教育的基本的起码的目标。学校教育就要由此入手。"教育上的爱,不是为了达到一个目的而做出的一种姿态,它是一种思想,一种情感,一种氛围,运用得恰当,它会把"爱"自然而然地贯穿于教育的某一个环节,也会不声不响地体现在教育的每一个细节,更会潜移默化地浸润着每一个学生的心灵。所以,我深深感悟到:因为爱,冰雪会消融。因为爱,枯木会逢春。因为爱,希望绽放华彩。因为爱,能拨云见日,未来永值得期待。因为爱,所有的生命才收获了圆满。爱学生,要关心学生的健康。没有一个健康的身体,学生的学习激情会受到很大的冲击。学生在外求学,远离亲人。当他们生病的时候,最渴望亲人的温暖。老师的关心,对他们来说,犹如亲人般的温暖。学生在老师的关心之下,对老师往往就会抱有感激之情,老师的教育,他就能够毫无心理阻碍地接收,从而达到教育效果的最大化。爱学生,要关心他们的交往。这个交往,一方面指异性间的有悖于友谊原则的交往,一方面是指同性间的交往。前者,犹如青苹果,学生采摘品尝到的只能是苦涩,犹如一粒苦种,会在学生今后的人生中,时时开出苦苦的花。后者处理不好,会影响到学生之间的关系,造成人际关系的紧张。现在的学生大都是独生子女,与人交往,是他们的弱项。这也是我们教育中常常忽略的一个问题。我们在工作中,应特别重视了解学生的交往情况。对学生中存在的矛盾,力争消除在萌芽状态,并且借此对学生进行相关的为人处世的方法指导。爱学生,老师要善于自省。要经常扪心自问:我的工作有没有疏漏,我的工作如何改进,怎样才能做得更为完美。要虚心地接受学生的意见,将最精彩的自己呈现给学生,这是爱学生、也是赢得学生爱的最好的方法。

书中李老师对爱的执着深深打动了我。正如李老师所说"'爱心与童心'是我教育事业永不言败的最后一道防线。"他把教育事业当成自己的事业,把带给学生一生的幸福当成一生的追求,学生的每一点变化,无论是朝着哪一个方向,都牵动着老师的心。这是所有成功教师的共同经验。"做最好的教师!"是一种平和的心态,也是一种激情的行动;是对某种欲望的放弃,也是对某种理想的追求;是平凡的细节,也是辉煌的人生;是"竹杖芒鞋轻胜马"的闲适从容,也是"惊涛拍岸,卷起千堆雪"的荡气回肠。这段话蕴含着极其深刻的哲理:做最好的老师,应该成为每个教师的生活方式、工作常态和人生追求。作为一名教师,我决心以李老师为榜样,以"爱"为己任,在今后的工作中,积极进取,努力、高标准地要求自己,树立竞争意识,不但要自己思想过硬,业务水平高,乐于敬业,端正态度,勇创佳绩,还应想方设法投入学校集体的建设中,增添自己的一份力量,为学校增光添彩。时刻不断地提醒自己,用爱心温暖童心,做个富有爱心和童心的人,爱学生,爱生活,爱世界,做最好的老师,做学生最喜欢的老师。

最后,借李老师的话勉励自己:"教育是心灵的艺术,爱心是教育的灵魂"。这就是我——一位年轻教师在教育教学中的心声。

(作者 赵旗)

自信影响一生

——解决习惯性无助感的案例

冯梅是一个特别的学生,高一入学的时候是以很高的分数进入其他班级,高二文理分科的时候分到了我的班级,可是分班的成绩却让我大跌眼镜,她的成绩处在班级的下游,数学和物理存在明显的缺陷。是什么原因造就了这样的现象呢?

我发誓,绝不让她掉队!

最初我以为是学习态度的问题,因为我对她在高一的学习情况不甚了解,只知道她进入高一的成绩很高,按理说应该各方面都不会很差,造就现在这个局面应该是学习态度的问题。第一次跟她交流,我真的没有仔细地观察她,因为我把问题想得太简单了。套路一般的谈心很快结束了,我以为应该能起到立竿见影的效果。可是成绩出来却发现还在下滑。是哪里不对呢?我陷入了思考。

没有调查就没有发言权,我决定进行深入的观察。她总是早早地到班,因为我每次到班的时候都是很早的,可是她总是比我早。不光是早晨,中午和晚自习都是这样。下课的时候她很少出去玩,和同学的交流也不是很多,常常是一个人在看书或者是做题。大多数课堂上她的表现不活跃,很少听到她发出的声音。可是唯独英语课不同,她的声音是最响亮的一个。她的穿着很朴素,也从来没有刻意打扮过自己,甚至给人感觉有点邋遢。这些现象背后的原因分析起来并不困难,细细地推敲,我总结了几点:她是一个非常勤奋的孩子;她的理性思维很一般,或者说很差;她比较自卑,不善于交流;她心底也有表现自己的欲望,并能够在她的优势科目表现出来;她的容貌并不差,可是因为她的衣着和习惯,几乎没有得到过赞美。

并不是发现了问题,就一定能解决问题。

作为一个理科教师,特别是物理教师,我深深知道理性思维的好坏往往直接决定了高考理综的成绩。而最要命的是她的理性思维水平那么低,之所以还能够维持现在的水平，来源于她超人的勤奋。相反，她的英语水平是全班一流，常常在测验中取得优异成绩。我明白了第一次跟她交流为什么不能起到预期的效果了。我该怎么办？

就像要铲除一堆石块，首先看到的总是这一堆石块中最大的那块。可是如果一开始就去搬那块最大的，却往往白费力气。因为周围那么多的小石块给它巨大的阻力，也使我们的努力事倍功半。

我在思考着我应该采取的行动。

又一次月考成绩揭晓，她依然垫后，早读的时候，我把她喊进了办公室，开始了我的长远计划。面对糟糕的数学和物理成绩，她哭得很伤心，因为她毕竟付出了那么多努力。这一次我没有跟她谈心理方面的事情，而是把她的试卷从头到尾细细分析了一遍，把做错的题目分为四种情况：第一是根本不会的，第二是半懂不懂的，第三是虽然会但是思考不到位的，第四是粗心的。计算了一下，三、四部分的总分竟然比她得的分数还多。加在一起，考及格还是很有希望的。我问她，你还是以为你的实力是在三四十分这个水平吗？她的眼神闪亮了一下，就像我观察到的在英语课上闪动的那种。我装作漫不经心地说了一句：冯梅，你真是个漂亮的女孩啊！她的脸一下子红了，头垂到胸前，可是我却能看到满脸洋溢的笑意，也许这是她入高中以来第一次听到关于她长相的赞美呢！下午来到班级，我发现她竟然换了件新衣服，刚洗的头发乌黑发亮，同样没有任何装饰，可是由于神情里有了自信的加入，给人一种青春靓丽的感觉，同学们也有些惊奇，一些要好的同学已经有了赞赏的表情了。

接下来的日子并没有一帆风顺地向好处发展，由于物理内容越来越难，考试出来的分数依然是可怜的三四十分，依然是每次在我面前流下难过的泪水，我有点怀疑我的努力是不是白费了。可是我的秉性是不会轻易放弃的，更何况我多次说过我绝对不会放弃班级里任何一位同学。给她单独讲问题的时候总是降低难度，多处联系，一个问题常常联系很多知识，看似在讲问题，实质是让她不自觉地接受系统的复习和再造。终于有一天我听到了一句让我振奋的话：杨老师，我发现我学习物理好像入门了，虽然考试还是那么少，但是感觉学习顺多了。我在班级里公开了她对我说的这句话，并鼓励她继续进步，争取在考试中体现出来。

高考在一天一天地临近，她成了办公室的常客。逐渐恢复的自信不光改变了她的形象，同时也提高了她对物理和数学的学习信心。理综分数也不光总是一百三四十分，偶尔跳跃成一百五六十分，甚至是一百七八十分，但是跟高考的要求还是相差较远。我还能赶上来吗？我在高考的时候能考进两百分吗？我真的怀疑我不是学理科的料！这些语言总是在跟我说话的时候冒出来。两次联考都是全市万名以外的成绩让她更加着急，我也是急在心里，可是我不能表露出一点，那样都会让她好不容易拾回来的信心消失。我一次一次地鼓励她，并语气很坚定地说，高考理综你一定能过两百分的，考个本科没有问题，说不定是个二本呢！她虽然当时总是半信半疑，可是我的这些鼓励使她一直坚持着。

"只要你带着自信去参加考试，你能再提高五十分！"这是我在最后一次模拟考前做动员的时候说的。这也是一次提信心的考试，试题较简单，批改也略显放松，成绩出来后果然是一片欢笑。她特意到办公室对我说，这次考试我时刻提醒自己一定行，果然自信帮我提高了五十分呢！我很郑重地向她表示祝贺，她表示一定在高考中保持自信，坚决成功！

她的考场是在县一中，刚好我也去那边送考。第一场进场的时间到了，我伸出手要她跟我握手，并说你用多大力握就能考多少分。她果然很用力地握了，我感觉到了她的自信，我也知道这是我最后的努力了。语文考试结束了，下午的数学是我最担心的科目，我重复着上午的鼓励方式，可是心里打着鼓等着考试结束。数学考试结束了，她交给我准考证的时候说了一句话：我感觉考得越来越顺了。我的担心一下子飞了大半，我似乎看到了成功。第二天的理综和英语结束后我看着她略显兴奋的表情，我知道她这次一定能成功，我这次一定能成功！她如愿考过了二本的分数！

从心理学的角度来说，她的这种情况应该叫作"习惯性无助感"。除了上面所说的一些情况以外，我还了解到她起初并不是这样子的。小学和初中的她由于个人的努力一直处于上游的成绩，家人、老师和亲戚也都会对她褒扬有加。只不过是进入高中以后，在物理和数学方面落后了一些。可是教师的无视甚至是蔑视使她一次次地失败，进而再也没有成功的自信和进步的勇气。在现实生活中，"习惯性无助感"也是十分普遍的，每个人都会遭遇到形形色色的失败和挫折。比如，有个人失业了，可是这时候偏偏又有家人得了大病，进而孩子的升学失败和夫妻感情的破裂等因素的强化会让他再也不能提起生活的勇气，由绝望走向沉沦。表现出典型的"习惯性无助感"。

就学生来说，"习惯性无助感"的成因主要来自家庭和学校，而解决"习惯性无助感"的方法也必须来自学校和家庭。最好的良药就是一次次的成就感的积累。如果我们能够让有问题的同学获得一次次的成就，哪怕只是很小很小的成就。这些成就感积累起来就会慢慢地消除他的"习惯性无助感",使他回到正确的人生道路上来。

（作者　杨成勇）

班级管理之我见

班主任工作在学校管理中是非常重要的,军不可一日无帅,班级不可一日无班主任。我体会到班主任工作的艰辛与复杂,同时也感受着班主任工作给我带来的喜悦与收获。在学校领导和班级各科任课老师的支持和配合下,班级各项工作得以顺利开展,学生的德智体美劳全面发展,各项素质得到提高。

1. 重用得力的班级干部

一个班级的管理工作,仅仅靠班主任一个人的力量是远远不够的,班级的管理需要班级同学的参与,这就需要一个团结有力的班干部。在高一刚开学时,由于对学生不是很了解,这时可以借助军训时对学生的观察,找出几个愿意为大家服务的同学来做临时班干部。到期中考试后,班主任对学生的了解充分了,学生间的了解也充分了,可以搞班干竞选。候选名单可以自荐和班主任推荐相结合。就这样,新的班委会成立了。首先要求这些班干部在学习、纪律、卫生等各方面以身作则,树立良好的榜样作用,才能有说服力地去管理其他同学。班主任也要信任这些班干,要给他们管理和展现自己的机会,培养和锻炼他们,形成学生自我管理、自我提高。

2. 要体现班主任的权威

虽然班主任在班级管理中要民主,对学生要有耐心爱心,这不意味着班主任对学生一味放任纵容,对问题学生处理起来优柔寡断、拖泥带水。在高一带班时就要树立班主任的权威,只有权威树立起来了,以后才好管理班级,不然班主任的话在班级就不会有人听,班级管理会遇到很大的麻烦。如何来树立权威呢? 一是班主任要以身作则,如要求学生准时到校,班主任首先就要准时到校。当学生迟到时,班主任处理学生时才会义正词严,让学生心服口服。二是班主任处理学生违纪时,要对学生一视同仁,不要厚此薄彼,无论成绩好坏,在制度规则面前人人平等,给学生铁面无私包青天的形象。三是班主任要说到做到。如你今天说明天要检查作业,结果第二天没有去检查,久而久之,学生对班主任的话就不再信任,

103

以后再说话学生就不会再听。

3. 维护任课教师的尊严

班主任日常工作中要加强与任课教师的联系,通过他们了解学生在每一科的学习和守纪律情况。班主任要充当任课教师和学生间的纽带,调节好任课教师和学生间的关系。学生可能存在对任课教师这样或那样的意见,要事先有所了解,如果事情属实,可以一边通过委婉的方式和任课教师沟通,不至于伤害任课老师的工作积极性。另一方面也要和学生做好解释工作,说明每个老师都有自己的教学风格和手段,只是方法不一样,所教授的知识是没有问题的,打消学生的顾虑,协调好他们之间的关系,让他们信任老师。班主任要努力维护科任教师威信,要处理好与科任教师的关系,这样才能形成强大的教育合力,使班级朝和谐方向发展。

4. 以欣赏的眼光看学生

专制、服从、简单、粗暴是班主任管理班级时常出现的问题。每对学生进行一次赤裸裸的批评与挖苦,就会给学生的心灵造成创伤,从而加深消极堕落的自我认知,从而迈向堕落的深渊。我从前带过的很多学生,留给我印象最深的并不是那些无可挑剔的模范学生,而是在某些方面难于管教的孩子。要是以欣赏的眼光去看这些学生时,就可以发现他们身上的闪光点。只要班主任在教育方面尽到责任,努力发现学生身上的闪光点,少批评、多肯定,就可以把每一个学生培养成对社会有用的人。

5. 与学生心灵沟通对话

班主任应积极与学生进行心灵的沟通与对话,促进学生人格的完善和发展。我国近代著名教育家陶行知在创办晓庄学院时,曾说:晓庄是从爱里产生的,没有爱就没有晓庄。你的教鞭下不会有瓦特,你的冷眼里不会有牛顿,你的讥笑里不会有爱迪生。特别强调教师要尊重热爱学生,反对任何形式的简单粗暴。我在平时的班级管理中也是这样去做的,当学生犯了错误后,不要冷嘲热讽,在严肃处理后对学生要理解宽容。有人说,理解是爱的别名,这是有道理的。首先,要理解学生的心灵,这就要求班主任应成为理解型教师。其次,要构建以理解为本的班级文化。最后,应着眼于理解型学生的塑造,培养学生与他人共同生活、协作共事的意识与能力。

6. 为后进生点一盏明灯

班级里的后进生比较难管理,他们通常是屡教不改、咸淡不吃。你批评他也好,关怀他也好,他都会表现出心不在焉、满不在乎的样子。如果管理不好,这些学生就会误入歧途。

　　要解决这些问题,首先要了解学生的家庭情况和与同学交往情况。有的可能是家庭造成的不良影响,有的可能是和不良少年在一起混造成的后果。以前班里就有一个学生,喜欢奇装异服、恶作剧、迟到、打架、不交作业。不管你如何苦口婆心地劝说,就是不奏效。我冷静地想了一下,要对症下药、找到病根才行,后来我了解到,这个孩子父母离婚了,跟着爸爸生活。爸爸一个人在外工作打拼,既当爹又当娘,情绪不好时喜欢喝点酒,结果忽略了对孩子的关爱,有时喝醉了还会打孩子,与孩子交流谈心几乎没有。这个孩子长期得不到父母的关爱和家庭的温暖,就越发形成了叛逆的性格,不服管教。这让他父亲很伤心也很生气,结果招来的管教就是一顿暴打。了解情况后,我就先和他父亲进行交流沟通,谈如何对孩子进行教育的问题。告诉他不能孩子一犯错就一打了之,要多与孩子谈谈心,多表现一点对孩子的关爱,只有让孩子体会到家长的暖暖爱意,孩子冰冷的心才会被感化,才会向好的方面转变。后来又通过多次和他父亲的沟通及家访,他的管理方式发生了转变,这个学生也发生了很大的变化,在学校的表现有了良好转变。

　　对后进生老师要有耐心、爱心。只有老师和学生真诚真心地交流,才会让他们感受到老师是真的为自己好,这样老师的管理才能奏效。为了上面提到的这个学生,我经常和这个学生谈学习、谈生活,谈人生的理想。从来没有在他的面前向他父亲提及他的种种不是,总是在他父亲面前谈他的闪光点。有一次他过生日我送给他一个笔记本,并在笔记本上写了一句话:“老师相信你能找回自信,我愿做你的朋友,有什么问题我们可以交流和分享。”正是通过我的不懈努力和真诚真心的交流,才成功地让这个学生重新回到了正确的人生轨道上来。

　　在和后进生谈话时,不要简单粗暴伤害学生的自尊和人格。和学生推心置腹交流后,要替学生保守秘密和隐私。这样,学生就会亲近老师,老师的管理也就比较容易奏效。所以,后进生的管理既要有方法又要有爱心,有爱才有教育。

(作者　汪邦家)

第三章

教研教学

做好心理分析　提高教学质量

　　所谓中学生学习心理是指中学生在校学习过程中表现出来的心理现象,即在注意、观察、记忆、想象、思维、情感、意志等智力因素和非智力因素诸方面的表现。分析学生学习物理的心理因素,可为教师处理教学内容、设计教学过程、优选教法等提供有针对性的依据,从而提高中学物理教与学的效益。

　　1. 物理学习的心理特点

　　(1)记忆特点:它由好奇心、求知欲、探索心等心理因素决定,表现在对于感兴趣的物理概念、规律愿意记忆,积极记忆,而对于那些缺少实验,由枯燥的抽象思维形成的物理概念、规律则不愿记忆或机械记忆。

　　(2)思维特点:在整个中学阶段,学生的思维处于从经验型向理论型过渡的时期。初中生的思维很大程度上属于经验型,他们往往要借助于生活中的亲身感受、实践中的直接认识及习惯观念等进行思维活动;而高中生的思维属于理论型,他们能够用理论做指导来分析并整合各种事实材料,进而发展成能依据一定的系统知识,遵循一定的逻辑程序,自觉把握和运用一系列概念、判断、推理,从而不断扩大自己的知识领域。

　　(3)注意特点:心理研究表明,单调而毫无变化的连续性活动,不易引起人们的注意。但是,突然发生变化,即使是比较脆弱的刺激,也能引起人们的注意。因此,教学中我们不能较长时间地使用单一教学模式,而要不断地改进教学手段,调动全体学生参与教学活动的积极性,尽可能地让学生对教学过程感兴趣,这样才能收到较好的教学效果。

(4)兴趣特点:初中学生的兴趣往往限于直接兴趣(好奇好看)和操作兴趣;而对高中学生来说,直接兴趣与间接兴趣同时在起作用,并且兴趣与目标开始有了联系,他们对物理学的兴趣中,因果关系的兴趣占有很大比例。

(5)观察特点:有的学生的观察是有目的、自觉的,能从现象观察中发现个别特征,而且能将这些个别特征同微小的物理变化联系起来。但也有的学生出于好奇,只是看热闹,只停留在表象的观察上而不认真思考。

(6)情感特点:教师的态度影响学生学习物理的情感。当学生从教师那里感受到真诚的关怀和积极的期待时,他们就会产生一种被信赖和激励的内心情感体验,就会愉快地接受教师的教诲,并努力把这种教诲转化为行动,从而实现教师的期望。

(7)概括特点:初中学生在学习物理的过程中,往往抓住的是不同物理现象的个别特征和非本质属性,并不能把物理现象中的共同属性抽象出来加以分析、归纳和总结,与初中生相比,高中学生抽象概括的能力相应较强。

2. 物理学习的心理过程

(1)从物理感觉到物理知觉

感觉是认识的初级形式,是一切知识的源泉,它属于认识的感性阶段。需要通过对大量的物理现象的分析及物理实验的验证,才能形成物理概念和物理规律。才能丰富感知,形成对物理过程的整体认识。

(2)从物理知觉到物理表象

知觉是大脑对客观事物的初步分析和综合的结果,是处于感觉与思维之间的重要环节。学生在学习中从各种物理现象、实验中通过分析总结出的概念和规律是在知觉基础上形成的物理表象。物理表象虽具有一定的概括性,但它仍属于认识过程的感性阶段,仍是事物的直观特征的反映,是从具体的形象思维到抽象思维,进而形成物理概念和规律的过渡和桥梁。

(3)从物理表象到抽象思维

由实验直接概括形成的物理表象,是以感觉和知觉为基础,属于非本质的东西。很多物理概念和规律的形成仅靠物理表象是不行的,还需揭示其本质。抓住本质的东西,将感性认识上升到理性认识,才能形成正确的概念和规律。总之,抓住本质的东西,才能形成概念和规律的关键环节。

3. 物理教学的实施建议

（1）转变学习观念，变机械学习为意义学习

由学习心理可知，学习分为机械学习和意义学习两类。只有当人全身心参与，将其认知、情感、信念、意图及各部分经验都融合在一起时进行的学习才是"意义学习"。学生进行意义学习的前提条件是学习内容对学生具有"个人意义"，即学习内容是否真正为学生所需要。只有当学生觉察到学习内容与他自己有关时才会全身心投入，意义学习才会发生。因此，在物理教学中，教学的主要任务是把教学内容转变成学生易于接受的信息，抓住学生的兴趣或需要，让他们兴致勃勃地投入学习活动中，并在学习中正确地使用鼓励、表扬、引导等手段，帮助学生快速高效地进行物理"意义学习"。

（2）增强物理意识，提高学生物理思维能力

高中生感到物理难学，不会解题的重要原因是没能用物理眼光看待物理问题，即物理意识不强。物理意识是学生在面对物理问题时对自身行为的选择，即学生在面对物理问题时该做什么及怎么做。为了提高学生学习物理的效率和解题的正确率，在教学中，必须培养学生以下几方面的物理意识。矢量分解和叠加意识、隔离研究对象意识、分解物理过程意识、建立物理模型意识、状态变化的临界意识、物理模型的对称和可逆意识、物理现象变化的条件和范围意识、力和能为主线的意识等。总之，面对物理问题，要有比较全面的物理意识，才能学得得心应手，做得准确全面。

（3）利用教学情感，增强学生爱学习的兴趣

情感是人对客观事物是否符合自己需要的态度体验。心理学研究表明，情感因素是影响教学效果的一个重要心理因素。教师的理解、兴趣和喜爱会导致学生的理解、兴趣和喜爱，即发生情感的共鸣与转移，这是教学成功的关键。在物理教学中首先要建立良好的师生情感。教师对学生的热爱和期待是学生学习的动力，同时教师的情感影响着课堂的气氛。其次，丰富学生对物理学科的良好情感。教学中应让学生感受物理学之美。物理规律的和谐统一、公式的简洁对称、物理实验的巧妙精湛等。这些美的感受能引起学生学习物理的兴趣，减轻心理压力，增强学生学习的信心。

（4）优化学习心理，构建学生物理学习心态

学习心态是学生学习时的心理状态，学生学习心理的好坏直接影响着学习的积极性和学习的质量。优化学生学习心理，一方面要充分发挥非智力因素的动力

作用,另一方面要注意创造良好的学习氛围。教学中要设身处地地与学生心理换位,想学生所想,释学生所疑,解学生所难,乐学生所乐。充分发挥教学民主,把学生主动参与的教学意识贯穿于物理课堂教学的始终,营造出良好的学习情境,使学生以轻松、愉悦、主动的心态投入物理学习活动中。

(5)培养自我意象,让学生走出障碍的误区

自我意象是学生对自身的认知和评价,是"我属于哪种人"的自我观念。如果一个人的自我意象是一个成功的人。他的内心"看到"的是一个不断进取、能经受挫折和承受压力的自我,"听到"的是"你做得很好,以后还会做得更好"之类的正面信息,然后感到喜悦、自尊和鼓舞,使自己的潜能得到充分的发挥,于是在现实生活中往往会成为一个成功者。反之则相反。要培养学生形成良好的自我意象,应引导学生做到以下几点:一是把成功归因于自己的努力、智慧和才能;二是把失败归因于不稳定的偶然的外部因素;三是充分肯定自己的优点和长处;四是深信自己有能力学好物理,会学物理;五是淡化过去的错误和失败;六是不断进行积极的自我暗示。

(6)活用心理规律,使学生参加教与学过程

中学生具有好奇、好问、好动、好学、好胜,求趣、求新、求活等心理特点。因此,在物理教学中,可向学生提出一些新颖、有趣的物理问题,向学生展现一些鲜明、生动、奇异的物理现象,这样可引发学生好奇、求趣、求新的心理。针对中学生好问、好学的求知心理,教师要善于设问。引导学生经过探索自己得出正确的结论。在课堂教学中,教师要给学生留出充足的时间,让学生独立地做练习、动手演示实验和设计探索性实验等,这样既能调动学生学习的积极性,加深对物理知识的理解,同时教师也能从学生的"动"中获得反馈信息,从而及时调整教学进程和实施方案。如针对中学生追求新异刺激的心理特点,围绕教学大纲要求,开展一些物理课外活动,搞一些小实验、小发明活动,开展物理竞赛,增加一些近代物理知识讲座,可扩大学生的知识面,开发学生的智力。利用学生的好胜心理,在课堂上可以把教学内容中一些似是而非的问题、难题以及不易做好的实验等,有意识地让他们争论,以求在争论中明理。

总之,要提高中学物理教与学的效益,必须研究和掌握学生物理学习的心理活动特点和规律,并以此为基础充分发挥学生的主体作用,优化学生物理学习的情感、态度和价值观。这种研究还必须联系现代中学生的实际,进行必要的心理检验和测量,这样才能有利于掌握中学生物理学习的心理特点和规律,促进物理

教育改革的深入发展。

轮回备考 贵在科学

高考是一门科学,有其自身的规律,摸清看透其规律是科学备考的关键。在高三备考阶段,要立足理性,发挥集体智慧,始终以研究者的态度,不放松任何一个复习轮回,才能取得高考的成功。

1. 总结经验,蓄势待发

每年高考结束后,我校要求高三老师对备考的整个过程进行总结反思。在新一轮备考开始之前,两届高三老师召开学科策略研讨会,总结过去、谋划未来,使备考工作更准确、更高效、更科学。具体是本届高三总结备考工作的得与失,如备考方向的准确性、计划的合理性、措施的有效性、习题的导向性等。新一届高三谋划备考思路、备考策略、计划进度、方法举措、学科增分点等。

(1)研究考纲变化

对于考纲中明确删除的知识点,在复习中要果断删除。对于考纲中新增加的考查点,要高度重视,往往每年新增加的考点,在当年高考题中很大可能会涉及。对于降低要求的考点,不要在后续复习中花费很多精力,相反对于要求提高的考点,就要进一步加强。

(2)研究知识内容

对"了解"内容,能正确理解就行,不必做深入的研究和拓展;对"理解"的内容,要做到准确地表达,正确地运用,最终达到灵活使用的程度;对要求"掌握"的内容,不仅能熟练应用,还要求会用这些内容解决学科中的实际问题。

(3)研究高考试题

研究高考题的命题目的、命题思路、命题方法、命题趋势,尤其是高考题与教材的联系,以进一步提高自己的教学水平和效益。一是单卷研究:研究考查意图、选材特点、题型特点、设问特点和答案拟制。二是横向研究:同年不同类型高考题的研究,同一知识点在不同考卷中出现的频率,以及相同考点在不同考卷中的考查方式。三是纵向研究:研究近年考题,寻找命题的稳定性、周期性和随机性。

(4)研究课本教材

科学备考应该以教材为依托,全面复习。教材把教学大纲中一些抽象的规定加以具体化,一轮复习基本上是以教材为主。要狠抓教材,夯实基础知识,逐步提升基本能力。

2. 注重基础,细流淘沙

(1)复习方法。一轮复习采用"预、讲、看、讲、练、查"的六字复习方法。"预"就是在每一个知识内容复习之前都要求学生提前预习;"讲"就是教师串讲基本概念、基本方法和基本规律;"看"就是让学生认真地看课本,理解和记忆学科基本知识,"讲"就是教师通过"典型题"讲解基本知识的应用,交给学生基本的解题方法;"练"就是学生通过做题,巩固所学知识;"查"就是对学生进行单元测试,查找薄弱知识点,进行补缺补差,实现单元过关。

(2)操作策略。复习时关注对知识点的感知、记忆、再现、应用,按章节或板块"地毯式"扫描全部的知识点。一轮复习属于积累阶段,系统复习所学基础知识,适当提高要求,初步构建知识网络。

(3)复习课堂。一是基础性:着眼双基,不要随意扩充大纲要求以外的内容,深度也要把握好;二是系统性:滚动复习,知识前后衔接,梳理归纳成串;三是综合性:纵横联系,内外交叉,多角度和多层次化;四是重点性:突出主干知识,详略得当;五是发展性:传授方法,引导迁移,提高自学能力;六是启迪性:深挖教材,提高发散思维,多角度考虑问题。

3. 专项复习,横岭侧峰

(1)自我评价。在第一轮复习的基础上,师生共同做出较为客观的自我评价,有助于查漏补缺,扫清知识死角,从而完成知识由零碎散乱向条理化、系统化和整体化的过渡。具体可从如下几个设问落实:能否基本掌握各章的知识结构? 能否回忆出各单元的基本概念并有正确地理解? 是否已经熟记各单元基本规律的内容、表达式以及使用范围? 是否已经掌握了各单元学习中应该掌握的基本方法? 是否已经掌握了解题的一般程序? 是否已经有了各单元的典型习题的类型以及相应的解法? 是否记住一些重要的结论,使用中不必再花时间推导,从而提高自己的解题速度? 是否清楚自己学习中的薄弱环节,并能时时提醒自己加以重视。

(2)复习方法。主要是把孤立的知识连成线、构成面、结成块、形成网,培养能力,综合提高。第二轮复习时必须进行专题训练,让学生学会用一种方法解决一类问题,用多种知识和方法解决综合问题。讲练的题目必须严格筛选,数量要严格控制,坚决删去传统意义上高难度的大题目和解题过程太复杂的题目。

(3)课堂教学。在课堂容量上,提倡增大课堂复习容量,不是追求过多地讲和练,而是对重点问题舍得用时间,对非重点问题敢于舍弃。集中精力解决学生困惑的问题,增大思维容量。

在讲练比例上,每堂课都要精讲精练,合理分配好讲练时间,避免出现"满堂灌或大撒手"的现象。在讲评方法上,要求教师做到评前认真阅卷,评中归类纠错、设疑辩论,抓错误点、失分点、模糊点,剖析根源,彻底纠正。

4. 强化训练,百川聚合

(1)目标达成。回归基础、模拟适应、调节心理、增强自信。全方位模拟高考,强化训练。练就学生"全题感觉",并借此吹响冲锋号,鼓舞士气。

(2)课堂教学。以习题讲评的形式为主,但习题不是重心。借助一些精编题,归类考点、讲出方法、补实疏漏、规范示例、强化题感、保持考感。

(3)复习指导。一是看着课本目录尝试回忆;二是看着考点尝试回忆;三是结合笔记看课本;四是通过错题本和典型题的归类看课本。

5. 自主复习,整装待发

(1)将训练进行到底。精而不滥、熟练技巧、减少失误、提高分数。强化动手能力,落实答题规范。利用好标准答案,评分标准。实现看、练、问、思的有机结合,在看中练、练中看、练到最后一天。

(2)注意知识点回顾。处理好做题与知识点总结复习的关系。翻看积累本和错题本,抓重点章节和薄弱环节。

(3)保持感觉提信心。要以良好心态对待高考,保持常态、带着自信、握着方法走进考场,争得最好的发挥,取得最优的成绩。

(作者　王晓东)

高三备高考　上好三类课

课堂教学是高三备战高考的主渠道,新课结束的高三教学主要是复习课、习题课和试卷评析课,上好这三类课不仅是提高高三教学效率的关键,更是高考成败的关键。

1. 复习课

复习课是教学过程一种非常重要的课型,对夯实学生的基础,培养和提高学生运用知识、解决问题的能力起着举足轻重的作用。复习课又是最难上的一种课,难就难在学生对复习课的学习激情下降,没有了学习课程的新鲜感。因此,如何激发学生的学习激情,成为上复习课的老师棘手而又必须深入思考和研究的问题。稍有不慎,就会陷入忙乱而远离井井有条,最后导致"你不说我倒还明白,你越说我越糊涂了"的结果。有鉴于此,笔者以教学之经历,谈谈自己的管窥之见。

(1)复习课的特点

①似曾相识的疲劳之感

随着时间的流逝,学生对知识的遗忘程度会越来越高,他们对学过的内容常有似曾相识的感觉,也就是我们常说的打开书了然,关闭书茫然,他们对已学过的知识又会产生审美疲劳,不想再见。

②教师备课的要求之高

教师必须吃透教材、大纲和考纲,了解知识的纵横向联系。由于学生学习的课程多、时间长,很难将支离破碎的知识连成整体,只见树木、不见森林,导致运用知识的能力不强,所以,无论哪一种类型的复习课,都要将所学的有关知识进行归纳、整理,进行纵横向联系,进而优化所学知识,使其系统化、科学化。

③需要知识的迁移训练

复习不是简单地重复,教学方法、教学内容、教学形式、课堂设计等内容都要尽量避免重复。只有全新的面孔、全新的方法、内容、形式和设计,才能激发学生的学习热情。发挥他们的主观能动性,达到事半功倍的效果。复习最终的目的在于培养和提高学生运用知识、解决问题的能力,要加强知识的迁移性训练,培养学生举一反三、触类旁通,运用所学知识解决问题的能力。

(2)复习课教学的原则

①自主性原则

在复习过程中,要充分发挥学生的自主性,让学生积极、主动参与复习全过程,特别是要让学生参与归纳整理的过程,不要用教师的归纳代替学生的整理。复习中要体现:知识让学生疏理,规律让学生寻找,错误让学生判断。充分调动学生学习的积极性和主动性,激发学生的学习兴趣。

②针对性原则

复习必须突出重点,针对性强,注重实效。在复习过程中,一是要注意全班学生的薄弱环节,二是要针对个别学生的存在问题。要紧扣知识的易混点、易错点设计复习内容,做到有的放矢,对症下药。

③系统性原则

复习过程中,必须根据知识间的纵横联系,系统规划复习和训练内容,使学生将分散的知识系统化。

(3)课前的准备非常重要

①把握好准确的复习进度

进入复习阶段,事先要根据复习时间、复习内容合理安排好复习进度,用几轮复习、每轮复习用多长时间、每节课复习多少内容……另外,在每次考试前,都要根据《课标》要求,紧扣重要考点、考试题型、考试动向,做到有的放矢,不盲目练习、不做无用功、不引学生入歧途。

②设计好复习思路与方法

每节复习课前,对本节课复习的重要知识点要进行规划,研究用什么样的思路、方法去复习和巩固。是"讲练讲"式,还是"练讲练"式。前者属于"用法练题"型,后者属于"见题思法"型。后者更多地体现了以学生为主体,更能发挥学生的主观能动性,尤其对理科复习更有效。

③落实好典型的训练习题

习题的选择一定要针对重点、少而精,要体现学科性和时代性。"宁缺毋滥"是落实练习题的重要原则。若复习时间有限,宁可放弃一些次要知识点的复习、练习,也绝不照着一份资料从头做到尾。针对重点内容,当然要设计落实好一份习题,投入足够的精力。

④强调好答题技巧与格式

答题技巧是能否准确、迅速答题的关键。很多老师都有"某种题课堂上讲了无数次,学生考试时总不会做"的感受,原因主要是学生不善于总结、缺乏答题技巧,从而学到的知识不会灵活运用。复习过程中应着重强调、引导学生总结答题的技巧,如何抓住"题眼"解决问题,如何总结"做一个知一类"的经验。同时,要强化答题格式的训练,不要让学生把不该丢的分弄丢了。

⑤突出易错点及其薄弱点

复习过程不单是对新学内容的回顾再现过程,更是对某一阶段内所学内容中出现的薄弱点、易错易混点进行弥补的过程。复习时一定要善于发现,放慢速度再次分析、大量练习,力争人人过关。

(4)复习课的操作程序

①忆。回忆,就是学生将过去学过的旧知识不断提取而再现的过程。它是复

习课不可少的环节,教师要有意识地引导学生看课题回忆章节知识,看课本目录回忆单元知识。回忆时可先粗后细,让学生进行充分讨论,并在此基础上引导学生进行口述,或出示有关复习提纲,让学生进行系统的回忆。

②清。"清"是引导学生对所学的知识进行梳理、归纳和总结,帮助学生厘清知识线,分清解题思路,弄清各种解题方法联系的过程。要根据学生的回忆,进行从点、线、面的总结,做到以一点或一题串一线、连一面,特别要注意知识间纵横向联系和比较,构建知识网络。要教会学生归纳、总结的方法,在帮助学生厘清知识脉络时,可根据复习内容的多少,分项分步进行整理。"清"的过程是梳理、沟通的过程,是将所学知识前后贯通,把知识进行泛化的过程。

③析。对单元中的重点内容和学生中的疑难做进一步的分析,帮助学生解决重点、难点和疑点,使学生全面准确地掌握教材内容,并加深理解。这一环节重在设疑、答疑和析疑上,内容较多时可分类分项进行分析对比。

④练。选择有针对性、典型性、启发性和系统性问题,引导学生进行练习。通过练习,提高学生运用知识解决实际问题的能力,发展学生的思维能力。练习时,可通过题组的形式呈现练习内容。抓一题多解或一题多变,做到举一反三,使学生通过练习不断受到启发,在练习中进一步形成知识结构。在练习设计中,可通过典型多样的练习,帮助系统整理;设计对比练习,帮助沟通与辨析;设计综合发展练习,提高学生的解题能力。

⑤评。让学生对复习的结果进行评价与反馈。教育心理学十分重视教学评价与反馈,认为通过教学评价可给予学生一种成功的体验和紧迫感,从而激励学生好好学习。复习完成时,可选取数量适当的题目进行当堂检测。

2. 习题课

习题课教学是帮助学生梳理知识结构,纠正存在的问题,完成知识体系,使学生牢固、系统地掌握某学科基础知识和基本技能,进而发展学生智力,培养学生思维能力不可缺少的载体。

(1)习题课的科学定位

①习题的功能

习题是学科教材结构体系的重要组成部分,是学生牢固而系统掌握学科基础知识和基本技能,进而发展学生智力、培养学生思维能力不可缺少的载体。可通过科学设计,实现以题串知识、以题带方法、以题拓思维、以题练能力、以题提素养的目标。

②习题课的内涵

习题课是教师根据教材的内容和学生掌握知识的要求,在课堂上进行的以总结、讲解和练习为主的一种课型,其中总结是使知识系统化的主要措施,讲解是引导学生突破知识难点的有力手段,练习是引导学生检查和运用知识的重要环节,它能使学生完成从理论知识到实践应用的知识飞跃。高效的习题教学在提高学生思维品质,帮助教师了解教学效果等方面有着重要的作用:通过习题教学,学生可进一步深化、活化基础知识和基本技能,达到牢固的掌握概念,深刻地理解学科规律的目的;通过习题教学,教师可以更好地分析学情,查缺补漏,得以调整教学内容、方法和进程;通过习题课还可对学生未达到灵活运用的知识进行补偿,从而提高学生运用知识、分析问题和解决问题的能力。

③习题课的题型

习题课通常分为以下类型:以掌握基础知识为目的的巩固型习题课;以掌握某种学科思想方法的掌握型习题课;以培养和提高学生分析问题和解决能力为目的的应用型习题课;以沟通所学各部分知识点的内在联系,提高灵活运用知识的能力为目的的综合型习题课;以培养学生通过实验来探究学科规律、发现学科问题等能力为目的的实验操作型习题课;以收集整理、分析、展示学生作业、考试中的常见错误,点拨纠偏的讲评型习题课等。

(2)习题课中常见问题

①独霸课堂:"一言堂"或是"填鸭式"的课堂教学,按习题序号一讲到底,忽略了"习题课主题仍然是学生",把习题课上成教师讲题课或是学生做题课。

②超前提示:教师在教学中超前提示多,等待思考少,学生不能深入思考,加重了学生的依赖心理,起不到习题课应有的作用。

③就题论题:教师只讲正确的解法或只分析答案的正确性,忽略了引导学生获得正确答案的思维过程,缺乏对基础知识或思维方法的拓展、归纳和延伸,不利于提升学生的分析能力。

④重果轻因:只"讲错",不"纠错",或"纠错",不"究错"。即只讲出现的错误,不挖掘产生错误的原因。

(3)习题课的课前策划

①备学生

备学生包括分析学生的理解能力、接受能力、兴趣点、意志品质、最近发展区、思维方式以及思维的广度和深度等,教师要深入了解学生对所学知识的掌握情况,及其学生学习的难点和困惑点,针对学情,精心选择习题、设计习题的设问方式等内容。让教学内容与学生的实际紧密联系起来。备学生可提高教学的目的性、针对性和实效性,在备课时不妨思考这样的问题:学生是否已经具备了进行新的学习所必须掌握的知识和技能? 没有掌握的是哪一部分? 有多少人掌握了? 掌握的程度怎样? 哪些内容学生自己能够解决? 哪些需要老师的点拨和引导? 明确目标是上好习题课的前提,要结合学生的实际情况,做到有的放矢。

②精选题

在选择习题时要紧扣《课程标准》,结合学生实际情况和认知规律来进行选择、设计、编制以提高学生学习的积极性和主动性。需适当控制习题量,不搞题海战术。

习题选择要突出典型性和针对性

习题的选择不能贪多贪全,既要注意对知识点的覆盖面,又要能通过训练让学生掌握规律,达到"以一当十"。习题课不同于新授课和复习课,它是以训练作为课堂教学的主要组成部分,故要达成高效的训练目标。教师在选择习题时,要针对教学目标、考查知识点、学生的学习现状,切忌随意和盲目。

习题选择要强调基础性和可行性

在学生最近发展区内进行习题的选择,即应具有很强的基础性和可行性,过分简单的习题会影响学生思维的质量,思维活动未得到充分的发展,缺乏应有的激励作用。难度过大的习题易挫伤学生学习的积极性,使学生难以获得成功的喜悦,使学生丧失学习的自信心。所以,习题的选择把握好"度",狠抓基础知识的巩固和基本技能的训练,抓住重点、突破难点。

习题选择要体现研究性和挑战性

选择习题益精,要有丰富内涵,除注重结果外,更要注重组题方式和质量,做到"一题多解",熟悉各种解法,"多解归一",挖掘共同本质,"多题归一",归纳出解题规律。尽量设计实际生活中的原型,从学生感兴趣的问题选编习题,训练学生的自主性和探究性。同时让学生在收集信息的过程中,体验解决问题的过程,从而达到解决实际问题的能力。

习题选择最好来源于课本的习题

课本习题是经过专家多次筛选后的精品,在习题课的题目选编中,应优先考虑课本中的例题与习题,并对其进行适当的拓深、编制一题多解、一题多变、一题多用、多题一法的习题,提高学生灵活运用知识的能力,使其源于教材,而又不拘泥于教材。

习题选择要关注热点及其频考点

建议选择开放性试题,以锻炼学生的发散思维能力和创新能力,启发学生全方位、多角度、深层次地思考问题;关注应用性习题的选择,以训练学生运用知识和方法解决生活实际问题;关注探究性习题的选择,以训练学生的观察探究、交流归纳等多种能力。

习题教学要突出学生的主体地位

学生是学习的主体,是习题课的主人。展示习题后,把课堂还给学生。让学生审题思考、自己分析问题、得出结论。让学生练,也就是给学生有目的的练笔机会,重点放在问题的分析上。启迪思维,在学生思考分析时,适时地提出问题、引导学生学会分析,知道如何利用已知条件,怎样沟通条件,领悟问题探索的方法。同时,还要帮助学生分析错误原因,及时指导纠正错误,起到举一反三的效果。

③思策略

以学论教,重视预设。研究学情、把握重点,上课前应把习题认真做一遍,对各知识点的要求和引导学生分析的重难点做到心中有数。若是讲评作业或试卷,上课前要认真批改学生作业,这样才能了解学情,在教学过程中把握重点。

探究教法,教学合理。对所选用的习题,课前要认真研究,把习题归类。同类型习题一起讲解,这样能让学生对知识结构有一个系统的认识,根据不同的教学内容,采用不同的教学方法,讲解时要详略得当,注意启发学生积极思维,寻找最优化策略,先思后导,关注生成。

(4)习题课的课堂操作

①回顾知识,发现盲点。在习题教学中,对涉及的重要知识,应不失时机地进行主动回顾,根据学生掌握的程度进行强化,让习题教学达到巩固知识的目的。

②先思后导,返璞归真。学生是学习的主体,是习题课的主人,要把课堂还给学生,在展示习题后,要留给学生时间审题思考。让学生分析问题、得出结论,甚至可让学生教学生。鼓励学生打破常规、锐意创新,使学生在勤思多变中提高思维的灵活性和创新性,让习题教学达到培养学生创新意识的目的。

③精心设问,循循善诱。提问时要善于把题目分解为环环相扣的问题,按思维的进程,面向全体学生依次提出、逐步分析,鼓励学生发表自己的看法,既讲正确也谈误区,既讲常规解法也谈解题技巧,让习题课达到激发学生学习兴趣的目的。

④引导分析,启迪思维。引导学生学会分析,让他们知道怎样利用条件、怎样剖析结论、怎样沟通条件和结论,体验思维深入的过程、领悟问题探索的方法,不仅能从分析的过程中学会怎么解,而且能从中学会怎么想,让习题教学达到提升学生分析问题的能力。

⑤分析错因,及时指导。教学中应了解学生在知识理解、方法运用等方面的不足,给予及时的校正。不仅要指出错在哪里,重要的是引导学生分析产生错误的原因,使学生避免以后犯类似错误。常见的错误有:概念模糊不清、审题粗心大意、思维狭窄片面、忽视潜在因素、语言表达不规范等,要让习题教学达到提高学生思维品质的目的。

⑥整理思路,触类旁通。先让学生个体进行思路探索,然后在教师引导或同伴互助的基础上,学生学会运用批判性的思维进行选择,用比较合理而简洁的思路完成解题过程。特别是有些重要的思想方法的教学,会分散在多次课中完成,就需要学生做有心人,做好回头望的工作,对相关问题的解决方法进行归纳整理、形成系统、整体把握,再遇到这类问题就能够触类旁通,让习题教学达到提高学生学习能力的目的。

⑦规范引路,学会表达。有时学生对习题虽有思路和方法,但并不代表能合理规范地表达。就是平常说的懂——会——对——全——美。懂了不一定会,会了不一定对,对了不一定全,全了不一定美。习题就要达到"美"的境界。习题教学中,严谨规范的解题步骤清晰地展现在学生面前,可使学生得到熏陶,从中把握解题过程的规范性、推理的严谨性,让习题教学达到提升学生严谨学习态度的目的。

(5)习题课堂中的四忌

①一忌"只讲不问",应关注学生。教师一节课下来讲了几十道题,累得汗流浃背、气喘吁吁,却不注意学生的反应,结果收效甚微。其表现为学生昏昏欲睡,讲过的题目还是空白一片。教师讲题时应注意学生的状态,当学生倦了或注意力无法集中时,应适当提问,调节课堂节奏与气氛。

②二忌"顺次讲解",应针对重点。在习题讲评时,按题目序号依次讲解,不分主次轻重、重点未突出,没有习题讲评的针对性,故没有学生参与的积极性,学生听后,如过眼烟云、印象不深,同类型的题一错再错。教师不应按习题册的顺序一道道讲,应将同类型的题归为一类、跳跃地讲。

③三忌"直线讲解",应发散思维。在讲题时,当学生的方法与教师的预定思

路不一致时,教师应立即做"刹车"处理。其实,学生有与教师不一致的思路和方法,无论正确与错误,都应鼓励学生大胆阐述自己的观点。因思维灵活发散而出现的思路错误,求之不得,这恰好是同学的问题症结所在,教师正好抓住症结,对症下药、把习题讲到学生心坎上。

④四忌"就题论题",应指导方法。在讲题时,得出正确结果后,便戛然而止。没有必要的总结归纳,只停留在习题怎样解,而不能升华为这一类问题怎样解,与其他问题怎样联系渗透等。长此以往,学生的能力没有质的提升,表现为遇到新题时没有思路。因此,讲题后一定要升华出方法与科学思想,总结归纳要起到画龙点睛的作用。

教师讲题时,类型、方法、习题数量讲了很多,但学生有没有及时消化和吸收要心中有数。应把学生平时做题出现的错误归类,找一些改头换面的题目印成资料、集中反馈、强化练习。只有经常小测、及时反馈、及时调整,才能督促学生认真听课,提高运用学科知识解决问题的积极性。

3. 讲评课

试卷的评析对教学起着矫正、巩固、丰富和深化的作用。评析过程是师生思维强度最大化,学生能力提升最大化的教学过程。试卷评析在高三教学中尤为重要,贯穿整个高三教学。

(1)讲评课遵循原则

①试卷精选原则:目前市场上各种测试试卷足以应对日常测试,但这些试卷并不一定适合自己所教的学生,因此一份测试试卷的选择绝不能随意,要根据平时自己对教学重难点的理解进行选择。每一个题考查学生的目的要明确,设置难题的目的更要明确,能预见学生试卷中可能出现的问题,并选好备用题,以备讲评课中使用。

②全批全改原则:试卷的批改要及时,且做到全批全改,目的是要收集到学生存在的问题。对于大面积存在的问题要注意反思教师教的问题及题目设计是否合理;对于学生存在的个别问题,要在试卷上有些适当的提示语。全批全改势必增加工作量,故教师组织考试的次数不可过于频繁,在试卷题目的设计上要精选,每个题考查目的要十分明确。

③集中讨论原则:首先展示学生存在的问题,让学生分析存在的原因,此阶段教师要设计好系列问题,设计要做到小坡度、多层次,让学生充分讨论、拾级而上,逐步解决存在的问题,进而学会发现问题、解决问题。

④整体反馈原则:试卷整体反馈内容包括试卷失分分析,试卷错题纠正。其中试卷失分就是试卷实际分＋粗心失分＋思路失分的总和;试卷错题纠正要求学生对错题用不同颜色笔把正确的结果写在试卷上,对每个答案要知道错在何处,要有详细的分析过程。

(2)试卷评析诸现象

①拖拉型:不及时评讲,少则三五天,多则一两周,试题全忘记,评析有何意。

②随意型:不做卷、不备卷,顺手拿来,上课就讲,脚踩西瓜皮、讲到哪里是哪里,何谈效果。

③全讲型:试卷试题全部讲,不管难易,一个不少,学生不会要听,会的也要听,主次不分。

④顺序型:依照试卷题号,从首到尾,无一跳越,不分项、不分类、不折扣,到底为止。

⑤独讲型:宛如写好的台词,讲完为止,不管学生听与不听、会与不会、懂与不懂,讲了即完成任务,效果可想而知。

⑥答案型:不分析、不讲解,客观题给学生对对答案,主观题让学生抄抄步骤,一份参考答案解决所有问题。

⑦非因型:只讲对与错结果,不讲对与错原因。做学生都可以做的事,结果会的还是会、不会的依然不会,对的还是对、错的依然还是错,做的全是无用功。

⑧直入型:开门见山,只讲试题。不讲难度、检测度、覆盖面,区分度和效度。无视薄弱环节和暴露的问题,不分析正确率和错误率,不与前期考试对比,无模拟性和促进性、激励性。

⑨保守型:讲题就题论题、评卷就卷论卷,不总结、不归类、不扩展,不反思,不能举一反三,更不能触类旁通或融会贯通。试题一变,便束手无策。

⑩马虎型:考后试卷,可改可不改,可评可不评,全然不当一回事。而实际上是有考必改、有改必析、有析必评、有缺必补、有错必纠、有经必总、有励必激(七必)。否则,考就失去了意义和目的。

(3)试卷分析的策略

①从逐题分析到整体分析

分析时进行考题设问:这道题考查知识点是什么? 知识点内容是什么? 这道题是怎样运用知识点解决问题的? 解题过程是什么? 这道题还有哪些解法? 最简单的是哪种? 这道题你解对了还是错了? 给你的启示是什么?

②从数字分析到性质分析

统计因各种原因的丢分数值,如计算失误、审题不清、考虑不周、公式记错等;找出最不该丢的 5~10 分,这些分数是最有希望获得的,很有必要;任何一处失分,是偶然性失分,还是必然性失分,找到失分的真正原因。

③从口头分析到书面分析

反思十分必要,即自己和自己对话。对话可以是潜意识的,可以是口头表达,最好是书面表达。从潜意识的存在到口头表达是一次进步,从口头表达到书面表达是一次飞跃。考后最好写出一份试卷分析报告。

④从归因分析到对策分析

在现象分析的基础上,进行归因分析和对策分析。现象分析回答了"什么样",归因分析回答"为什么",对策分析回答"怎么办"。

⑤稳扎稳打九字诀

马上写

首先,把做错的题重新抄一遍。其次,请教老师或同学,详细写出正确过程和答案。最后,主观性试题还应根据老师讲解的解题思路补充齐全。

及时析

一是综合评价,即哪些题目做得比较好,哪些题目存在失误。二是在纠正错题的基础上,对错题进行归类,找准原因、对症下药。错误的原因一般有:对教材中的观点、原理理解有误,或理解不广、不深、不透;对某些题型的解题思路、技巧未能掌握,或不能灵活地加以运用;最后是在答题时非智力因素的影响,如遇到复杂的论述题时,产生恐惧心理而失误,等等。

经常翻

试卷分析写完后和试卷粘贴在一起,并注意保存。积累多了,可装订成册,随时翻阅、避免考题二错。

(4)试卷分析的方法

①不拖不拉,及时评讲

如果测试之后都过了好几天,甚至在学生把试题内容都快忘了的时候才讲评,会降低学生寻求正确答案及失分原因的积极性,不利于学生对错误的纠正及知识的查漏补缺。学生刚考试后,在头脑中留下的对试题解答情形的记忆表象十分鲜明,在心理上会产生一种强烈的想知道考试结果的愿望。教师要抓住这些心理特点,及时地进行讲评,学生会因对教师讲评材料的关注而集中注意力听课,容易产生参与学习活动的浓厚兴趣,为教师的讲评取得良好效果创造了有利的条件,从而提高了评讲的质量。

②激励思想,重在鼓劲

学生对试卷分数十分重视,往往看到高分就兴高采烈,成绩不佳就灰心丧气、低头不语。引导学生明白考试的目的并不在于分数,而在于总结自己的学习状况。对那些发挥失常或考得不理想的学生,评讲时可适当找一些客观原因,多从正面对做得好的题目进行褒奖,不然,可能会使他们自暴自弃。切记试卷评讲不能上成一堂批评课,要通过评讲让学生更主动地、充满信心地转入下一阶段的学习,而不是令学生有一种"负罪感""自卑感",从而失去学习的信心。评价要注重学生自身的纵向比较,淡化横向比较,使学生在比较中不断进步,对于困难学生哪怕是微不足道的进步都要加以表扬,让他们体验成功的快乐,增强学习的自信心,激励他们主动学习,争取下一次考试的进步。

③分析考情,抓住重点

阅卷前,教师要把试卷认真地做一遍。在解题的过程中要弄清本套试卷涉及的知识考点、方法考点,试题的难易程度,命题人的命题意图、角度,以及命题规律,对这些都要做到心中有数。阅卷后,教师可设计一个双项明细表或绘制折线图、柱状图来对全班学生的各项得失分进行统计汇总,了解各试题失分在学生中所占比重及学生的双基缺陷等情况,分析学生存在的知识、方法问题,从中找到存在的共性和个性问题,再结合学生的答题分析错误类型、诊断清楚症结,共性问题集体研究,个性问题个别交流。评析试卷时,教师根据掌握的情况有选择、有针对地评析,对考查的内容所出现的"常见病""多发病""典型病"归类评价,查缺补漏,做到抓住重点、突破难点,讲究对症下药,不必面面俱到,眉毛胡子一把抓。

④分析思路,总结模式

帮助指导学生进行考点分析,分析考查知识点是什么,综合能力体现在什么地方,解题关键是什么,从哪里入手,有哪些答题步骤和方法,并归纳总结出一般的答题模式。近年来高考采取"综合能力评价方式"设计题目,较有层次,评分标准可操作性强,如考生答题不规范,泛泛而谈,极易漏掉一些要点,造成整体"意会","言传"不到位。因此,在平时评析试卷时就要结合题目帮助学生归纳答题步骤和模式,做一些操作性的技术指导。

⑤分析变化,迁移训练

讲评试卷后,要在归纳、总结、提炼学生共性的基础上,通过"一题多变""一题多拓"进行再体验,引导学生思考。对某个知识点从多角度、多侧面进行合理的发散迁移,拓展学生的思维空间,提升自身能力价值。举一反三、触类旁通、化一为万是发展学生思维能力的重要途径,在平时评讲试卷时也要在这方面多迁移训练。

⑥学生参与,师生互动

鼓励质疑。"学起于思,思源于疑。"质疑是人类思维的精华,是一切创造活动的起点。在评析试卷时要鼓励学生质疑问难,允许学生对试题"评价"做出"反评价"。同时培养学生的质疑能力是新课标的要求、是主体性教学的手段、是师生互动性原则的体现。

相互评改。教师可按成绩或位置情况成立评改小组,交叉评改,然后每组推荐一人阐述评改意见。

学生发言。请学生发言主要是为了暴露思维过程,包括典型错误的思考,巧妙的思考等,以对其他学生起到警戒示范作用。

自主反思。评析后要留时间给学生以表述思维过程,增加教师与学生、学生与学生交流的机会,让他们在自主反思中了解学习中的迷惑,从困境中重新自主探究。通过学生积极主动参与,得到相互启迪,使整个评析过程学生情绪亢奋,容易接受大量的有关知识及解题信息,有助于知识的掌握和解题能力的提高。

(作者 王晓东)

浅说集体备课的基本要求和主要环节

集体备课是当前基础教育中提高教师群体素质和课堂教学效率的有效途径。集体备课的内容:一是总结上一周教学的得失,即有哪些成功之处,存在哪些不足,哪些必须在以后的教学中加以弥补和强化。二是讨论下周教学内容,即教学目标的定位、教学重点和难点的确定、教学方法的选取等。搞好集体备课,首先要遵循统一性原则,即集体备课的实质是同步教学,具体实施中教学目标、教学进度、作业训练、资料使用、检测评估等必须统一;其次是超前性原则,即分配撰写备课提纲任务要有一定的超前性,一般在制订学期教学计划时一并分配,便于教师早做准备、钻研课标和教材;再次是完整性原则,即划定备课任务应考虑到教材内容的内在联系,保持其内容的完整性。除此之外,还有合作性原则、实效性原则、研究性原则、创新性原则等。为充分发挥教师的团队精神,务实高效地进行集体备课,本文重点对集体备课的基本环节和要求进行论述,以期抛砖引玉。

1. 集体备课的要求

一般说来,学校集体备课要做到"四定""七备"和"五统一"。"四定",即定时间、定地点、定内容和定中心发言人;"七备",即备思想、备教材、备教法、备学生、备手段、备过程、备练习;"五统一",即统一进度、统一目标、统一内容、统一作业、统一测试。值得说明的是"五统一"不是要"一刀切",应是根据教学的具体情况,经集体分析后做出的合理安排。

2. 集体备课的环节

集体备课一般分个人初备、集体研讨、修正教案和教学实践四个环节。具体流程是:确立课题——组内讨论——确定主备(形成初案)——集体研讨(形成共案)——个性设计(形成个案)——交流反思(跟踪修正)——教学实践(形成正案)。

(1)个人初备

个人初备环节的总体要求是脑中有标、腹中有书、目中有人、心中有法、胸中有案。具体做法如下:

①备思想:教学思想和教学理念的改变是新课改最重要的组成部分。理念就是教学指导思想,先进的课程理念来自成功的教学实践。理念指导实践,实践孕育理念。

②备教材:要求教师认真研究教材,对学期课程进行整体规划,简要写出学期教学计划,制定单元教学进度。对教材要有宏观上的把握,做到心中有数。同时还要从微观着手,脚踏实地、力求实效。力争做到:深入研究教材,创新教学手段;备出教参上没有的东西,变成自己的财富;备出章节之间知识的过渡和衔接、拓展和深化;备出重点、难点、疑点、考点、易错点和盲点。

③备学生:学生是教学主体,要发挥其主观能动性就必须充分地"备学生"。要具体分析学生实际,知道学生在哪些方面存在问题,怎样讲更易于学生理解、领悟和应用。"兴趣是最好的老师",要充分考虑到学生的心理特点、兴趣爱好,若能从感兴趣的方法入手,往往收效更显著。

④备教法:"教无定法,贵在得法。"教法得当,教学效果可以事半功倍。集体备课时必须根据各班学生的实际情况,结合不同的教学内容,采用适当的教学方法。同时对学生要进行学法指导,诸如预习法、设疑法等。

⑤备手段:要合理应用教学辅助手段,对一些抽象知识,如数学中的立体几何,物理中的微小形变等,若能利用现代教育技术进行视频教学,既增加了学生兴趣,又提高了课堂教学效率。

⑥备过程:从教学三维目标的制定,到课程导入、教学资源、教学重难点、教学方法、教学环节、问题预设、处理预案以及知识总结等。

⑦备练习:练习包括课堂练习和课后作业。课堂练习要注意随堂巩固。课后作业要有层次,还要适量,既要有巩固性作业还要有拓展性作业。

(2)集体研讨

在集体研讨活动中,主备教师要提供给本组教师统一的教案,然后由主备教师(中心发言人)说课。

①说内容:包括课标要求、教材内容、教学目标、教材处理,以及教学内容在整个教材中所处的地位。

②说学生:分析学生知识能力水平,说学生在本课的知识积淀,以及学习本节课可能出现的知识困难;分析学生的心理生理特点,以及根据其特点所采取的教学策略。

③说教法:说出本节课所采用的最基本的教法及其所依据的教学原理;说出本节课所选择的教学方法、教学手段及其依据;说出教师教法与学生学法之间的联系;说出如何突出重点、化解难点的方法。

④说学法

说出针对本节教材特点及教学目标,学生宜采用怎样的方法来学习,包括学法特点和在课堂上怎样操作;说出教师如何使学生在学习过程中达到会学,怎样在教学过程中恰到好处地融进学法指导。

⑤说手段:教学手段要有多样性、可选择性,要符合学校和学生实际,要有具体要求,如多媒体辅助教学手段怎样选用等。

⑥说过程:说教学全程的总体设计,包括预习、教学、训练、复习的安排等;说教学环节的安排,包括如何引入新课、进行新课学习、巩固新课成效,以及如何过渡衔接等;说教学重点、难点的教法设计;说板书设计,包括板书内容,在教学中的展开程序,板书与教学的关系等;说作业设计,包括说每一道作业题设计的意图和目的,说学生在作业中可能遇到的问题,说不同层次的作业及对不同学生的要求。

⑦说反馈:要对教学过程做出动态性预测,考虑到可能发生的变化及其调整对策,即预设与生成的处理方法。

（3）修正教案

在集体备课中，中心发言人说课，老师们共同探讨、相互补充，使教案内容更加充实完善。具体做法如下：

①见仁见智：每位教师在集体备课中都应当积极参与讨论，发表自己的独到见解，集思广益。

②个性展示：每位教师在集体备课的基础上，都要根据自己的教学风格、不同的教学对象，自己对教学理论、教学方法、教学内容的理解，使教案具有个性化特征。

③优化设计：每本教案上都要有圈有点、修改补充、拓展反思等记录，做到符合实际、精益求精。

（4）教学实践

①交流反思：一个完整的备课过程应有五个阶段：准备阶段、分析阶段、创造阶段、提高阶段、总结反思阶段等。课后交流，就是对备课的总结阶段。备课组教师要进行课后交流，对教学进行反思，肯定优点、指出不足，以扬长避短。

②应用教学：经过备课组研讨过的教案是否可行还有待于考证。故备课组成员之间要互相听课、取长补短。跟踪听课进行检验，然后总结调整，使其进一步提高。

（作者　王晓东）

宜扩宜拓　宜索宜创

——谈物理必修教材在培养创新人才中的应用

"创新是一个民族进步的灵魂，是一个国家兴旺发达的不竭动力"。《国家中长期教育改革和发展规划纲要》第 11 章 32 条明确指出："……创新教育教学方法，探索多种培养方式，形成各类人才辈出、拔尖创新人才不断涌现的局面"。具体可通过"注重学思结合，激发学生的好奇心，培养学生的兴趣爱好，营造独立思考、自由探索的良好环境；注重知行统一，坚持教育教学与生产劳动、社会实践相结合，增强学生科学实验、生产实习和技能实训的成效；注重因材施教，关注学生不同特点和个性差异，发展每一个学生的优势潜能"。积极探索高中阶段拔尖学生的培养模式，充分利用学科资源培养创新人才。

　　所谓创新人才,是指具有品德高尚、知识渊博、毅力坚强的素质,富有创新人格、创新思维、创新精神、创新意识和创新能力,对人类进步和社会发展做出较大贡献的人。这里说的"创新意识"属于性格结构中对待现实态度的范畴,包括"思维活跃、富于创造、标新立异、独树一帜"等特征;"创新精神"意指由创新基础、创新方法与创新环境等有机结合升华出的创造活力;"创新思维"意指人们在独创成果过程中对事物认识的高级心理活动,具有突破性、新颖性、多向性等特点;"创新人格"意指人尊严、价值和品格的总和,具有求知兴趣浓厚、科学信念坚定、意志力顽强和思维行动独立等特征;"创新能力"由创新个性、创新技法和创新技能构成,意指人们应用知识技能开展变革活动的能力。

　　培养创新人才是全社会关注的重大问题,更是学校教育教学的一项艰巨任务。实践表明:培养时代需要的创新人才,要从学科基础抓起,从教材延伸内容实施。《普通高中课程标准实验教科书》(人教版—物理必修本,2006.11 第 2 版,2009.6. 安徽第 5 次印刷),充分体现了中学物理课程的三维目标,教材结构新颖、特点鲜明,符合学生的认知特点。具体表现在:增设课题研究、注重实验探究、贴近社会生活、体现时代要求、延伸课本知识、培养学科兴趣。据不完全统计:必修 2 模块有图片 292 幅,物理实验 10 个,思考与讨论 20 处;富有延伸性的内容"说一说""做一做",包括阅读材料"科学漫步""STS""科学足迹"共 49 处,涉及科学家 60 余人。可谓图文并茂、内容丰富、宜扩宜拓、宜索宜创,是一套培养创新人才的好教材。

　　1. 应用教材中图片培养学生的求索创新意识

　　创新意识是指人们在客观事物刺激下,自觉产生改变客观事物现状的创新意愿和欲望。它是创新活动开展的先决条件,也是创新能力开发和创新思维培养的原始起点。对高中生来说,没有创新意识,就不可能产生创新需求和萌发创新动机,也就不可能深入持久地开展创新活动。教学中可用教材图片展示的物理知识和物理现象来激发学生的好奇心、增强学生的进取心、开发学生的探究意识。

　　(1)课本大量图片展示了大量奇特的物理现象。如高速旋转的双星(B1P92)、光彩夺目的激光束(B1P3)、天体运动(B1P4);人类月球上的足迹(B2P41)、红外照片(B2P76)、未来空间实验室(B2P28)、中国第一位航天员杨利伟(B2P42)等,妙趣横生、趣味无穷,学生看后定有一种世界真奇妙的感觉,教师可顺势对图片加以背景知识讲解,以激起学生对科学探索的强烈好奇心。

　　(2)课本部分图片展示了人类社会发展与物理学推动作用的关系,可用来提高学生对物理学知识重要性的认识,从而激发他们的求知欲和进取心。如通过第一辆蒸汽汽车(B1P4)的介绍,让学生了解牛顿力学的建立和热力学的发展,使蒸汽机和热机的效率不断提高,引起了以蒸汽机为动力标志的第一次工业革命。通过半导体芯片(B1P3)、超导悬浮圆片(B1P3)、电气化时代(B1P4)的介绍,让学生了解能量守恒转化定律和麦克斯韦电磁理论创立以后,人们成功地制造了电机、电器和电器设备,使人类进入了应用电能的时代,这就是第二次工业革命。

通过高能粒子加速器(B1P53)、患肿瘤的病人在接受放射治疗(B1P3)、高信息时代(B1P4)、GPS 定位器(B1P11)、秦山核电站(B1P6)、量子围栏(B1P4)的介绍,让学生了解相对论和量子力学的建立,人类实现了对原子核能和人工放射性同位素的利用,促进了半导体、激光等新技术的发明,使人类进入了原子能、电子计算机、自动化、空间技术的新时代。还可通过图片"长征二号"火箭载着"神州"号航天器直冲云霄(B1P1),上海磁悬浮列车(B1P30),有机玻璃形变(B1P55),巨大射电望远镜(B1P91),太阳系八颗行星的轨道(B2P30),月面上宇航员(B2P40)的介绍,开发学生的探究求索意识。有了求索意识意味着对新观念、新思路、新事物有高度的敏感性,也意味着对新知识和新事物的追求将更为坚定和执着,从而自觉摒弃陈旧思想,激发创新决心和意志,不断汲取新知识、探索新方法。

2. 应用科学家和科学史培养学生的创新人格

人类社会每一次飞跃发展都离不开物理学,而物理学本身就包含着唯物辩证法的思想,遵循着否定之否定规律,这有助于学生世界观和人生观的形成。物理学的重大研究和发现都是由物理学家完成的,除了成果价值之外,创新人格更为重要,由此足见物理学家和物理学史在培养创新人才中的地位作用。

(1)激发兴趣,培养学生思维能力

爱因斯坦说过"热爱是最好的老师"。很多物理学家之所以能取得辉煌的成就,就是由于他们对物理具有浓厚的学习兴趣,而兴趣是靠引导才能逐渐形成的。物理学史有不少真实的故事、有趣的内容和丰富的材料,可用来培养学生对物理的兴趣,激发学生学习的动力和热情,提高学生的思维能力和思维方法,从而迈出探索物理世界奥妙的第一步。如少年牛顿喜欢读书,尤其对介绍简单机械模型制作方法的读物,他对自然现象既好奇又有兴趣,喜欢动手做些小工具、小发明、小试验。再如牛顿之前,就有开普勒、惠更斯、胡克等科学家严肃认真地考虑过引力问题,但都没推导出引力关系式。一个苹果的偶然落地,却是人类思想史的一个转折点,它使那个坐在花园里人的头脑开了窍,牛顿的思索和归纳使他发现了万有引力定律。通过讲述万有引力定律的发现过程，就能很好地引导学生认真学习，仔细揣摩物理学家分析问题、解决问题的思考方法和思考途径，从而在思维方法论上得到提高。

(2)引导质疑，培养学生创新素养

质疑是打开未知大门的钥匙，是创新的向导，适度的怀疑感可以使人们保持思维的独立性和求真性，也可以促进意识的能动性和进取性。事实证明勇于怀疑，乐用科学方法和严谨态度去分析问题、解决问题，才能实现创新。正是伽利略对亚里士多德"力是产生物体运动的原因"的怀疑，才建立了正确的力与运动的关系，以至牛顿第一定律的诞生。

3. 应用课外阅读材料培养学生的创新思维

创新思维是人类心理过程的高级形式，是一种既不受已有知识局限，也不受传统思维束缚，不遵守常规的新思维。它的思维方法是多侧面、多角度的，需要严密的推测和充分的想象，培养创新思维，必须对学生进行发散思维能力的训练。

(1)必修教材有多处"思考与讨论"，可用来培养学生创新思维。如(B1P20)课本内容是练习使用打点计时器，选取纸带后，让学生讨论思考怎样求平均速度，并外推到纸带点迹不均匀的情况，以此培养学生思发散维能力。(B1P53)课本内容是讲授四种基本作用，在讲到万有引力和电磁力之后，让学生猜测是什么作用使中子和质子构成坚固的原子核，通过推测问题形成原因，培养学生的想象能力。

(2)课外阅读"科学漫步"寓科学与幻想于一体，是培养学生创新思维的好材料。如(B2P46)时间与空间是什么，似乎是一个多余而又天真的问题！因牛顿给出的时空观是独立于物体运动的经验论，岂不知人们对时空观的扬弃扩展着人类科学的视野。爱因斯坦在研究物体的高速运动时，发现物体长度和时间都与运动状态有关，创建了相对论。物理学进展表明，一些看似天真的问题，其答案却是惊天动地的，可以此培养学生的想象力。再如(B2P42)黑洞也是一个培养学生推测想象力的很好内容。黑洞发现凝聚着科学探索者的酸甜苦辣，法国米切尔是首先提出黑洞理论的人，遗憾的是他的观测建立在牛顿定律基础上，没能获得成功。后来爱因斯坦相对论坚定了黑洞研究的基础，几十年科学家围绕"宇宙动物园中这种怪兽"一直在猜测，现今人们已经发现了可能是黑洞的物体。难怪一个探究者发出感叹："曾几何时，黑洞不过是噩梦，现在它终于出现在这个世界中了！"

(3)科学、技术与社会(STS)密不可分，科技成果已为人类社会带来了巨大福利，以此增加学生对科学技术的亲近感，从而激发学生科学创新思维意识。如

（B2P43）航天事业改变了人们的生活。20世纪伟大的创举是人类冲破了大气层的阻拦，摆脱了地球的约束实现了太空的翱翔。卫星广播实现了越洋通话，卫星通信传来了世界新闻，气象卫星带来了超准确的天气预报，全球卫星定位系统（GPS）更新了船舶、飞机的导航技术，资源卫星用于勘探海洋资源和地下矿藏，航天实验室可以研制高纯度大单晶、超纯度金属等。科学开拓了太空的全新的活动空间，并给我们带来了先进技术和无尽的资源，成为推动社会发展的强劲动力。

4. 利用课题研究内容培养学生的创新精神

必修教材增设课题研究，体现以人为本的教育理念。从开题准备、调研过程、材料分析到最终形成结论，使学生经历了一个科研全过程，这对培养创新精神和创造性学习能力有极大作用。如（B1P99）桥梁的研究。让学生观察随处可见实际桥梁或照片，并对其进行归类分析，尤其是通过不同桥梁设计的研究，了解建桥材料和性能。还可让有兴趣的学生自行设计并制作一个桥梁模型，然后进行评价，受益自然很大。

除此之外，还可因地制宜选择其他课题，如观察分析自行车上增减摩擦力的做法，刹车时车轮抱死的利与弊等。通过课题研究使学生初步掌握教育科学研究方法和课题研究程序，如课题提出、指导思想、研究意义、目标原则、内容方法、时间步骤、成果不足、启迪反思等，奠定学生创新基础、增强学生创新意识、培养学生创新精神，以利付诸创新行动。

5. 应用扩展性内容来培养学生的创新能力

现代教学是一个开放系统，课外教学作用不容小视。必修教材中"说一说""做一做""课后实验"等内容是扩展性的，可让学生亲自动手、自主探究，这对训练提高学生的观察、想象、判断、思维、实践等综合创新能力极其重要。

如（B1P43）类似牛顿毛钱管的实验，通过观察自由落体运动情况，探索不同物体加速度的等同关系，可培养学生观察能力。（B1P55）演示微小形变，用放大法观察微小形变，可培养学生设计能力。（B1P4）运动合成与分解的演示，在室内用玻璃管水中蜡烛的运动模拟轮船的渡河运动，可培养学生迁移能力。再如（B1P32）用计算机绘制速度时间图线，让学生亲自用工作簿（EXCEL）做一做，在某一列单元格中依次输入测量时间，相邻的一列输入对应的速度数值，移动鼠标即可得到速度时间图线，可培养学生动手处理数据的能力。（B2P58）研究电机效能与功率的关系，让学生到社会上调研，从家庭到工厂收集各种电机说明书，或查看报纸杂志广告，或上网搜索了解，看各种机械的功率与耗电量的关系，并探讨提高电机效率的方法,可培养学生获取信息能力。再如(B1P22)让学生猜测百米赛运动员速度时间图线是什么样,并说一说百米赛非运动员的速度时间图线又是什么样,以培养学生猜测想象能力。(B2P64)让学生说一说能不能取弹簧在任意长度下势能为零,培养学生求异探索能力。

总之,物理教材的基础性体现了对学生探索兴趣的激发,使学生对学习内容充满求知欲望。如每章开始的精彩图片导入,有的浅显易懂、幽默风趣,营造轻松愉快的学习氛围;有的高度概括现代科学技术的应用,启发学生思考;有的置身生活,指导学生从小事思考物理问题;有的展示自然奇妙,激发学生的好奇心和兴趣感。物理教材的"生本原理"符合学生的认知特点,关注学生的日常生活,加强物理学与社会生活的联系,既让学生感受到物理学就在身边,也让其知道对社会发展的巨大推动作用,同时还培养了学生善于观察,乐于探究的科学兴趣与创新能力。尤其物理必修课本中"说一说""做一做""思考与讨论"等扩展性内容,都是培养创新人才的优质材料。我们只要积极用好这些材料,自觉地把其纳入物理教育之中,才能为国家培养出高素质的创新人才。

(作者 王晓东)

浅谈"四环节教学模式"课堂结构的设计问题

1. 课堂教学结构的含义

课堂教学结构是指在一定的教育思想的指导下,为完成一定的教学目标,对构成教学的诸多因素,在时间、空间方面所设计的比较稳定的、简化的组合方式及活动程序。课堂教学结构的要素主要包括施教者和受教者两个要素,进一步可分为教师和学生两个子系统,两个系统又分别由教学目的、教学内容、教学方法、教学媒介、教学环境、师生素质等六方面组成。课的结构是作为一种有益的组织知识,作为一种指示和标准理论而被人们理解和运用的。由于人们过多地强调"教无定法"而忽视了教学应当有"法"的一面,忽视了对这种"组织知识"和"标准理论"的研究,课堂教学的随意性很大。不少教师对四十五分钟缺乏通盘考虑,导致课堂结构松散,教学指标不能落到实处。事实证明,只有重视课堂教学结构的研究,才能充分揭示课堂教学的一般程序、课堂教学诸因素的内在联系和课堂教学的普遍规律。只有优化课堂教学结构,才能实现依靠普通教师教好普通学生的愿望,达到大面积提高教学质量的目的。

首先,一堂课的效果如何,取决于课堂结构是否合理。在研究课堂教学的时候,不能只重视局部的优化,而应当着眼于整体的优化,从整体目标出发,研究课的各个组成部分的相互联系、相互结合和相互制约,使课的各个要素相互协调、相得益彰,而形成这样一个"整体"的关键便是结构。其次,优化的课堂结构是培养全面发展的新人的重要条件。苏霍姆林斯基认为:完善的智育的一个非常重要条件,就是教学方法、课的结构以及课的所有组织因素和教育因素,都应当与教材的教学目的和教育相适应,与学生的全面发展的任务相适应。事实上,系统的结构决定着系统的性质和功能,结构和功能总是相互制约的,只有当教学处于合理的课堂结构之中,才能为学生的全面发展提供条件。我们常常看到这样一些情况,有些老师一味强调"发挥讲的优势",课上一讲到底的课堂结构很不合理,学生处于被动消极、受压抑的境地,在这种单调沉闷的课堂结构的禁锢之下,不要很多时间,一个生机勃勃的班级就会变得死气沉沉,学生的智能得不到充分的发展。有些老师则不然,他们认真备课,精心设计教案,注重课堂结构的优化,引导得法、点拨有方,大大调动了学生的学习积极性,甚至原来死气沉沉的班级在这合理的课堂结构中也变得生气勃勃,学生的智能也在"活"的教学环境中得到发展。再次,抓住了课堂教学结构的优化,也就抓住了教学改革的"牛鼻子"。

任何课堂结构都可以把教育思想、教学原则、教学方法、教学手段以及教师、学生、设备、环境统统组装起来,形成一个综合体。优化课堂教学结构,是提高课堂教学效益的需要,是革除陈腐的教育观念,深化教育教学改革的需要,也是培养全面人才的需要。

2. 课堂结构设计的原则

(1)方向性:要从党的教育方针和新时期的教育目标出发,站在"三个面向"的高度,考虑课堂教学结构环节的取舍。使课堂教学结构有利于培养学生独立学习、独立实验、独立思考的能力等。因而要把"自学""操作"引进课堂,使其成为课堂教学结构的有机部分。

(2)民主性。教学民主,首先意味着要使学生成为学习的主人,要尊重学生学习主人的地位,安排教学环节要有利于发挥学生学习主体的作用。如课内自学应该让学生独立阅读、质疑、研究,展开讨论,鼓励学生解决学习上的问题。其次,教学民主要为学生提供表达不同学习感受和不同学习见解的机会,使他们在"一事多议""一知多用""一题多解"的学习活动中放射智慧的火花,培育出"不唯书"

"不唯上"的开拓精神和创造才能。课堂教学应该重视"开展学习讨论""交流学习心得"一类的学习活动。

（3）规律性。学生的学习与发展是有规律的，课堂教学结构必须符合学生心理活动的规律。从学生认识发展的规律和心理活动规律中去确定课堂教学结构的规律，使后者与前者相适应，这就是课堂教学结构的规律性。学生的认识一般是从感性到理性，从理论到实践，且是由浅入深，由低到高，逐步向前发展的。一般新课教学都是从复习旧知或者演示实验入手，通过分析比较、讨论研究、概括归纳上升为理性认识，再通过演算、操作、诵读等应用性环节加以巩固并转化为能力。这就是认识规律对于课堂教学结构的规定性。另外，由于学生的认识活动还有情感、意志等非智力因素参加，所以要采用认知冲突、激疑生趣和表扬鼓励等方法，使课堂教学结构适应学生心理状态的需要，使教学的发展与学生心理活动的发展同步。

现代教育心理学和统计学的研究表明：学生课堂思维活动的水平是随时间而变化的，简单地可以分为三个时区，第一时区：课堂教学开始的 10 分钟，在这段时区内学生的思维逐渐集中。第二时区：在 10～30 分钟内，学生的思维处于最佳活动状态。第三时区：在 30～45 分钟内，学生的思维活动水平逐渐下降。根据这个规律，在研究和运用教学模式时，应设法尽量缩短第一和第三时区，以相应地延长最佳思维第二时区的时间，从而提高教学效率。具体地说，第一时区里，应力求在尽量短的时间内，将学生的注意力集中在课题上，增强输入信息的强度，引起学生的学习兴趣和动机。第二时区内，输入信息的强度可以有所下降，此时学生思维高度集中，因而学生对比较抽象的概念、理论等知识能够较好地掌握。在第三时区里，输入信息的强度应有所增强，在减少学生因大脑疲劳而引起的注意力分散。心理学研究证明：用多种感官进行学习，不仅可以降低大脑皮层的疲劳水平，而且可以提高学习效果。因此，在第三时区这段时间里应提倡学生学习活动的多样化，以相对延长最佳思维时间。

（4）适应性。课堂教学结构的设计必须根据教材的特点和学生的实际出发，具有鲜明的针对性和有效的适应性。如"楞次定律"这节教材是根据学生的认识规律编排的，教学这部分内容必须通过直观演示、动手操作等环节把形象的感性认识上升至理性认识，归纳出定律，再组织应用。而其他类型的教材，就不一定如此编排。另外，同样的年级，同样的教材，学生的学业基础、学习能力和学习习惯不同，课堂教学结构的形式也不应该套用一个模式。基础好、能力强的班级可放手让学生独立学习、相互研讨、归纳分析,而基础差、能力弱的班级就应该多讲解、多指导,加强"扶"的比重。

(5)反馈性。教学过程是一种信息的传递和调控过程,在这个过程中,教师与学生都需要在信息输入与输出的基础上及时获得反馈信息,及时进行调控。没有反馈的教学是盲目的,甚至是失控的教学,而这样的教学是不可能提高质量的。为了加强教学过程的有效调控,在课堂教学结构上,必须从有利于教学反馈的角度出发,酌定教学环节,从而加强课堂结构的反馈性,如组织对关键性教学内容的研讨与评论,板演与分散作业相结合的课内练习与评析等,就是有利于课堂教学双向反馈的结构环节,应该重视运用。

(6)整体性。课堂教学结构中诸环节的联系与关系要衔接自然、协调有序、有机结合、浑然一体,才能有效地发挥课堂教学结构的整体效应。如新课开始时的"课内自学",很多教师的课堂教学结构都把它列为重要一环,但学生课内自学了,下一步怎么办?是引导学生质疑研讨、交流自学心得,还是教师按照教本从头讲解?如果学生课内自学了,教师还是按照老习惯从头讲起,那就要压抑学生课内学习的积极性,这两个环节就是不协调。再如学生课内演算了练习题,教师课内不评讲,有差错不引导学生订正,却小结一番了事,那也是不衔接、不协调,而不协调的教学结构是谈不上什么整体效益的。

实施"四环节"教学模式,就是要从操作层面,因地适宜,根据不同的教学内容、不同的课型以及不同学习环境,进行课堂结构优化设计,以期提高教学效果。

(作者 邹波)

抓住学生心理 渗透德育教学

心理学是一门运用得相当广泛而又十分实用的科学,也是很好的教育工具。教育教学活动中,利用一些心理效应的积极因素对学生进行思想品德教育,可以起到其他教育手段无法替代的作用,收到意想不到的效果。

1. 通过"视网膜效应",凸显教师的人格魅力

"视网膜效应"就是当拥有一件东西或一项特征时,人们就会比平常人更注意到别人跟自己一样具备这种特征。如近视眼者最容易发现戴眼镜的,成语"同气相求""同病相怜"说的就是这个道理。"视网膜效应"能左右人的思维和行为习

惯,当一个人只知道自己的缺点是什么,而不知道发掘优点时,"视网膜效应"就会促使这个人发现他身边也有许多人拥有类似的缺点,进而使得他处世艰难,生活也不快乐。因此,"视网膜效应"对教师的影响力是显而易见的。可以说,作为一名教师,如果看不到自己的优点,就很可能会让他的学生在自己眼里一无是处,这样的教育结果是不是太可悲了?

要让学生有所发现,教师就要不断地提高自身素质和人格魅力。首先,要学会悦纳自己、欣赏自己、肯定自己。因为,在"视网膜效应"的运作下,一个看到自己优点的教师,才有能力看到学生的可取之处。一个对生活充满自信的教师,才有能力传播生命的欣悦。其次,必须守住自己的精神家园,不断开拓进取,始终以积极的态度、良好的师德、高雅的行为和高超的教育教学水平,坦然面对学生一双双深邃透明的眼睛。然而不会欣赏自己的人,又怎能形成高尚的人格呢?让我们从现在起,学习欣赏自己的优点和长处吧!

2. 运用"贴标签效应",塑造学生的优良品质

"二战"期间,美国一些士兵纪律散漫,不听指挥。于是,政府请心理学家设法管教他们。心理学家要求这些士兵每人每月给家里的亲人写一封信,他们很高兴,但都不会写,这时心理学家就把写好的信请他们照抄一遍,信的内容是告诉亲人他们在前线如何的勇敢,如何的听指挥。半年后,奇迹出现了,这些士兵竟然一个个变得像信中所描述的那样守纪和勇敢,这就是"贴标签效应"。"贴标签效应"实际上是一种心理暗示,它直接影响个体,让个体意识到自己的社会角色是好的,贴上了这样的标签,他就会按照好的标准去要求自己,约束自己的行为,从而向好的方向发展。在传统的教育教学中,不少教师认为强制性教育可以改变学生的天性,但遗憾的是,结果让我们听到的只是那一声声"现在的学生越来越难教"的叹息,心理学研究表明,强硬专制型的教育方式,虽然能使学生屈从,但却是表面的、暂时的,学生的态度表现为厌恶、易激怒、推卸责任,有的甚至表现为对教师公开地敌对。

高尔基在《论美学》一书中指出:"美化人、赞美人是非常有益的,有助于发展人对自己的创造力和信心。"现代教育理论也认为,教育学生养成良好的品行,既要重视教师的外在规范引导,更要重视启发学生内化。我们知道,学生都有向师性,他们都希望自己能得到老师的信任和肯定,总希望自己是个有价值的、令人喜欢的、能干的人。教师适时地鼓励与赞赏,对学生的情感和意志可产生明显而持久的作用,如果这样,每一颗金子不就都会闪闪发光了吗?

3. 巧借"木牌效应",矫正学生的不良习惯

法国著名女高音歌唱家玛·迪梅普莱有一片美丽的私人园林。每到周末,就有许多人来这里游玩,有摘花的、有捡蘑菇的,还有的竟在园林内搭起了帐篷,这让迪梅普莱很是不满。为了不让人糟蹋园林,主人便在门口竖起了块木牌:"私人园林,禁止入内。"但这毫无作用,园林内仍然游人如织。无奈之下,主人便换了块木牌:"如果在园林中被毒蛇咬伤,最近的医院距此 15 公里,驾车半小时即可到达。"从此,游人便销声匿迹了。教学中,我们确实可以看到学生存在一些不良的学习习惯,运用"木牌效应"可以进行矫正,让被说服者内心感到压力或威胁,这样才能促使其迅速改变态度,这往往比单独的说教效果要好得多。因此,在校园里,如果能将"严禁""不准"等字眼换一种表现形式,效果是不是会好些呢?很多时候,成败只在于一个观念的转变啊!

4. 根据"饭店效应",培养学生的自主能力

怀特在其经典的"饭店研究"中,证明了等级观念在人际关系中的重要性。他认为,在一个群体中,如果行为是地位高的人向地位低的人发起的,他们在一起很难合作得比较愉快、融洽。如果某种行为是由地位低的人最先发起的,则地位低的人会表现出更高的积极性和参与度。传统教育模式一般是前一种,学生做什么、怎么做都是由教师布置任务或下达指令,什么学生内心体验,学生主体意识的培养统统都被忽略了。由于在学校这个特殊环境里,人们的头脑里已形成一个思维定式,那就是教师说的话,"理解的要执行,不理解的也要执行"。因此学生迫于习惯势力的压力或慑于教师的威严,一般也能被动地接受、执行。但在"禁区"之外,又有多少学生能做到呢?其实,不管什么事,只有人们认为值得做的时候,他才能真正把它视为己任。所以,无论是制度还是纪律,都需要被管理者对内容的理解和认可。否则,无论要求多么严格都会让人随便应付,或阳奉阴违、表里不一,甚至我行我素。教育家布鲁姆认为,教育中最具破坏性和浪费性的就是教师的消极期待,就是教师不相信学生。

我们知道,一个学生就有一个自主的空间,用统一的规章制度来要求学生做什么、不该做什么,这实际上就带有一定的强制性,学生不能做出自己的决定,不能解决自己面对的问题,就不可能形成独立自主的人格。在教师的指导下,如果能让学生针对自我情况,设计出自己的行为目标和规范,然后大家讨论,在求同存异的基础上,制定出规章制度,不仅可操作性强,更重要的是切实唤起了每一个学生的潜能,真正凸显了学生的主体地位,从而促进学生个性的成熟与健康发展。

5. 注意"霍桑效应",激发学生的生活热情

美国芝加哥市郊外的霍桑电话交换机制造厂,虽然有优越的条件,但工人们都愤愤不平,生产状况一直不理想。为了改变这一现状,1924 年 11 月开始,心理学家用了两年时间,找工人个别谈话两万余人次。谈话中,专家耐心倾听工人对厂方的各种意见和不满,并做详细记录,对工人的不满意见不反驳、不训斥。这样,工人把长期积压下来的对工厂的诸多不满都发泄出来了,进而心情舒畅。从此,工人们干劲倍增,产量也大幅度地提高了。其实,霍桑电话交换机制造厂增效增收的秘诀就是亲和力产生的效应。由此联想到教育质量的高低与师生之间的亲和力有没有联系呢? 教育是心心相印的活动,惟独从心里发出来,才能达到心的深处。在长期的教育教学实践中,我深深体会到,教师要走进学生的情感世界,就必须从倾听学生的心里话开始,唯此才能增强亲和力。当然,倾听不是简单的对话,亲和力所表达的也不是人与人之间物理距离的远近,更不是那虚情假意的表演,它意味着一种平等和尊重,是心灵上的通达与投合,是一种发自内心的特殊秉性和素养。只有当学生感受到教师的心和自己的心融合在一起时,教师才能"打开他精神发展的领域,并使他能在这个领域里达到一个高度,显示自己,宣告大写的'我'的存在。从人的自尊感的源泉中吸取力量,感到自己并不低人一等,而是一个精神丰富的人"。可以说,现代学校教育在本质上应该是培养学生的生活热情。因为有了生活热情,才会有乐观向上的人生态度和挑战未来的积极心态。而倾听则是人际亲和的润滑剂,亲和力才是人们生活热情的催化剂。总之,心理效应在教育活动中的运用还有很多,有待于广大教育工作者在工作中去发现它、掌握它、应用它。

(作者 岳征)

高中物理"绿色课堂"的体会与思考

1. 高中物理"绿色课堂"的建构与意义

绿色是充满着生命希望的颜色,象征着生机、繁茂和永恒。绿色,意味着气息的自然清新。绿色课堂,应该是最真实的、最淳朴的、最具有原始韵味的,是一种天然的、环保的、不经刻意雕琢的课堂。绿色的课堂应该面对学生真实的认知起点,展现学生真实的学习过程,让每个学生都有所发展。绝不是无视学生的基础,

把学生当作白纸和容器,随意刻画和灌输。绿色的课堂不能死抱着学案,一问一答,牵着学生鼻子走,不敢越雷池半步。绿色的课堂更不能课前操练、课中表演、少数参与、多数旁观。绿色生态课堂应该是"低能耗、高效率、高产出"的课堂,是能够满足学生发展的需要又不损害学生成长,有利于学生长期可持续发展的课堂。绿色生态课堂应该是充满人文情怀的课堂,是闪耀智慧光芒的课堂,是洋溢成长气息的课堂,是充满生命活力的课堂。

开展"绿色课堂",归纳起来就是要给学生自我发展的空间。充分尊重学生的自主权,引导学生主动参与到课堂中,形成一种积极活跃、生机盎然的学习场景。师生之间的所有信息流,包括知识、情感、行为等相互交换形成良性循环,在教学活动中互相支撑、互相依存。借助绿色课堂师生间、生生间可以实现交往与合作,并达到共同发展,从而在根本上提高教师的专业素质和学生的能力培养,提高教育教学质量。为了实现绿色课堂的要求,就要改变过去惯用的教师讲学生听的单一模式,采用以学生创造型活动为主的课堂教学模式,形成师生合作互动的教学氛围,强化学生的自主意识和探索意识,培养学生的自主学习能力。如在进行"牛顿第三定律"教学时,很多内容都是由学生自行设计实验。由于实验时学生自行设计,组与组之间还有一定的竞争性,讨论得非常热烈和投入。很快,就有小组设计了比较完善的实验方案,分析实验现象后得出结论,选派代表回答。对学生的终身发展来说,授人以鱼不如授人以渔。学生在探究和合作学习活动中培养了自己的分析思考能力,且在合作学习过程里,也教会学生学会倾听,学会交流。

绿色课堂要关注学生的全面发展,不仅关注学生的知识和技能的获得情况,更要关注学生学习的过程方法,以及相适应的情感态度和价值观。学生作业管理和考试评价对学生学习兴趣的激发和维持起着重要的作用。本着"绿色"的原则,作业布置时我始终坚持"不留污染废弃物"的原则,鼓励学生当堂消化、当堂巩固,尽量不将作业带回家再做。对于学生的学习评价,要全面、立体、多方位。学习评价除了依据学生掌握知识技能外,更要综合学生得到知识技能的过程方法,以及在这个过程中情感价值观的形成。同时,在评价过程中要展现学生的闪光点,让学生看到自己的成绩、特长,增强信心,体会到成功的快乐。

新课程呼唤新理念,呼唤以人为本点燃个性的"生态课堂",让绿色不但流淌在课堂里,而且也沁润入学生的心坎上,成为中学教学改革的一道靓丽的风景线!

2. 渗透"绿色课堂"理念,使学生得到全面发展

"绿色课堂"要求从课程目标来设计教学过程。传统教学只注重知识与技能,轻视教学的过程、方法、情感。而"绿色课堂"中,物理教学应以物理知识为基础,以科学方法为媒介,获得真正的理解和应用知识的能力,并产生乐于学习的情感,激发想象、启发思维,形成良好的学习态度。因此,教学设计要从学生的学情出发,研究如何指导学生、组织学生自主地学习,给学生营造一个愉快的学习环境。如在"牛顿第三定律"教学的引入新课中,传统的物理课,会告诉学生结论,而按照"绿色课堂"思想,先请班上体重最重和体重最轻的两个同学在台上表演一场特殊的拔河比赛,结果前者赢了,而后又让体重最重同学站在滑板车上再与体重最轻同学拔河,结果反了,以此来激发学生的思考,为什么会这样? 这是为什么? 是两位同学的拉力变了吗? 这样激发了学生的思维、发生惊奇、产生疑问的课堂气氛,把学生的思路很自然地引向要学的知识点上来,效果好极了。

3. 在教学中转变旧的教学观念,使学生在学习中动起来

"绿色课堂"符合物理新教材的实施要求。现行物理教材色彩丰富、引人入胜、趣味性强,新增加许多与实际生活以及高科技相联系的知识,吸引学生的注意力,同时还增加了许多简便好玩的小实验,加深学生对物理知识的理解,也提升了学生的动手能力及创新能力。在物理(必修1)中学生实验4个,课堂演示实验39个,可在课堂做的习题实验13个,教师还可开设许多小实验。如用一根细线,一支铅笔,一个砝码,可以感受力的作用效果。此实验还可通过改变细线与铅笔的夹角,感受铅笔对手掌和细线对手指力的变化,从而获得力的分解规律。这样可以使每个学生动起来做实验,动起脑来分析这个物理现象,动起口来讨论物理规律。当然不是所有的内容都能做实验,在一些内容不能做实验,不让学生动手也要让学生动脑动口。如在"牛顿第一定律"的教学中可设问:日常生活中我们常见到将力作用在一个物体上,物体就运动,是不是有力才有运动? 力和运动是怎样的关系?

4. 在教学中不断地反思,使学生学习方式多样化

"绿色课堂"对教师具有更高的要求,老师就得不断地学习,在学习中成长、提高。一些高科技知识,虽然能拓展视野,让学生更接近科学,可一些对学生和老师来说都很陌生。教师只有在教材中现学现用,师生共同学习,相互交流探讨才能获得良好的效果。教与学是密切相关的,在教学过程中师生是共同体,教学方式的改革变化促进了学习方式的多样化,从而潜在地培养了学生的创新能力、独立

能力、合作能力等,使学生得到全面的发展。在探索课堂教学模式中,也要注意课堂教学的效率。教学中可以看到课堂"热热闹闹""嘻嘻哈哈""惊险不断",可也出现在笑声中、在惊奇中,教学目标却没有得到很好的完成。

(1)多媒体应用不宜太滥

"绿色课堂"为物理教学开辟了一方崭新的天地。现代化教学媒体的使用,让教师欣喜地看到物理教学告别了一支粉笔和一本课本的课堂。然而,物理课教学具有个性化、应变化、创新化的特点,如果千篇一律地应用一种模式,那就会陷入千人一面的尴尬局面。诸如许多物理的研讨课、观摩课的课堂似乎都有一种倾向,那就是不论问题的大小,不论是否需要,千篇一律地运用多媒体,教师挖空心思地运用现代化手段,处心积虑地把课本内容以声、音、像、动画的形式展示给学生。甚至想运用电脑等现代化手段让一堂课能达到"海纳百川"的程度,设计出包含天文、地理、社会、生活等一切知识的教案,并且以此来体现"绿色课堂"的理念。殊不知,轰轰烈烈的结果都往往忽略了教学任务的完成,忽略了知识点的落实,使学生找不到中心,因而顾此失彼,扰乱了学生的思维,达不到理想的教学效果,也影响了教学质量的提高。

(2)加问号不等于提出问题

现代学习方式特别强调问题在学习活动中的重要性,教师要为学生创设各种问题情景,提供丰富的思考和解决问题的素材,使学生产生探究的愿望。提出问题是科学探究的前提,如果不能提出问题,科学探究便无从谈起。"绿色课堂"对问题的提出有两点要求:一是能发现与物理学有关的问题。二是能从物理学的角度明确地表述这些问题。前者是后者的基础,也是提出问题的关键因素。牛顿正是从苹果落地得到启示而揭示了万有引力的存在。奥斯特是因为发现了通电导线周围磁针的转动而提出电流的磁效应。因此,教会学生发现问题和寻找解决问题的方法才是学习物理的本质目的。

根据物理学科的特点,提出问题可从物理与实际生活中提问题。也可从物理与社会中提问题,而且问题的提出要有目的性,要避免问题过于简单和平淡而对学生缺乏挑战性,也要避免问题过高过难而使学生失去信心。然而,一些教师在教学实践中出现了加个问号变成物理问题的许多事例,问题的提出对学生的能力培养没有什么价值。下面是在"楞次定律"课堂研究性学习过程中提出的一个问题:如果导体中的电流方向和磁场方向都是已知的话,能否将导体运动方向判断出来?学生却很难从以前学过的内容得出合理的答案,这时我适当地引导学生,当无法确定导体的电流是否是感应电流时,不能笼统地套用右手定则和左手定则,然后,我知道学生做"用磁体的插、拔使线圈中的磁通量发生变化"的实验,让学生注意在实验的过程中对感应电流的方向进行观察,并提出"感应电流的方向是由什么来决定的"这样的具有研究性的问题,要求学生进行研究性的学习,自然而然地学生就生出一些这样的疑问:第一就是在实验中的电流方向和螺线管的绕法有什么关系? 第二就是当磁体 N 极插入、拔出闭合线圈时,对感应电流的方向有什么影响? 第三就是线圈中感应电流的能量来自哪里? 设计什么样的实验方案来对上述的问题进行研究,等等。我组织学生进行分组讨论,每个人都发表出各自的意见,充分体现出学生的主体地位。

(3)新课改不能"穿新鞋,走老路"

"绿色课堂"理念下,教学过程是师生互动发展的过程,要对教师的主导地位重新定位,从主角转向平等中的首席。要以学生为主体,在给学生留有较大的空间的前提下引导学生积极探索。在传统的教学中,教师占主导地位,体现教师教、学生学,教师不仅是教学内容的传授者,也是教学过程的组织者,还是学生学习成绩的评判者。同时,应试教育使许多教师的思维成了定式,多数教学成了固定模式:复习准备、演示实验、讲解习题、学生练习、总结结论等。长期的传统教学使许多教师形成了难以改变的思维定式,教师害怕完成不了教学任务,于是自己控制着合作交流的时间,师生互动只流于表面形式,教师只能机械地提问题,学生也只能机械地回答问题,一问一答的"活跃情景"似乎就是绿色课堂的体现。教师偶尔也让学生分组讨论、集中回答,所谓民主加集中。但问题及讨论的各个环节也都是由教师精心策划和安排的,学生也只能按部就班,如果学生的答案与教师设计的答案出现冲突,教师就会不假思索地说"错误"。教师在无形中仍然操纵着学生,扼制了学生的想象力和创造力。热热闹闹满堂问的课堂气氛却是一种单向传递式的变形,学生迫于升学压力只能"不厌其烦"地啃下这平淡无味的知识,这与传统的授课方式没有多大差别,美其名曰实践"绿色课堂",其实质是"穿新鞋,走老路"。

5."开放自主",不能放任自流

"绿色课堂"实施以来,一些教师对教学的方式,合作的策略做了形式上的改变,处心积虑地追求组织形式的新颖和活跃。在教学中,教师往往不是把现成的结论告诉大家,而是要把学生学习的内容巧妙地转化为问题情境,创设出一种类似科学探究的情景和途径,让学生在教师的指导下提出问题,探究解决问题的方法、结论。"绿色课堂"实施以来,特别是所顾忌的"迁移"和"延伸",似乎这就是成了"绿色课堂"的"特点"。如某位教师在讲授万有引力定律时提出问题:"苹果落地"与万有引力定律的发现有什么关系?他根据斯塔克雷《牛顿传记》中的记载,牛顿与斯塔克雷有一次坐在花园中的苹果树下喝茶。由于苹果的下落引起了牛顿的思考,当时他头脑中正想着引力的问题,为什么苹果总是落向地面?为什么它不斜向运动?由此创设了牛顿看到苹果下落后的思考的投影画面让学生讨论。学生纷纷发言,许多学生都会赞扬牛顿对自然科学的探索精神;但也有人认为牛顿看到"苹果落地"就忽然想到万有引力,这显然是错误的,教师未能及时给予纠正,应该是牛顿正在思考引力问题,同时得到启示才是可能的。

"绿色课堂"是对以往课标的继承和发展,它体现出新理念、新思路、新方法。对于"绿色课堂"实施者的教师们提出了新的要求和新的挑战,从传统教学的讲授式转化为启发式和讨论式。在以学生为主体的师生互动模式中,教师不再是传统教材的"克隆者",而应是新教材的研究者和开发者,这就要求教师要转变观念,不断学习提高自己的素质,才能在实践"绿色课堂"的课堂教学中促进学生素质的提高。

6."绿色课堂"的教学体会

"绿色课堂"就是高效课堂,生本课堂,充满着生机和活力的课堂。绿色课堂是对传统课堂的颠覆和升华,是将传统模式下的以教为主转变成以学为主,使学生成为课堂的主人。学生在老师的指导下自主学习、小组合作、交流展示、探究升华,由被动接受变成主动学习,课堂活起来,其成效显著。

(1)学生更加明确自己的学习目标。传统教学,多数教师以讲为主,一节课下来,有些学生甚至不清楚这一节课自己要掌握哪些知识,或者要达到一个什么层次。而"绿色课堂"的实施以导学案为抓手,每个导学案上都有清晰的教学目标,教学重难点分析。每节课前学生就对该节内容中要掌握的知识和要达到的层次有了初步的了解,他们在学前清楚了可能遇到的困难,就会有一些心理准备,学起来自然就会提高效率。

(2)"绿色课堂"的实施让学生真正"动"起来。教学过程是教与学的整合,是一个信息传递的动态过程。在这个过程中,学生是主体,他们的学习兴趣被充分地激发了起来。学生在课前要自主学习,完成学案,课前就已经动了起来。通过学案上的"学后反思"和"课后作业",学生在课下也能真正动起来。在这整个学习过程中,学生真正动了起来,使得学习效率得以提高。

(3)"绿色课堂"的实施减轻了教师的课堂压力。教师通过了解学生在课前完成学案情况,观察课堂中学生讨论、展示情况,清楚学生问题所在,那么在讲课时就可有针对性地重点讲解,而不必面面俱到。课后辅导也可更具针对性,真正做到因材施教。

(4)"绿色课堂"的实施提高了学生的综合能力。新课程标准对学生的能力要求很高,现在的高考也要求学生有很强的综合能力。高中的学习不仅要求学生要掌握基本知识和基本方法,还要求学生具备阅读分析能力、思维能力、运算能力、概括能力、实践能力、创新意识、应用意识等。在绿色课堂中,学生通过课前自主学习,能够培养自主意识、阅读能力;通过课堂小组合作,能够提高表达能力和概括能力;通过课堂探究和课堂检测,实践能力和应用意识也得到了培养。可见,绿色课堂能更好地提高学生的综合素质。

总之,要踏踏实实地研究"绿色课堂",在新课程标准的指导下,从学生实际出发,从学生的终身发展出发,努力提高我们的课堂效率,提高教育教学质量。

(作者 姜万和)

建造教学支点 让学生悟出来

——浅谈物理课堂教学的"桥"艺术

19世纪德国教育学家第斯多惠认为:"一个坏教师奉送真理,一个好教师则教人发现真理。"这是很有道理的。因为学习是在老师引导下不断提出问题、分析和解决问题的过程。在教学过程中,教师应根据学生实际,积极创造条件,巧妙搭"桥",运用多种教学手段,激发学生学习物理的兴趣。

1. 新课导入,搭好兴趣之桥

课堂教学中,新课的导入至关重要。俗话说:好的开始是成功的一半。教师对每堂课的开场白应该认真仔细推敲,尽量使开场白起到"一石激起千层浪",极大激发学生的兴趣,从而为讲授新知识扫清障碍。这就要求根据不同情况,不同内容设计不同的导言。如学习"功"这一章,学生对功、功率和机械效率三个概念容易混淆。为了解决这一难题,导入本章之前我设计了一堂比赛形式的实验课:比比谁做的功最多,谁的功率最大,谁的机械效率最高。我把全班同学分成四组,每组挑一个同学上台,每个同学都搬五块砖,以最快的速度从地面搬到讲台上,测出自己做的功、功率和机械效率。实验由学生自己设计方案，自己进行测量、记录、计算。然后集体讨论评选出三个"全班之最"。这一过程完全由学生自己操作，最后得出结论。学生们尝到了"实践出真知"的甜头，三个概念也变得简单易懂了。再如，讲"力的合成"一节时，先把教室里的水桶装满水，让学生一个人拎起来，再让另一位同学帮他抬，让学生真切地感受到力的存在，这样再去讲解"合力与分力"的概念，以及后面"力的合成与分解"就容易理解多了。生动有趣的实验激发了兴趣，增添了乐趣，同学们在欢快的"游戏"中学到了实在的知识，感受到物理是那么贴近生活。

2. 教学设疑，搭好思维之桥

正如古人所说："学贵于思，思源于疑"一样，学习需设疑。有疑才有问，有问才有究，有究才能知真理。适当地设置疑问和悬念，学生定会产生急求其解的心情。课堂中精巧地设疑，恰似"引车入轨"。这样教学结论的得出就是知识获得和再生的过程。如在讲"分子的运动"一节时，首先向学生提问：为什么移兰于室，会有满室馨香呢？同处一院，为何邻居炖肉你老远就可以闻到呢？教师引而不发，学生疑问重重，求知欲倍增。这时教师因势利导：当我们学过"分子的运动"后，大家就会明白了，从而导入课题。

再如讲"万有引力"时，我给学生读一篇相关文章《宇宙里有什么》，读之前先提出问题：文中有这样一句话"这些恒星系大都有一千万万颗以上的恒星。"这里的"万万"是多少呢？讲苹果成熟后自然落地的故事，提出"为什么苹果会落到地上而不是飞上天去呢？"对此，教师不忙于解答，而是有意识地留给学生时间稍做思考和反思。这样不仅激发了学生丰富的想象力，也会收到如同章回小说、电视连续剧中"悬念"的效果，从而使老师的总结更具合理性和准确性，正所谓"一语惊醒梦中人"。

3. 直观教学，搭好感性理性之桥

有些物理学知识很抽象，需要借助有关教具辅助教学，增强教学的直观性。教育的直观性原则告诉我们，通过实物、模型、形象语言等手段，可以丰富学生的感性经验，为学生的智力发展和掌握理性知识创造条件。让学生亲自动手，创造课堂中的直观。如讲浮力时，可要求学生课前准备一个杯子，一些小巧的漂浮物，把它们带到课堂上，亲手做有关浮力的实验。这样做既充分调动了学生的积极性，也帮助学生提高了理解能力，进而提高了学习效率。另外，在引导学生自学的教学中，除了要充分利用挂图、模型等特定的教具外，还要善于联系生产生活实际,发现和利用身边的教具。如学习参照物知识时,可让学生自己在上学、放学的路上留意观察一些现象,比如骑车时,为什么总会感觉身边的树木、房屋会向自己相反的方向退。父母炒菜时,锅怎样放会使菜熟得更快一些等来增加感性经验,进而引导学生透过现象深入本质,过渡到理性认识。

4. 学以致用,搭好科技社会之桥

知识的最大魅力在于运用,这就要求我们必须把简单的知识与千变万化的世界联系起来,学有所用、学以致用。大的方面说,现代物理学与当今世界面临的重大问题,如工业生产、机械制造、航空航天、资源的有效利用和保护等都有直接联系,并可为之提供理论、方法与技术,这说明物理学对人类的未来及社会的发展有重大作用。在课堂教学过程中,理应注意理论联系实际,适当拓展教学内容,提高社会针对性。如现代工业生产中,怎样能用最小的能量消耗生产出更多的产品?在货物的传送上,怎样设计出最省力的传送带呢? 解决了生活中的这些问题,就可以利用有限的资源创造更多的财富,为社会发展、人类进步做出更大贡献。

5. 情感升华,搭好爱心之桥

教育的最大魅力在于爱心。教育心理学研究表明:人的认识活动总是和情感紧密联系的,是在情感的推动下进行的。成功的教育就是培养每一位孩子有一颗热爱生活,热爱世界,珍爱生活,珍爱生命的心。这个生命既包括我们自己,也包括身边的每一个人,每一朵花,每一棵草。物理世界是博大精深的,物理世界也是需要不断探索和充满挑战的。这时人类便是这世界中的主角,热爱生活勇于探索是要贯穿于整个物理教学中的。

总之,在实施新课改的今天,物理课摆脱了传统的枯燥的传授知识的方式,物理课堂处处充满着创新与艺术,物理课堂教学焕发出勃勃的生机与青春的活力。

(作者　赵旗)

农村初中物理探究式课堂教学策略

农村初中物理探究实验现状:物理学是一门以实验为基础的科学,实验是物理学重要的组成部分,也是物理课改革的重要环节,是全面提高学生素质的重要途径。可是目前相当一部分农村初中没有标准的实验室,实验设施差,仪器陈旧老化,严重短缺,很多实验室都没有现成的器材,很多农村老师以没有足够的现成实验仪器为借口,使实验教学一而再,再而三地打了折扣。农村初中学生的特点:随着社会经济的不断发展,近几年农村外出务工潮的来临,家长外出打工,孩子成了留守儿童,从小跟着爷爷奶奶长大。由于所处的社会家庭文化背景的不同,使大部分学生对学习失去了兴趣,出现大批学困生。学生基础差,感到前途黯淡。又由于农村学校课程开设得不全,上小学的时候每天就是语文和数学,小学自然课和科学课,以及音乐美术课如同虚设,七年级的生物课也没有引起足够的重视,这样学生各方面的智能都没有得到发展。致使农村学生见识少,反应力较低,受到关爱少,厌学情绪严重,没有自信。语言表达能力、分析解决问题的能力,逻辑思维能力都有所欠缺,给物理教学带来负面的影响。在初中物理教学中,课堂教学是探究式教学的主要渠道,也是实施探究式教学成功的关键,为学生创造良好的探究学习机会是我们每个教育工作者应该探究和急待解决的问题。本人根据农村教学现状和学生特点,通过多年的实践与探索,浅谈一下农村初中物理探究式课堂教学的一些有效策略。

1. 创设情景,激发探究的策略

农村学生普遍存在着条件差,知识面窄的情况,厌学情绪严重。作为物理教师应该把创设最佳情景作为教学过程的追求目标,并贯穿于教学的始终,以获得最大的教学效益。

(1)借助多媒体动画,激发兴趣,引发探究

兴趣是最好的老师,多媒体动画形象、直观、鲜活,能极大地激发学生的学习兴趣。在探究平面镜成像特点时,我播放了同学们都喜欢的刘谦魔术:"隔山打牛"和动漫"加菲猫"照镜子画面,有的学生看到刘谦的表演,顿时情绪高涨,活跃起来,有的同学竟然惊呼起来,刘谦的气功真好,自己也跃跃欲试。在播放加菲猫的搞笑动漫时,同学们不停发出爽朗的笑声,在这兴奋点上,老师提出探究的问题,学生会很自然地进入探究的活动中。在讲升华和凝华的时候,我播放了大家喜欢的《西游记》片段:嫦娥奔月,在优美的仙境中,嫦娥载歌载舞。再配上轻音乐,学生也陶醉在那优美的仙境中,顺势引入新课,学生会带着浓厚的兴趣投入探究学习的状态。

(2)用学生活动,激发兴趣,引发探究

让学生在玩中学,动中学,学中动,这种教学方法更适合农村学生的特点,学生乐于接受,同时培养了学生动手操作的能力和逻辑思维能力。如在讲液体压强时,让学生进行比赛,把塑料袋套在手上,谁能利用桌上的器材,最快地让塑料袋

贴在手上,做好的同学举手.这时所有的学生都动起来了,"哟,太惊奇了,把套塑料袋的手放入水中,塑料袋便紧紧地贴在手上",一个同学大声喊着,其他没有做成的同学也都尝试了起来,这说明什么呢? 让同学们在体验到成功喜悦的同时思考问题,投入探究的学习中。

在讲大气压强时,我设置了让学生上台进行吸果冻比赛,看谁最快把果冻吸完。其他同学当裁判,谁是冠军? 大家的理由是什么? 果冻变瘪了? 是谁把果冻变瘪的? 从而引入探究的问题,大气到底有没有压强,如果有压强又是多大? 能测量吗? 就是我们这节课要探究的问题。只要我们用心研究,激趣引探的方法还很多,经过多年的实践我深深体会到这两种方法深受农村孩子的喜爱,我相信城市孩子也会喜欢!

2. 科学探究过程中的策略

课程标准指出,必须倡导物理学习的自主性、合作性,让学生主动参与学习,体验和感悟科学探究的过程和方法,激发他们持久的学习兴趣和求知欲望。根据新课标的要求,通过大量的实践总结出一套符合当地学生特点的探究策略,下面我就探究的各个环节逐一谈谈自己的做法。

(1)提出问题的策略

爱因斯坦说过:提出问题比解决问题更为重要。因此,在物理教学中,教师要运用各种教学手段和媒体创造一个良好的问题情景。本人通过大量的实践和研究,发现这几种方法更适合农村孩子好动好玩的特性。

①用多媒体引入要探究的问题

在讲探究压力的作用效果与哪些因素有关时,教师首先用多媒体播放一个气功表演的例子:气功师平躺在地面上,身上压了一块大石板,然后让助手用大铁锤击打石板,学生看到石板碎了,而气功师却安然无恙,这种物理情景与学生原有知识产生冲突……气功师被锤打击怎么不受伤呢? 学生头脑中有了疑问,教师适时地引导:如果气功师身上不压大石板而让大铁锤直接打击腹部,气功师愿意吗? 学生根据问题情景展开了激烈的讨论,从而提出问题:压力的作用效果到底跟什么因素有关呢?

②用学生比赛引入要探究的问题

如在讲压强时,请两位同学进行按图钉比赛。黑板前挂一木板,先请一位小个子女同学上来把一个图钉按到木板上,女同学完成了任务;然后,请一位大个子男同学上来把另一个图钉按到木板上,结果总是钉不上。这时同学们都纳闷了:怎么回事呢？这时,我把两颗图钉给同学们看:原来女同学用的图钉是尖的,男同学用的图钉的尖被我磨平了!从而提出问题:压力的作用效果跟哪些因素有关呢？

③用创新实验引发探究的问题

在讲固体压强,探究压力的作用效果与哪些因素有关时,在泡沫塑料上插许多牙签,把气球放在上面,再在气球上放一砖块气球会爆破吗？试试结果会怎样？拔掉其他牙签,只留一个,再把气球放上去,如果放砖块会怎样呢？请同学们试试,"砰"随着一声声巨响,气球爆破了,学生惊呼起来。从而提出问题:压力的作用效果与哪些因素有关呢？还可以用一板鸡蛋和一个鸡蛋来做实验也可以达到同样的效果,让一个学生站在一板鸡蛋上面,鸡蛋没有碎,而当把一个鸡蛋放在塑料袋中,让同样一个学生站上去鸡蛋却碎了,同样可以达到这个效果,进而提出问题。

（2）猜想与假设的策略

①利用已有的知识和经验进行猜想

猜想与假设在科学探究中的重要作用在于它是科学结论的先导,为制订计划,设计实验奠定了必要的基础。此环节教师要适时地引导学生把已有的知识经验和要探究的内容联系起来,让学生在讨论分析的基础上进行猜想,如在探究压力的大小与哪些因素有关时,让学生根据已有的生活经验进行猜想:由生活中人睡在海绵上和单脚站在海绵上,海绵陷进去的深浅不同可以猜想压力的作用效果可能与受压面积有关,由生活中大人和小孩坐在沙发上,沙发陷入的深度不同可以猜想压力的作用效果可能与压力的大小有关。在讲动能的大小跟哪些因素有关时,学生会根据生活中的大石头和小泡沫塑料对人的伤害程度的不同猜想动能的大小和质量有关,然而子弹比大石块更具有杀伤力,说明动能的大小还可能与物体的速度有关。

②设置问题情景进行猜想

设置问题情景,让学生分析讨论后,进行猜想,可以降低难度,避免学生盲目猜想,更适合农村学生特点。例如,在讲滑动摩擦力的大小与哪些因素有关时,老师可以出示几个问题:如果下雨天车陷入泥潭,你该怎么办？你采取哪些措施？为什么？让学生亲身体验:把手放在桌上向前推动,有什么感觉？用力压住桌面向前推动呢？在这两个活动的基础上让学生猜想滑动摩擦力的大小跟哪些因素有关就顺理成章了。在讲到压强的大小与哪些因素有关时,出示这样一个问题:

如果有人掉进冰窟窿里,你该怎么去营救呢? 通过学生解决这一问题,来猜想压强的大小与哪些因素有关。

③设置创新实验,进行猜想

在研究液体压强与哪些因素有关的探究前,我让学生用桌上的器材进行创意设计:第一步,在一个两端开口的细管的下端缠上橡皮膜,向里面灌水,橡皮膜向下突出,并且随着深度的增加,突出得越明显;当把细管横放时,发现橡皮膜突出很不明显,由此引导学生猜想,液体压强可能与液体的深度有关;第二步,当在细管中倒入同高度的水和盐水时,橡皮膜突出不同,由此引导学生猜想液体压强可能与液体的密度有关。在探究浮力的大小与什么有关的时候可以这样引入猜想:老师可以设计"造船比赛":用大小相同的橡皮泥做船,用砂石做货物,看一看,谁做的船载的货物多? 也可以将饮料瓶慢慢压入水桶,体会浮力的变化,观察水位变化情况,物体浸入液体中的体积变化情况。从中获得启示,进一步猜想:浮力的大小可能跟物体排开液体的体积有关,用橡皮泥做成的小船放在清水和盐水中,承载的重物不同,由此可以猜想物体所受的浮力与液体的密度有关。

猜想环节注意的问题:这个环节教师不要对学生进行过多的干涉,即使学生的假设有时看起来很幼稚,等学生猜想完成后,师生可以讨论共同归纳,哪些猜想可以归为一类,哪些猜想用生活经验可以验证排除不需探究,如果学生提到的问题太多,有些问题可以放在课后探究。

(3)设计实验,进行实验,验证猜想的策略

这一环节要充分发挥学生的积极性和主动性,引导学生小组讨论交流,然后组与组交流,在学生的思维碰撞中不断完善,教师要以一个参与探究者的身份,参与到活动中去,要以一个导演的身份,敏锐地抓住课堂瞬息万变的信息反馈,适时设置悬念,对于学生的讨论和交流给予适时的点拨,"引而不发",课堂上大胆放手,使学生在不知不觉的交流中学习知识和方法,在轻松愉快的氛围中经历探究。

如果学生素质不是太好,为了避免盲目的探究,教师可以先设置几个问题,让学生分组讨论交流,探究实验方案,实验方案明确了再进行分组实验,更适合农村初中物理的实验教学。例如,我在讲探究平面镜成像特点时,我是这样设置的,首先请各小组讨论交流以下几个问题:该小组准备选择什么器材成像? 如何确定像的位置,进而比较像和物的大小? 如何测量像和物到平面镜的距离? 学生活动:让各小组讨论交流,制定方案,然后动手尝试。最后进行师生交流,生生交流活动,让学生在思维的碰撞中补充交流,不断完善实验方案。实验方案明确后,让学

生分组实验,分工合作,从小组的合作交流到组与组的合作交流,给每一个学生展示自我的机会,培养了学生合作交流的能力,语言表达能力,充分发挥了学生的主动性。这种方法更适合农村初中学生,避免了他们盲目探究,同时节约了时间。

(4)分析结果,得出结论的策略

这一过程是完成具体到抽象的思维飞跃,是探究教学中的难点。策略上安排一个小组上台展示自己的实验过程,实验数据以及分析得出结论,一般一组上来两个学生,一个学生做实验,一个学生分析讲解。其他组的同学对该组同学的实验进行分析评价,指出优缺点,让学生在交流中表达自己的观点,同时也倾听他人的探究经验,通过交流发现彼此的差异,因为很多时候,一个人或一个小组很难发现自己的缺陷,在与别人的交流中才能发现自己的不足。通过不同组的交流补充,使知识得到了升华,结论得到了完善,同时培养了学生的分析归纳能力。在这个环节最好能吸取杜郎口的教学方法,学生能完成的教师不讲不做,将课堂真正地还给学生,充分发挥学生的积极性和主动性。

(5)评估策略

评估是对科学探究过程和结果的反思,通过反思可以找出各个环节存在的不足,找出探究结果与真实存在之间的差异,有利于发展学生的批判思维。重点放在探究过程中未解决的矛盾,发现新问题,对不成功的小组实验和与其他组实验差异较大的数据进行分析评估。例如,在探究冰的融化实验时,其中一组实验数据如下:

时间 t/min	0	1	2	3	4	5	6	7
温度 t/℃	-4	-2	0	0	2	4	6	9
状态	固态	固态	开始融化	固液共存	固液共存	固液共存	液态	液态

表中数据的第4分钟和第5分钟冰没有融化完,温度应该不变,然而这个小组的数据是温度升高,让学生通过小组讨论分析其中的原因,对这组数据进行评估。

《新课标》指出"在学生的科学探究中,其探究过程可以涉及所有的要素,也可以指涉及部分要素",不一定每一个探究都要由七个要素组成,也可以进行随堂探究,即就某一个问题,随堂展开讨论,将问题解决即可。例如,在讲到"物体对外做功,内能减少"的实验时,用矿泉水瓶装上一点水,拧好盖子,然后像拧麻花一样在瓶身中间拧动,当上半部分的气压较大时,用指甲刮一下瓶盖,随着"砰"一声响,瓶口冒出了浓浓的白烟,场面震惊,激动人心,当时有位学生大喊:冷水冒烟了,以后我们的学生就把这个实验叫作"冷水冒烟",形象又生动,下课后同学还兴趣盎然地接着玩呢。

"教学有法,教无定法。"一切有助于调动学生学习的积极性和主动性,让学生能生动活泼地进行学习的教学策略和方法都应该得到提倡,教师应该结合自己学生的特点,采用多种教学策略,激发学生学习兴趣,培养和提高学生的学习能力,促进学生的可持续性发展。

(作者 王辛辛)

中学教学实验资源的开发

随着课程改革的不断深入,人们越来越清楚地认识到,课程资源对于提高学校的教学质量和办学水平,促进学生有个性地全面发展,全面实现高中课程改革的目标,有着极其重要的作用,课程资源是高中新课程实施的保障。本文结合教学的实际对物理实验资源开发的意义、途径和方法加以探讨。

1. 从生活用品中开发实验资源

利用日常器具做实验,不但具有简便、直观等优点,而且有利于学生动手,发展学生的实验技能,培养学生的创新意识。学校实验室应该准备一些常用的工具和材料,为师生利用身边的物品、廉价的材料自制教具,进行物理实验提供便利。有些制作精巧的自制教具和创意新颖实验可以作为学校的常规仪器和实验保留下来,它们不仅有助于物理教学,更重要的是可以激发广大师生的创造热情,可以给学生以亲近感和成就感。如从易拉罐到可乐瓶,从泡沫塑料到废铜烂铁,铅笔芯、保鲜袋、胶卷盒、乒乓球、气球、饮料瓶、鸡蛋、纸杯、塑料梳子、旱冰鞋、硬币、橡皮筋、大头针、回形针、边角废建材等,都可以成为我们进行物理小实验的法宝,树立"瓶瓶罐罐当器材,拼拼凑凑做实验"的思想。如利用一元的硬币可以做很多实验,这对于提高学生的学习兴趣,培养学生的动手能力会产生很好的效果。下面介绍几个用硬币做的学生实验。

(1)惯性实验

把几枚硬币整齐地叠成一堆,放在平桌面上,再用一把薄尺迅速地将最底端的硬币依次击出,上端的硬币却不会随被击出的硬币移动。

（2）碰撞实验

在光滑的水平桌面上放置一把直尺并固定不动,将一枚硬币紧靠直尺边缘平放在桌面上,用另一枚硬币顺着直尺边缘向原先静止放置的硬币冲去,两枚硬币将发生弹性正碰。相碰的瞬间,原来运动的硬币立即静止不动,而原来静止的硬币立即运动起来。如果用一枚运动的硬币去碰撞两枚紧靠直尺,并排在一起静止放置的硬币,会发现被碰的硬币仍静止于原处,而前面一枚硬币立即运动起来。

（3）磁悬浮实验

用磁铁吸住一颗小铁钉的平底端,使铁钉处于竖直状态,然后在铁钉的尖端下方竖直放置一枚硬币,硬币将会悬于铁钉之下,用手扶住铁钉使其固定不动,在硬币的一侧轻轻地推一下硬币,硬币便能转动自如,过很长时间才会停下来。

（4）表面张力实验

一角硬币,表面涂上油,用食指从下面拖住,轻放入水中,待稳定后把手指从下面轻抽出。也可以先在水中放一张餐巾纸,把一角硬币放在餐巾纸上面,待餐巾纸全湿透后用竹签从四周轻轻压到水面下,这样硬币就稳稳地浮在水面。

笔者在教学中收集开发了大量的案例,如在弹力的教学中我用平时收集的劲酒酒瓶和羽毛球头做瓶塞,和废旧笔芯设计了分组实验,让同学观察到微小形变;又通过激光笔和平面镜铁架台组合演示了在外力作用下桌面的微小的形变;用装修用的废旧面板演示弹力的方向与形变的方向相反;用篮球和装修用的地板砖演示了弹力有无的判断方法。又如用柠檬、光亮的铜币、镀锌的螺丝钉来制作水果电池。用铅笔芯制作滑动变阻器,易拉罐演示大气压的存在,用保鲜袋、塑料梳子、泡沫塑料做摩擦起电实验。用电线压线槽做轨道可以做伽利略理想斜面实验、小球速滑实验、和玻璃球结合可以做牛顿摆实验。用橡皮筋和铅笔演示支架上重力的分解效果,用橡皮筋和薄木板演示斜面上重力的分解效果。

在生活中,有许多现成的材料都是很好的实验器材,只要我们注意观察、勤于动手,许多常用物品都可以被开发出来。笔者认为低成本物理实验真正的魅力是它可以做到成本低而智慧不低,成本低而技术不低,成本低而价值不低。开发高智慧、高技术和高教育价值的低成本实验应该成为我们研究的重点。

2. 从玩具中开发实验资源

从市场收集玩具作为直接教具或组合教具,同时通过剖析玩具的外形特征、技术功能和结构原理并移用到物理实验教学中,从而创造性地应用玩具教学。

（1）直接运用玩具演示物理原理和物理现象

如用"彩色塑料弹簧"玩具可以演示振动,穿在水平铁丝上演示纵波,首尾相连演示条形磁铁的磁感线的空间形状。"发光光纤灯"玩具可以演示光的全反射传播,磁悬浮陀螺演示磁悬浮。用水枪射出抛物线,用玩具枪训练测平抛运动的初速度,演示枪击猴子实验。用电动小车演示摩擦力和力的相互作用。用玻璃球演示碰撞实验和斜面实验等。

（2）移用玩具原理开发实验资源

如"平衡鸟"玩具可以把小鸟的嘴随意支撑在一个位置都可以平衡,其原理是物体的重心在支撑点下面形成稳定平衡,能不能自己也设计一个这样的稳定平衡呢? 笔者经过实验设计了平衡小玩偶玩具。取三根长竹签(烧烤店废弃物),对称地用透明胶带绑在一起(如图)。在对称张开的两竹签上插上两块等大的橡皮泥,在中间的竹签顶端插入一个乒乓球,在乒乓球上画出小丑头像。能玩杂技的小丑就做好了。你可以放到矿泉水瓶上,拨动小丑,可以看到小丑不停地向你点头。你试试看把它放在铅笔尖上? 把它放在小刀的刀背上? 小刀的刀刃上? 小刀的尖上? 试试看! 收获你的惊喜吧!

3. 从新材料、新工艺、新产品中开发实验资源

平衡小玩偶   自制反冲演示器

随着时代的发展,许多新材料(PVC 材料、铝塑材料、碳素材料、碳纤维)、新工艺、新产品(钕铁硼磁铁、发光二极管、辉光球)不断进入我们的生活。各种小型的家用电器(电饭煲、电压力锅、电磁炉、微波炉)和许多玩具(如各种声控玩具、光控玩具、音乐贺卡、激光笔等)本身就是根据物理原理设计而成的,只要我们运用得法,就可以使之成为又一个取之不尽的小实验宝藏。如用钕铁硼磁铁的强磁性可

以制作磁悬浮来减小阻力,从而做反冲运动的转轴如右图。方法(1)把细铜管剪成长约5cm的等长的三段,把三段都弯成相同的弯管。(2)在距铁罐底高约3厘米处,沿铁罐四周等距地凿出3个圆孔。(3)用生胶带缠绕细铜管的一端,插入圆孔。并用铁丝缠绕固定。(4)用细铁丝缠绕铁罐颈处固定,两边对称地引出两根铁丝缠绕固定在铁钉的钉帽处。(5)在铁架台的铁夹下水平地吸上两块磁铁。(6)把铁钉的尖端吸在磁铁上。

把100毫升左右的酒精倒入铁罐中,用橡皮泥堵住铁罐上面的封口。点燃酒精灯给铁罐加热,当有蒸汽冒出时,用点燃的蜡烛点燃每个喷口。可以看到长长的火焰从喷口喷出,铁罐受到反冲旋转起来(如上图)。若把150毫升左右的水倒入铁罐中,也用酒精灯加热,可以看到水蒸气从喷口喷出,铁罐受到反冲旋转起来。

在教学中笔者还开发了铝塑管结合可以做电磁阻尼实验;和线圈结合可以做小电机和发电机。打火机发电点燃灯泡(打火机、30瓦灯泡或者尝试小灯泡),两个易拉罐靠得很近时用压电素子放电。电磁炉和锡箔纸组合做楞次定律实验。激光笔的特点是亮度高、鲜艳夺目、相干性好用来演示微小形变,光的直线传播,光的反射,光的折射,光的全反射,光的干涉和衍射。发光二极管的单向导电性来演示断电自感方向反向。如光的干涉和衍射的演示实验的制作等。

自制的光干涉和衍射实验装置

(1)激光笔一个(或用激光头一个、电池盒、电池、电键导线等自己制作)。

(2)用鞋盒和纸筒制作暗室。先把鞋盒左端开一方形孔,右端开一圆形孔。把一透明纸贴在左端的方形孔上当作透明光屏。把圆形纸筒从右端圆孔插入并用胶带固定。

(3)用牛奶箱制作观察窗口。特仑苏牛奶箱一边已有一观察窗,另一边对称地也挖一个窗口(略大于鞋盒上的方形口)。

(4)制作双缝、单缝、光栅和衍射小孔。如下图,把平面镜镀银面朝上,用刀和尺子在上面平行地划出单缝和双缝,密集刻线制作光栅。把易拉罐用剪刀剪下尾端,用锥子在底子上打小孔。

自制光栅 　　　　　光干涉和衍射条纹

(5)调节激光使其照到狭缝上,并能使条纹落到光屏上。观察单缝衍射条纹、观察双缝干涉条纹、观察光栅的干涉条纹。观察小孔衍射条纹,观察缝宽对衍射条纹的影响。观察双缝间距对干涉条纹的影响。

4. 从实验室器材中开发试验资源

实验室设备和器材是教师进行教学及研究的基本物质资源。调查表明,学校实验室设备和器材不足的现象十分普遍,新教材配套的试验器材由于存在开发周期及经费缺乏导致实际进入课堂的教学数量极少。这些都要求教师要致力于充分发掘实验器材的使用功能,不仅要用好器材,更要在用活器材上狠下功夫,应该千方百计去开发实验室的课程资源,并想方设法加以有效地利用。学校和教师应最大限度地利用实验室现有的器材,充分挖掘其实验功能,做到一物多用。动脑筋,想办法,充分利用多年闲置的器材开发新的实验,做到废物利用。可以对现有仪器和实验以及过时的仪器和实验进行改造,设计出新的实验。收藏一些利用物理原理制作的趣味玩具,收藏师生自制的教具和小制作,充实实验器材,并在教学中加以运用。

主要做法有以下四种:

(1)功能挖掘。即挖掘原器材单一的使用功能,使之"一物多用"如气垫导轨中的气泵用来演示气悬球;电磁感应的线圈演示产生磁场演示磁悬浮、演示断电自感;油膜法测分子直径的试验中的塑料板用来研究平抛运动中描绘水流的行迹等。

(2)巧妙重组。即把两种及两种以上的器材组合起来,演示新的试验。如利用投影仪、打点计时器和发波水槽演示多普勒效应。如用电阻定律实验的电阻丝与强磁铁和功率放大器(如录音机的放大功能)制作电子琴来演示电磁感应。

(3)旧物新用。即将现教材已删除的配套的器材或已废弃的器材重新加以利用,使它发挥新的功效。如力矩盘演示电磁阻尼、法拉第圆盘发电机等。

(4)学科资源整合。即把化学、生物、电教等试验器材用于物理教学,充分发挥资源的优势。如用生物中的显微镜、载物片与视频展示台相结合演示布朗运动;用化学中的喷泉试验演示大气压;把试管固定在小车上,里面放入碳酸钠和醋酸,利用化学反应产生的气体把试管塞冲出来演示反冲运动。地球仪和铁环来表示卫星轨道的空间分布,同步卫星必须是在赤道平面内;用手电筒距地球仪较近时照射地球仪来表示同步卫星信号的空间覆盖范围;较远时可以演示太阳东升西落;以及地磁场的空间分布问题。

　　另外,和同学、同事广泛交流,多参加公开课活动吸收优秀的实验设计成果,参观科技馆,参观省内外教具制作有突出成绩的学校,从别人的设计中找到创作的灵感,以及从魔术节目中和中央电视台的《异想天开》栏目中发掘试验案例。

(作者　王科建)

第四章

教育科研

安徽省教育科研课题《基于有效教学理念的课堂教学改革实践的研究》结题报告

1. 课题研究背景

有效课堂教学是人们长期的追求。17 世纪,夸美纽斯在他的《大教学论》中说到"一个教师可以同时教很多学生",第一次提到了教育的效益问题。20 世纪 30 年代,由于"科学管理"在工厂中普遍获得成功这一事实的冲击,学校教育的效益问题又一次被人们提起。到了 20 世纪后半叶,随着国际竞争、知识更新速度的加快、教育改革的需要,人们不能不从教育效率的角度去思考教育与教学的进步和发展问题。从苏联 70 年代的教育改革的基本思路来看,"有效教学"都是直接关系学校教育的知识数量及其课堂教学的效果问题。美国关于有效教学的研究源于 20 世纪 80 年代的"教师效能研究"。目前,美国有效教学实践及其研究越来越强调"设计意识""价值意识"和"反思意识",越来越强调课堂教学的有效性不仅仅是一种技术性或规模效率性的问题,它也是一个教育价值问题。在我国人们对课堂教学有效性研究一直没有中断过,尤其是新一轮基础教育课程改革,新的素质教育观较以前任何时候都重点关注教师对学生的影响,并把教师与学生的互动视为有效教学研究的核心问题。即在特定学习任务上所花时间的量与学习成绩有关。如果教学更有条理、教师主导作用体现得更好,学生就能更好地参与到学习中去。教师组织能力强,课堂严谨,则学生学习的效果更好。

2. 课题研究意义

虽然每位老师每节课的时间相同,但优秀教师教出来的学生学习能力强,学习成绩优秀,学习习惯好,学得轻松愉快,这就涉及课堂教学有效性的问题。"有效"是课堂教学的本质特性,也是当前课程改革的核心思想,更是教育教学内涵发展的必然要求。课堂教学的有效性是教学的生命,有效的课堂教学应是教师永恒的追求。教育教学理论表明:备好课是提高课堂教学有效性的基本点;上好课是提高课堂教学有效性的关键点;作业练习是提高课堂教学有效性的调整点;课后辅导是提高课堂教学有效性的生长点;阶段考试是提高课堂教学有效性的检测点。要提高课堂教学的有效性,必须关注教学流程各个基本环节,即备课、上课、作业、辅导、考试等。这几个基本环节互为基础,相互作用,只有在教育教学中积极探索研究,才能发现其内在的联系和规律,才能不断提升课堂教学的有效性,进一步提高教育教学质量,为国家培养完整人格的高素质栋梁人才,这就是本课题研究的目的意义。

3. 课题的研究原则

(1)全面性原则

指研究"提高课堂教学有效性的教学策略"时,要结合教师在课堂教学中面向全体学生、全面完成课堂教学的各项任务、全面提高学生的基本素质来进行。本课题从课前准备、课堂教学、实验教学、辅助教学、课后巩固等五方面论述了提高课堂教学的有效性方法,共收集了 32 位教师 33 篇论文,涉及语文、数学、英语、物理、化学、生物、政治、历史、地理、技术等 10 个学科。

(2)主体性原则

指教师在进行课堂教学时要从学生所处的学习主体地位出发,制定教学策略、选择教学方法、设计教学方案、组织教学过程。如论文《注重因材施教,有效提升课堂教学》《有效课堂教学的研究》《浅谈课堂交流的有效性》从学生角度考虑问题,设置教学,突出教学主体。

(3)发展性原则

指教师课堂教学应以促进学生素质的提高为出发点和落脚点,充分发挥课堂教学和教育的发展功能,使学生得到最大限度的发展。如《优化课堂作业,提高英语教学有效性》《高考物理复习有效性的探讨》《课后辅导有效性的研究》《如何提高课后辅导的有效性》《高中物理习题课教学有效性的研究》论文中,均从不同角度总结如何促进学生素质提高的方法。

（4）渗透性原则

指从素质教育出发,结合实际,全面地进行渗透教育,使学生素质在潜移默化中提高。课题组成员在研究中边探索、边总结、边提升,实践过程中录制了 25 个"课堂视频",涉及 9 个学科,堂堂都渗透着新课改的课堂教学理念。

（5）最优化原则

指在全面考虑教学规律、现代教学形式和方法的情况下,在全面考虑教学系统特征及其内外部条件的基础上,组织对教学过程的控制,以保证发挥出最有效的作用。如教学论文《多媒体技术在物理起点教学中的应用》《利用多媒体教学提高教学有效性的研究》《多媒体教学方法在提升地理教学有效性的探索》《如何提高信息技术课堂教学的有效性》都提到教学硬件在教学系统中的重要性。以及有效课堂"四环导学"教学模式,它的基本环节是:独学、对学——群学、帮扶——展示、点评——检测、补救。是在全面考虑教学规律下,在全面考虑教学系统特征及其内外部条件的基础上,组织对教学过程的控制,以保证过程呈现出最有效作用的教学模式。

4. 课题研究目标

课题组对"有效课堂教学"的研究,期望实现课堂教学的三种变化:从注重"单位时间内传授知识的量"到更关注"课堂上学生参与学习的程度与状态";从注重"学生对知识的掌握"到更关注"每个学生都得到发展";从关心"学生的知识、技能学习"到同时强调"学生精神世界的丰富与发展"。

5. 课题研究内容

（1）学科教师在课堂教学中选择教学方法、策略、手段的合理性问题的研究,即课堂教学"教学论"问题的研究

课堂教学"教学论"问题的研究为本课题的子课题,它是在于探讨教学的本质与有关规律,寻求最优化的教学途径与方法,以达到培养社会所需要人才的目的。学生个体在其发展的各个阶段进行学习活动过程中的心理机制是不同的,它与教学论有着极其密切的关系,因为在许多地方它给教学论提供了一定的理论依据。但是它并不涉及教学的方向与内容。因此,它与教学论的界限与范围显然是不一样的。

每个学科教学法是不同的,但它必须充分体现本学科的特点,在这一点上它和教学论的关系属于特殊和一般的关系。显然,这两门学科谁也不能代替谁,各有其独立的范围。但这两门学科之间也是极为密切的:教学论为各科教

学法提供了一般的理论基础。反过来,各科教学法的研究成果也会丰富教学论的内容。教学论的一般研究方法有很多:如观察法,是一种经常可以使用的简便易行的方法,每个学科都不同程度地运用了这种方法;如个案法,是一种对于具有某种特殊性的学生学习情况的深入了解;如文献法,利用学校有关文献、记录进行研究,特别是政治、历史科目常用该方法,其他科目也不同程度地用到此方法,对于学生作业分析也属于这种方法。还有调查法、经验总结法、实验法等。

(2)学科教师一节课内能在多大程度上促进学生的发展,即课堂教学"效率观"问题的研究

课堂教学"效率观"问题的研究为本课题的子课题。因为目前广大教师的课堂教学效率观并非还滞留在旧的层面上,新的课堂教学效率观正在深入他们的头脑和实践之中。在课堂生活中,我们已经可以看到一些可喜的转变。比如,在课堂上,教师注重给学生展示各自学习成果的时间和空间,并且引导他们相互交流各自的学习方法,从中筛选出"最优的"加以运用和内化,其实,这也正体现了课堂教学的"长效"。但不可否认的是,一些教师的课堂教学效率观还没有从根本上进行更新。存在的一个突出的问题是大多数教师难以处理好课堂教学目标的生成问题。当然这里面可能有教师的教育实践智慧范畴的问题,如不善于捕捉和利用现场生成性资源、通过理性的追问来催化思维对话等,但是我们也不能否认现实中一些教师表现出的十分强烈的"坚守"意识。建立怎样的课堂教学效率观,是目前课堂建设应该解决的首要问题,而确定以"物"还是以"人"为着眼点的课堂教学目标达成标准,又是取向于何种课堂教学效率观的"根"。课堂建设必须要找准这个"根",这是一个值得研究的课题。

(3)学科教师所涉及教育观、教学观、学生观等问题,即课堂教学"哲学论"问题的研究

课堂教学"哲学论"问题的研究为本课题的子课题。可以通过研究教育观,研究为什么新课程把"人"作为教育的支柱,研究为什么新课程认为人(教师、学生)是最重要的课程因素,是课程建构的参与者、促进者、批判者。通过研究教学观,让教师在教学过程中懂得与学生积极互动、共同发展,懂得处理好传授知识与培养能力的关系,注重培养学生的独立性和自主性,引导学生质疑、调查、探究,在实践中学习,促进学生在教师指导下主动地、富有个性地学习。也可以通过研究学生观,研究如何关注学生发展的潜力和多样性的统一,研究如何提高学生潜能的

开发,研究如何注重学生发展的主动性、潜在性和差异性,等等。

总之,有效课堂教学视学生的发展为最大效益:有效教学的着眼点是把学生放在课堂教学的核心位置;有效教学的关注点是学生整体的发展;有效教学的着力点是课堂教学实践理性的回归;有效教学是新课程在新的时期内的诉求;有效教学是教育精细化、个性化、效能化的需要,这些都是有效课堂教学研究的重要内容。

6. 课题研究的方法

(1)个案研究法

从某一教学环节、某一教学侧面、某一技能训练构成形式进行个案研究,从具体事例推出一般规律,提炼出共性的结论。

如蒙城一中的代鑫鑫老师在《物理课堂中新课引入的案例分析》中通过新课引入的设置环节进行个案研究,看似小处入手,实着收效颇丰,"好的开始是成功的一半",成功地引入无疑会为整节课堂奠定了一个成功的基调。无论是哪一种引入的方式,只要是成功地抓住了学生求知的好奇心,调动起来了学生学习的积极性,就可以称作是成功地引入。而学生积极性的上升,也可以反作用于教师,让教师也变得情绪高昂,组织教学也变得富有激情。这样,整节课将会在一种愉快的、充满活力的氛围下进行。如蒙城一中的王明奇老师以"中国实施可持续发展的途径"为例,谈《优化地理教学环节 提高课堂教学效果》一文中,就很好地以个例研究法诠释如何优化地理教学环节。特别是课后作业布置环节很有创意,在《中国实施可持续发展的途径》这节课最后布置作业时,先用多媒体展示当地政府工作报告中当年与可持续发展相关的政府工作任务和当地某生态园项目,要求各小组学生根据所提供材料和所学知识课后探究当地可持续发展的途径,并以报告的形式提交。这样的作业加深了学生对家乡的了解,培养了学生理论联系实际的能力和自主、合作、探究的能力。

(2)行动研究法

在课堂教学中,随同听课评课、检查评比,对教师的教和学生的学,边实践边探索,边检验边完善,边归纳边总结。每个阶段针对某个特定的教学行为进行重点研究,对研究中的各项进行各个突破,最终形成评价体系。

如蒙城一中的贾红艳老师在《语文课堂魅力初探》论文中提到:"课堂内容设置少而精,是取得教学效果的重要方面",她在教授《鸿门宴》这一课时,设置了"这篇课文是从哪几方面描写刘邦的?"这一问题。待学生通过讨论交流后,知道从动作、语言、心理等方面塑造了刘邦的善于听取别人意见,见风使舵,有仇必报等性格特征,然后顺其然指出描写人物时观察的重要性。之后又交给学生一个任务,让学生通过仔细观察来写自己身边的同学或者家人,发挥他们的潜能。通过联系本课的写作方法去写人物,学生顿感有内容可写了。通过这样的教学环节的设置既锻炼了学生写作能力,又培养了学生写作兴趣。问题设置不多,学生却受益匪浅,而且很好地解决和突破了教学重难点。

(3)经验总结法

对课题或教学中的每个阶段进行及时总结,将实践经验及时上升到理论高度,使理论与实践,成果与应用有机统一起来。如亳州一中的汪邦家、刘亚敏等老师的《高中课堂有效教学研究》课题中,通过《试论提高课堂教学效率的方法》《优化教学环节提高课堂效果》《融合课堂教学提高教学效率》《课堂学习评价与激励有效性策略的研究》《理清探究思路做好课堂实验》等,对每个阶段进行总结,将实践经验上升至理论高度,凸显高中课堂有效教学研究的重要性,如涡阳二中的杨成勇老师在《"高效课堂建设之分组"活动反思》的论文中,通过分组实践的检验与完善,使高效课堂的管理小组由班级管理变成学生的自我管理。提出自我管理是主动的管理,老师的管理是被动的管理。被动的管理就像猫和老鼠的游戏,老师们就在抓纪律中跟学生们斗智斗勇;而主动的管理是学生自己的管理,学生们为了自己的晋级和小组的晋级而展开竞争,既提高了自身的素质又促进了团队精神的培养。

(4)比较研究法

把个别课例、个别教学时段进行比较研究,找出个性和差异性,进行综合诊断、找出共性和规律。如蒙城八中的陈振利老师在《从传统课堂到有效课堂转变的心路历程》一文中回顾教学,通过亲身体会,比较传统课堂和有效课堂的不同,小处入手,通过构建"高效课堂下的学习小组"走出了由教师一个人推动全班学生学习进程的尴尬局面,化整为零,让每一个学生在小组的统一管理下主动学习。学习小组长的定位、挑选标准、职责细致入微;学习小组建设机制面面俱到,如组员搭配遵循"组内异质,组间同质"的原则、落实对子生制度、三级帮扶制度,有效提高小组成绩、学习小组内文化建设等,都是通过教学比较研究,总结出的标准。

7. 课题研究步骤

(1)第一段(2011.03—2012.12),课题研究的初始阶段。工作重点是组织落实、调查研究、制订研究计划、搜集课题研究相关资料。

（2）第二阶段（2012.01—2014.06），课题研究的主要阶段。工作重点是对本课题的三个主要内容进行设计研究，并进行试验。

（3）第三阶段（2014.09—2015.05），课题研究的终结阶段。对该课题进行分析总结，撰写了《有效课堂教学研究》的终结性报告。

8. 课题研究的成果

（1）论文集锦

教育教学理论表明：备好课是提高课堂教学有效性的基本点；上好课是提高课堂教学有效性的关键点；作业练习是提高课堂教学有效性的调整点；课后辅导是提高课堂教学有效性的生长点；阶段考试是提高课堂教学有效性的检测点。要提高课堂教学的有效性，必须关注教学流程的各个基本环节，即备课、上课、作业、辅导、考试等，这几个基本环节互为基础，相互作用，只有在教育教学中积极探索研究，才能发现其内在的联系和规律，才能不断提升课堂教学的有效性。《基于有效教学理念的课堂教学改革实践研究》论文集锦是课题研究的阶段性成果，它从课前准备、课堂教学、实验教学、辅助教学、课后巩固等五方面论述了提高课堂教学的有效方法，共收集了 32 位教师的 33 篇论文，涉及语文、数学、英语、物理、化学、生物、政治、历史、地理、技术等 10 个学科。其中，"课前准备"论文 3 篇：《提高政治教学课前准备的有效性》《信息技术教学有效性的课前准备》《有效备课的研究》，"课堂教学"论文 17 篇：《基于有效教学理念的高中语文研究性学习初探》《高中物理课堂教学有效性的实施策略》《怎样提高语文课堂教学的有效性》《对高效英语课堂教学的理性认识》《新课程标准下的高效课堂教学》《提高探究课堂教学的有效性》《提高生物课堂教学交流有效性的探索》《高中物理课堂教学有效性研究》《提升历史课堂教学的有效性》《高中物理课堂教学有效性的探讨》《高中物理课堂提问有效性的研究》《注重因材施教，有效提升课堂教学》《有效课堂教学的研究》《浅谈课堂交流的有效性》《课堂有效教法的研究》《如何提高高中数学课堂教学的有效性》《高中化学课堂教学有效性的研究》。"实验教学"论文 4 篇：《化学实验教学有效性的探究》《提高物理课堂演示实验有效性之我见》《高效物理实验复习课的一些有效做法》《浅谈中学物理实验课教学的有效实施》。"辅助教学"论文 4 篇：《多媒体技术在物理起点教学中的应用》《利用多媒体教学提高教学有效性的研究》《多媒体教学方法在提升地理教学有效性的探索》《如何提高信息技术课堂教学的有效性》。"课后巩固"论文 5 篇：《优化课堂作业，提高英语教学有效性》《高考物理复习有效性的探讨》《课后辅导有效性的研究》《如何提高课后辅导的有效性》《高中物理习题课教学有效性的研究》。这些论文都具有较高的学术价值、实用价值和推广价值。

（2）视频课堂

为了探讨课堂教学的有效性问题，课题组成员在研究中边探索、边总结、边提升，实践过程中录制了很多"课堂视频"，一定程度上反映出课题成果。如 Direct Speech and Indirect Speech（Ⅱ）（邓启劲）；By Yoyo（王媛媛）；《摩擦力》（刘华）；《探究功与物体速度变化的关系》（葛喜良）；《植物生长素的发现》（高明玲）；《抗日战争》（袁翠）；《文言句式》（樊琳）；《荒漠化》（单守南）；《细胞的能量》（黎高飞）；《感受化学反应的快慢》（苗玉）；《入乡问俗》（贾红艳）；《涉江采芙蓉》（王瑞雪）；《椭圆及其标准方程》（乔艳艳）；《水资源生物合理应用》（谢学民）；《短歌行》（赵成）；《功》（代鑫鑫）；《细胞的生命历程》（宋慧）；《物质在水溶液中的行为》（王福中）；《化学反应条件的优化》（刘文永）；《外交关系的突破》（刘志丹）；《直线与圆的位置关系》（王皓）；《探究铁及其化合物的氧化性或还原性》（潘桂丽）；《常见的天气系统》（韩坤）；《归园田居》（毕涛）；《细胞核》（毕秀美）；《思想道德修养与科学文化修养》（侯文正）。老师们共提供 25 节视频课堂，涉及 9 个学科，堂堂都体现了新课改的课堂教学理念，扎实有效。

（3）课型研究

目前，高中课堂教学常见类型有概念教学、规律教学、实验教学、习题教学、复习教学、讲评教学等多种。不同课型的教学采取的方法与步骤不同，实践证明：

概念教学有效实施步骤是合理引入概念、建立概念、巩固概念，以物理教学为例，物理概念是从物理现象和物理过程中抽象出来的，用来表征物质属性，描述物质运动状态。虽然，任何物理概念都建立在客观事实基础上，但物理概念看不见、摸不着，抽象难理解，学生从具体感性认识上升到抽象的理性认识，形成物理概念极为关键。规律教学有效实施步骤是创设物理环境、采用实验总结、运用规律解决问题。同时，规律体现了在一定条件的基础上，物理现象、物理过程必然发生的规律，反映物理量间的本质和内在联系。实验教学有效实施步骤是合理设计实验、使实验与教学内容相结合。换位思考，注重学生的感受，排除干扰突出重难点内容等，这是因为实验就是在人为的条件下，在排除次要干扰的前提下，有目的、有计划地运用设备、仪器，通过实验验证物理现象，从而得到许多结论的科学研究手段。物理实验能提高学生学习物理的求知欲望和兴趣，同时为学生学习物理概念、规律营造了很好的符合学生特点的教学环境。

习题教学有效实施步骤是精选习题,突出教学目标、重点和难点;注重启发学生思维,并重视思维训练;重视培养学生的解题技能和方法。这是因为习题课教学是高中物理教学的重要组成部分,通过习题的讲解、巩固并应用旧知识,为发展学生能力而进行的课堂教学。一般情况下,教师结束了某一章的教学,或是让学生学习了几个重要的概念或物理规律,就需要安排习题课,达到及时巩固的目的,以深化学生最近学习的新知识、调整学生的知识结构,形成完善的知识体系。复习教学有效实施策略是打破传统复习模式,注意知识点间的内在联系,形成系统的知识网络,让学生更方便地提取知识,更有效地应用物理知识解决实际问题。复习就是有效地巩固,它是物理教学中的一个重要环节,它可以使学生对所学的基本知识和技能加以巩固、总结,并使之系统化。同时要让学生明白掌握知识需要经过三个阶段:领会、巩固和应用。其中巩固阶段对其他两个阶段起到承上启下的作用,很多物理教师感到新课容易上,而复习课不好上,往往是精心准备的一节复习课,激不起学生的共鸣,得不到应有的效果。

(4)四环导学

有效课堂"四环导学"教学模式的基本环节是:独学、对学——群学、帮扶——展示、点评——检测、补救。其中:"独学、对学"环节是在独立阅读、独立思考,用自己的方式去发现问题、解决问题,独立地接受新知识的基础上,同自己的"对子生"讨论交流所想、所感、所获,自主构建知识的过程。"群学、帮扶"环节是在"独学、对学"的过程中,每个个体都会有一定的知识储备,同时也会有一定的知识漏洞,存在一些不明白的问题。课堂上,给出一定的时间,通过小组讨论、教师启发点拨,学生对知识的理解会更加深刻。同时小组内的同学还可以将自己预习的思路与其他同学交流,和其他同学探究更科学的方法,研究一些更深层次的问题。"展示、点评"环节是在课堂上展示其学习成果,解决学习中的问题。"展示、点评"是高效课堂最关键的环节,不仅能展示学生对问题、知识独到的理解和解决问题的创新方法,还能展示学生规范的解题过程,也能展示学生的困惑疑难。同时,对学生而言,也意味着分享理解,更意味着主体性的凸显、个性的表现、创造性的解放。"检测、补救"环节是通过有效训练,对所学内容进行总结梳理、反思学习目标达成情况,达到查漏补缺、巩固深化的目的。"检测、补救"是高效课堂的重要一环,它直接关系着前三环学习效果的好坏,是教师掌握学情、了解学生的重要手段,也是学生重构与内化知识的主要途径。

"四环导学"的基本操作是"五步三查"。第一步是独学,"独学"是对学生个体学习而言。在独学环节开始之前，通常要进行对上节课有关知识的反馈检查和新课的导入。第二步是对学、群学，"对学"指两名同等学习程度学生的合作学习。"群学"指小组内不同程度学生的合作学习或具体指"学习对子"间帮扶学习。"学习对子"是指学习小组内相邻层次学生相互结成对子，进行学习帮扶，以形成一个相对稳定的学习共同体。对学、群学环节仍然是以解决问题为主线。第三步和第四步是组内小展示和班内大展示。小展示和大展示的区别是，"小展示"指小组内由学习组长组织的展示，组员将学习成果在小组内进行展示汇报。"大展示"指小组在全班进行展示汇报，一般由教师组织，当然也可以由学生代表组织。二者的区别在于展示的范围不同、问题的共性度不同和内容的层次不同。小展示的目的是一方面展示对学、群学的学习成果，另一方面暴露对学、群学中尚未解决的问题，并由学习组长将学习成果或暴露问题汇报给老师，便于教师把握学情，进行大展示。第五步是整理学案，达标测评，通过前面的小组学习与展示，学生整理学案，而后教师组织达标测评。

（5）二轮学案

《高三物理第二轮教学有效复习》包括 10 个专题和 17 个案例。10 个专题分别是物体的平衡、力与直线运动、力与曲线运动、动量和能量、电场、磁场、电磁感应和电路、振动和波与光、物理图像、物理实验。17 个案例分别是受力分析与物体的平衡、匀变速直线运动规律的应用、牛顿运动定律的应用、平抛运动与圆周运动、万有引力定律及应用、动能定理和能量守恒定律、用动量和能量观点解答力学综合题、电场基本性质的理解、带电粒子在电场中的运动分析、磁场对电流和运动电荷的作用、带电粒子在复合场中的运动、电磁感应中的综合问题、机械振动和机械波与光、物理图像问题分析、力学实验、电学实验。《导学案》中每个案例都从【考点预测】【解题宝典】【方法技巧】【跟踪训练】【解题规范】【物理模型】【高考评分】等近 10 方面，进行讲解和巩固，符合新课程教学的理念和新教法的要求，确实收到了高效节时的复习效果，并被兄弟学校广泛使用。

（6）小组建设

打造"高效课堂"的前提是"高效小组"的建设，包括高效学习小组，高效行政管理小组和高效学习科研小组的建设。这样三个小组被称为高效课堂的"三驾马车"，是高效课堂的三个基本单元，高效小组的成功建设是打造好高效课堂的前提条件。

在高效课堂的小组建设活动中，首先给学生们树立"高效课堂就是学生自己的课堂,班级的管理就是学生自己的管理"这一理念,将学生自身能力的提高作为高效课堂的第一目标。由于学生们从小学到初中毕业一直都是在传统的课堂中学习,在老师的怀抱里成长,故大多数学生从来没有过展示自己的经验和勇气。通过一段时间高效课堂小组建设活动,让高一新生们逐渐有了新的面貌。同学们在课堂上大胆地展示,尽情地挥洒自己的感情,切实激活了学生的青春活力。老师通过和同学们课下的交流,得到的评价是"这是从来没有经历过的课堂,是真正的属于学生自己的课堂"。在这样的课堂上,学生成了真正的主人,老师的角色转变成了导师,做好引导和启发,其他的事情就由学生自学和探究来完成。虽然刚开始好像每节课没有学到多少东西,但学到的东西都能记住而且不会轻易忘记。这样算起来比从前学了就忘的效率可是高多了。更重要的是学生们学会了学习,学会了思考。真正地得到了"渔",而不是只得到"鱼"。高效课堂的管理小组使班级管理变成学生的自我管理。自我管理是主动的管理,老师的管理是被动的管理。被动的管理就像猫和老鼠的游戏,老师们就在抓纪律中跟学生们斗智斗勇。而主动的管理是学生自己的管理,学生们为了自己晋级和小组晋级而展开竞争,既提高了自身素质又促进了团队精神的培养。

(7)先学后教

最好的教学方法不只是讲清事实,而应该是激励学生去思索,自己去动手。"先学后教"教学模式就是以优化教学过程、提高教学质量、培养学生创新精神与实践能力为目标而设计的。这种教学模式使学生带着明确的学习任务和目标,主动地进行学习。在执行任务过程中,通过思考、实践、讨论、交流与合作,培养学生良好的学习习惯,充分发挥学生在学习中的积极性和主动性。

先学分三个步骤进行:首先提出问题,创设情景。问题是教学的心脏,是教学的出发点。其次是个体自学,探索新知。最后是群体自学,共同探究。充分利用小组讨论的过程让学生融入学习活动之中,为所有学生提供主动参与和自我改变的机会。后教也是分三个步骤:首先是学生提问,师生点拨。学生通过群体自学后,仍然存在的疑难问题,鼓励学生大胆向老师提问,教师则针对学生的问题进行点拨或讲解,这样就使教师的教学有很强的针对性,最大限度地提高教学效率。其次是课堂训练,形成技能。"课堂训练是学生从理论知识到实践能力的内化过程",要把学习的知识内化成实际应用的能力,必须进行巩固训练。最后是归纳总结,完善认知。一堂课将要结束,教师应该满怀期望之情,引导学生回顾这堂课,学习了哪些知识和技能,学到了哪些思想和方法。有意识地留问题给学生,把问题探索和创造活动引向深入,给学生进一步发挥的机会。

(8)绿色课堂

绿色课堂是一种理念,也是一种和谐并可持续发展的教育方式。绿色课堂首先是高效课堂,是赋予生态教育观的课堂。课堂要实现三个转变,即从"关注教师教"到"关注学生学"的转变,从"单一课堂"到"多元课堂"的转变,从"只关注学生的学习"到"关注学生发展"的转变。绿色课堂学生学习观念发生改变,由"要我学"状态变为"我要学"和"我乐学";教师观念发生了改变,由课本知识的解释者和执行者转变为与学生一起探索知识的合作者和研究者;课堂教学目标也发生了改变,由只注重知识目标转变为注重追求知识技能、方法、情感态度价值观三方面的有机整合。

绿色课堂的关键是更新观念,核心是提高效率。与以往的教学相比,绿色课堂呈现以下特征:首先,绿色课堂教学目标定位合理、目标科学,能激发学生的兴趣性,且具有挑战性;其次,绿色课堂接近学生的最近发展区,符合学生全面发展需要;再次,绿色课堂凸显有效学习,全面提升学生学习效率和学习效益;再其次,绿色课堂教学中学生的学习方式得到了变革,呈现出主动性、独立性、独特性、意义性、交往性、体验性、问题性和创新性等八大特性;最后,绿色课堂强调和谐课堂氛围,师生互信、相互尊重并赏识,课堂温馨形如一个大家庭。

绿色课堂结构包括三大环节。即课前、课中、课后,而这三个环节的主体是由教师和学生共同组成的,教师的职责是课前准备编写导学案,课中对学生进行点拨,课后总结并修改导学案。学生的义务是课前完成导学案,课中对导学案进行讨论展示并质疑,课后整理笔记完成练习。同时,绿色课堂是指教师要求学生自由个性地去体验知识。在遵循一般认知规律的基础上,帮助学生通过参与自主学习、合作探究、展示交流、点评拓展、总结检测等课堂教学环节获取基础知识、基本技能和情感态度价值观。而整个物理绿色课堂教学过程必须始终围绕该教学目标展开,因为教学目标是教师指导学生发展的指南针。

9. 课题自我评价

(1)本课题研究:从课题性质上看,既不是纯理论的研究,也不是政策性的研究,而是具有广泛推广价值的实践应用性研究;从课题内容上看,课题包括学校课堂教学工作的各个层面,因此具有高度综合性的特点;从课题组人员上看,参与面较广,参加人数之多,涉及全市多所示范中学;从课题研究作用上看,课题研究是与课堂教学紧密相连的,课题研究的实施过程实质上就是教育教学改革实践的过程。同时,也是研究成果直接应用于教育改革实践和在其中接受检验的过程。二者密不可分,相辅相成。

(2)本课题创新:研究内容上,比同类课题研究的内容范围广、深、新。表现在不仅要研究课堂教学的一般规律,更要研究全面实施素质教育下课堂教学改革的新动向、新精神、新经验以及新问题,从而考量课堂教学有效性的提升问题。这里涉及了课堂教学改革的理念和在大小课堂教学中的实施,以及从教学内容到教学方式、学习方式、检测评价方式全过程的相关问题,既要考虑到素质教育与课堂教学的关系,又要注意到两者最终的有效性问题。研究思路方法上,采用实证归纳的方法和行动研究的方法,自下而上,从操作层面筛选和验证课堂教学过程中的方法、策略、模式等。区别于以往对课堂教学实践的研究采用主观思辨和逻辑推论的方法,自上而下地探讨课堂教学的方法、策略、模式的宏观结构。研究将对大量的典型课堂教学进行客观量化的观察分析,突破以往凭主观印象评价课堂教学的评课模式,从而提高评价课堂教学实践的有效性。在对课堂教学实践进行深入分析的过程中,还将探究课堂教学时间的分配、师生的言语行为、学生的有效学习时间等,这将有助于揭示课堂教学的本质,促进课堂教学质量与效益的提高;从中学一线教师的特点出发,课题的研究以实践应用为主要特征,可以边研究边实践边推广,也是本课题研究的一个创新。

10. 课题启迪反思

(1)教学用时少即课堂效率高。有些老师并不是缺乏教学热情,而是忽视学生是作为真正教学对象的存在。所以在他们看来,一堂课下来,只要完成自己的教学任务,所花时间越少课堂效率就越高。这种以教师为中心的教学思想最终导致忽视了教学是关于"学生为主体"的这一课堂特征。

(2)学生接受内容多即学习效益大。在课前教学准备阶段,教师在备课环节中确实很投入,表现为教学环节设计紧凑而又呈现高密度。在课堂教学实施阶段,教师在按照教学预设的东西有条不紊地进行,从表象上看,这不失为一堂高密度、快节奏的好课。然而,就其效果而言,教师却忽略了学生对知识有一个内化的过程,只有让学生对所学知识进行很好的内化,才可能有较好的输出。故不是输入的越多,产出的就会越多。

(3)任务开展只集中于"优势学生"的有效输出。在新课程精神为指导的课堂教学实践中,教师会有意识地增强有效的语言实践量,设计可行的有效任务。这样组织学生开展合作学习,便是实施"有效教学"的一种策略。可当教师在开展

合作的过程中,为了取得良好的互动效应,往往把任务的执行只集中于少部分的
"优势学生"身上,这与"有效教学"所期望的让大多数学生在有效教学时间内获
得学习效益的最大值是相违背的。

(课题组　王晓东　张全三　韩明)

亳州市教育科研课题《普通高中物理学科教科研基地建设的研究》结题报告

1. 问题提出

教而不研则庸,教而研之则专。可见,学科教研在教师专业发展和提高教学
质量的重要地位。学校较早研究团体是教研组(包括联合教研组或综合教研组),
它是学校开展教育科研活动的基本组织机构。为了完善其功能,教研组又附设备
课组(包括联合备课组和综合备课组),它是落实校本研究"同伴互助"的主要组
织单位。多少年来,教研组(备课组)在培养教师素质和推动学科教研上发挥很大
作用。其常规功能是根据学校要求对教师备课、上课、作业、辅导进行指导和检
查;对阶段测试的命题阅卷、质量分析进行常规管理。随着课程改革的不断深化,
教研形式也不断创新。近年来,许多地方创建了学科教学基地(如江苏嘉兴市和
安徽宿州市),扩大了教研组和备课组的功能,通过培育学科研修团队的方式,促
进教师专业的快速成长。

2. 研究意义

《国家中长期教育改革和发展规划纲要》指出:"……注重教育内涵发展,鼓励
学校办出特色、办出水平,出名师,育英才。"可见,设立学科教科研基地,是促进教
师的专业化发展,抓好教科研工作的重大举措。首先,通过物理学科基地建设,可
有效促进基地学校加强硬件建设,改善教研条件,引导基地学校高标准、高质量地
开展科研工作,调动广大教师积极投身教科研,提高学校科研水平,有效地整合本
土教育和科研资源,促进基地学校在"科研兴校"的道路上率先发展,培养一支专
业学者型的教师队伍,推进教育教学改革。其次,通过物理学科基地建设载体,可
充分发挥市教科所在教育科研方面的人才和智力优势,推进教育理论与教育实践
相结合,让科研扎根于基地学校,增强基地学校教师的教育科研能力,提升基地学
校的办学理念,形成基地学校龙头项目,凸显学校办学特色,促进学校的内涵发

展,形成学校的科研品牌。还可通过物理学科基地建设载体,使基地学校成为教育科研的窗口学校和示范学校,形成以学生发展为中心的特色学科文化,对周边兄弟学校的学科组起到示范和辐射作用,带动全市学校教育科研工作的开展,进而推动全市教育事业的改革和发展。

3. 指导思想

高中物理学科基地,是物理学科教研合作的载体,以"全面贯彻党的教育方针,实施素质教育,整合全市高中物理教研骨干力量,充分发挥基地学校及物理学科教研组的优势,加强校际交流与合作,深化高中物理课程改革,优化物理课堂教学管理,形成学科特色,打造名牌学科,培养名牌教师"为指导,努力提高全市物理教学的效率和质量,进而推动我市高中教育又好又快地发展。

4. 研究目标

深研可知,现有"学科基地职能"也仅是学科基地组织的自身建设,如命题磨题、听课磨课、总结内化等。对此,本课题研究预设有以下几点突破:第一,整合物理教学教研资源:应用现代信息技术和网络技术整合可用于实际教学的多媒体课程资源。第二,充分发挥引领辐射作用:以学科基地建设成就和经验,引领市内物理学科的发展和教师专业成长。同时,由学科基地成员组成管理员队伍,通过学科基地网站和交流群,将课程教学资源通过交流研讨环节辐射出去。第三,强化团队成员人文思考:通过"请进来"和"走出去",使基地成员熟悉名师的工作、学习和生活,学术经历和工作作风,感悟物理学界前辈的科学态度、治学精神和处事态度。在强化人文思考过程中,提升基地成员的专业理念和专业态度。

5. 研究原则

(1)服务教学的原则。高中物理学科基地的工作,要从有利于物理教学,提高全市的物理教学质量,促进学生的学习出发,使学科基地成为全市物理教学研究中心,教师和学生学习交流的资源中心。

(2)通力合作的原则。依托市教研室,聘请市内物理名师、学科带头人等组成学科基地指导组,集全市物理骨干力量,共同推进物理学科基地建设,保证学科基地各项工作顺利进行。

(3)科研引领的原则。教学研究以课堂教学为主阵地,贯彻新课改精神,积极开展课堂教学的研究,大胆进行物理课堂教学模式的改革,切实转变教与学的方式,提高高中物理学科教学质量。

（4）自主创新的原则。以学校物理教研组建设为抓手,弘扬教研组在物理学科基地建设工作中的自主首创精神,开展以合作学习和科学与人文融合为特色的教学试验,并在实践中勇于创造和大胆探索。

6. 研究内容

（1）高中物理课程疑难问题的研究

组织学科教师深入研究教材和教学全过程,为全市普通高中物理提供解决教材重点、难点问题,提高教学效果和质量的有效途径和方法。团结协作,合作攻关,处理解决一系列长期以来久拖未解的疑难教学问题。

（2）高中物理教学教研资源的整合

广泛收集整理包括教学软件、教学设计、教具、书籍、典型案例、学案、实验录像、配套习题等相关资源;以《中学物理课程标准》和主流教材为线索,研究课程资源整合和开发利用的方法,建立适合学校校本需求的动态课程资源中心,提高教学资源利用效率,从根本上解决新课程教学和教师专业发展过程中的课程资源建设问题。

（3）高中物理学科青年教师的培养

通过撰写论文、观摩研讨、学习交流等方式,把基地建设成为学习型、研究型组织,构建教师学习研究共同体,深入开展学科教学理论学习和教学实践探索。努力从教师的学科专业素养、综合文化修养等方面促进教师业务素质与能力的提高,尽快实现由教书型向研究型、学者型教师的转变。

7. 研究方法

（1）行动研究法

行动研究是从实际工作需要中寻找课题在实际工作过程中进行研究,由实际工作者与研究者共同参与,使研究成果为实际工作者理解、掌握和应用,从而达到解决实际问题,改变社会行为的目的的研究方法。行动研究已成为广大教育实践工作者从事教育研究的主要方式。

（2）调研法

调查研究是使用问卷和访谈向人们进行提问,以获取与他们有关的信息的一种方法。从它的定义来看,调查研究是研究者根据所研究问题的性质进行实地调查、收集资料,然后做统计分析,最后得出结论的研究方法。

（3）整合法

"整合课程"（又称"综合课程"）是目前我国正在着力建设的一种新的课程形态。高中的"整合课程"分别开展了理论和实验研究，取得了一些进展，同时发现和提出了许多需要进一步研究解决的问题。本课题拟对其中的"整合课程的称谓""整合课程的内涵"以及"整合课程的理论及其发展"等理论问题做初步探讨，以抛砖引玉。

（4）文献法

通过教育理论书籍、报刊杂志，网络下载的有关材料，并对这些信息进行分析研究，准确界定研究课题的价值、可行性，使得研究内容不脱离轨道。

8. 研究步骤

（1）第一段（2013.03—2013.12），课题研究的初始阶段。工作的重点是制订研究计划、搜集课题研究相关资料。

（2）第二阶段（2014.01—2014.10），课题的主要阶段。工作重点是对本课题的三个主要内容进行设计研究，并进行试验。

（3）第三阶段（2014.11—2015.05），课题研究的终结阶段。对该课题进行分析总结，撰写了终结性报告。

9. 研究成果

（1）学科基地的硬件建设

①活动室配置

序号	名称	规格	单位	数量	备注
1	办公室	宽敞明亮	平方米	100	
2	会议桌	大中型	个	1	条桌围成
3	办公桌	常规	个	6	
4	会议椅	常规	个	30	
5	教学白板	大型	个	1	
6	台式电脑	常规	台	1	
7	资料柜	常规	组	2	
8	DV机	便携式	台	1	待配备
9	打印复印	A4	台	1	
10	空调	50大卡	台	1	

②图书序目表

序号	书名	出版社	数量
1	教育现代化区域发展模式研究	北京师范大学出版社	2
2	教师教育哲学	北京大学出版社	1
3	教育是合作的艺术	北京大学出版社	4
4	创新新课堂	南京大学出版社	1
5	课堂方法	华东师范大学出版社	3
6	教师评价	北京师范大学出版社	1
7	有效对话教学	海峡出版社	2
8	教师的职业素养	海峡出版社	1
9	幸福教师五项修炼	华东师范大学出版社	3
10	课程理念与实践	北京大学出版社	1
11	教师如何构建广东教育的教学模式	吉林人民出版社	2
12	教育的力量	湖南教育出版社	1
13	如何做最好的教师	南京大学出版社	4
14	教师经验 99 则	上海教育出版社	1
15	青年教师的心灵成长之旅	中国轻工业出版社	2
16	最"牛"的教师	南京大学出版社	1
17	优秀教师最重要的标准	南京大学出版社	5
18	影响教师一生的经典故事	南京大学出版社	1
19	给教师一生的建议	南京大学出版社	1
20	教师教育智慧的修炼	北京师范大学出版社	2
21	不做教书匠	海峡出版社	1
22	衡水中学解码	海峡出版社	2
23	一线教师	海峡出版社	1
24	从优秀教师到卓越教师	中国青年出版社	1
25	怎样解题	北京教育出版社	5
26	高中物理常考题型	机械工业出版社	1
27	高中教师手册	南京大学出版社	1
28	高中物理培优助学讲义	浙江大学出版社	4

序号	书名	出版社	数量
29	教材知识详解(必修1)	开明出版社	1
30	中学教材全解(必修2)	陕西出版社	1
31	新教材完全解(选修3-1)	吉林人民出版社	3
32	新教材完全解(选修3-2)	吉林人民出版社	1
33	新教材完全解(选修3-3)	吉林人民出版社	3
34	新教材完全解(选修3-4)	吉林人民出版社	1
35	尖子生学案(选修3-5)	吉林人民出版社	2
36	基于有效教学理念的课堂教学改革实践研究	蒙城一中印刷厂	1
37	导学教程(高三复习)	济南出版社	5
38	物理大课堂	安徽教育出版社	10
39	高考物理百日通	济南出版社	14
40	"一本"高考物理	广东出版社	10
41	冲刺全国高中物理竞赛	浙江大学出版社	10
42	多功能题典:高中物理(第4版)	华东师范大学出版社	10
43	高中知识清单·物理·高中必备工具书	首都师范大学出版社	10
44	物理竞赛教程:高一年级	华东师范大学出版社	10
45	天星教育·高考复习讲义:物理	新疆青少年出版社	10
46	新概念高中物理读本	人民教育出版社	10
47	全国中学生物理竞赛实验指导书	北京大学出版社	10
48	解题题典:高中物理(课标版)	东北师范大学出版社	10

(2)基地成员的培养

①学习类

李飞,2013年在安庆师范学院参加"省级骨干教师培训班"以成绩优异结业;邹波:2010年参加"省高中物理学科教师培训班"以成绩优异结业;杨成勇:2013年参加"中学骨干班主任高级研修班",获优秀学员奖;赵旗:2014年参加"全国中小学班级管理高级研修班"以优异成绩结业。

②课题类

王辛辛,2014年主持的市级教育科研课题《农村初中物理"科学探究式课堂教学的研究"》顺利结题;连磊:2013年立项市级教育科研课题《学科课堂教学模式的创新研究》已取得阶段性成果;赵旗:2014年校级教育科研课题《物理在生活中的应用》开启研究;岳征:课题《高中物理与班班通资源整合的教学模式研究》已经进入实质性的研究,2013年教育科研课题《高中物理与班班通资源整合的教学模式研究》开题并取得阶段性成果;王科建:安徽省教研课题《高中物理实验资源的开发和利用》2013年完成并结题。

③命题类

王科建、彭振宏命制了2013年亳州市高三物理统考试题;姜万和、邹波命制了2013年亳州市高二物理统考试题;汪邦家、李飞命制了2013年亳州市高一物理统考试题;韩明、张全三命制了2013年皖北协作区高三物理联考试题;岳征、钱会会命制了2014年亳州市高一物理统考试题;杨成勇、张全三命制了2014年亳州市高二物理统考试题;赵旗、彭振宏命制了2015年亳州市高一物理统考试题;方倩在2013年中考模拟命题工作中,因成绩突出获一等奖。

④公开课

韩明,在蒙城六中、蒙城八中上县级教学公开课《测量金属的电阻率》和《洛伦兹力》,在涡阳四中举行专题讲座《高三物理复习策略》。张全三,在涡阳二中上《碰撞》教学公开课。钱会会:在利辛高级中学上市级公开课《动量守恒定律》,在蒙城八中、蒙城二中、双涧中学分别上县级公开课《电能的输送》《功和功率》《探究电动机原理》《力的合成》《弹力》。岳征,在利辛一中举行《简谐运动的恢复力和能量》教学示范课。邹波,在涡阳四中举行《高三二轮专题讲座》教学公开课。连磊在利辛一中和利辛高级中学分别上《动量定理》《碰撞》市级公开课。

(3)教学资源的整合

①讲座类

《高三二轮复习专题讲座》是名师工作室专门为高三复习迎考的第二阶段奉献的一份材料。全书包括《追及和相遇模型》《弹簧问题模型》《传送带专题模型》《导体棒专题模型》《图像问题归类求解》《数理结合专题模型》《物理思想创新专题》7个模块,共18个专题。每个专题又从"模型概述""模型讲解""模型要点""模型演练""模型应用"层层推进讲解,更是献给全体高三考生的一份厚礼。

②编写类

韩明、张全三、李飞、钱会会、张志等参与编写安徽教育出版社出版的校本教材《物理大课堂》和名人传记《追求卓越》、高考辅导材料《高考物理百日通》、中考辅导材料《中考物理 60 日》、教科研论文集《基于新课程理念下课堂有效性研究——论文集锦》《高三二轮复习导学案》等。

③媒体类

利用教育资源网，按照现代教学理念的要求，充分应用多媒体教学辅助手段，将学科教材和课时计划制成 PPT 课件，将好的教学录制成视频课堂。将一些抽象的概念、难理解的规律、难做成的实验制成视频动画，减小教学难度，提高课堂教学效率。

（4）基地成员的荣誉

①竞赛类

全国奥林匹克竞赛

韩明：辅导学生陆逊、于瑞、张荣亮、张涛、陈智、陈彪获奥林匹克物理竞赛亳州市一、二、三等奖。张志：辅导学生陈世杰获奥林匹克物理竞赛安徽省三等奖；辅导学生谢云霄、李雨花获奥林匹克物理竞赛亳州市一、三等奖。张全三：辅导学生李孟麒、魏鹏、杨健琦获全国中学生物理奥林匹克竞赛安徽省二等奖，刘帅、田森、吕金声、闵祥、叶宇、李雪源获全国中学生物理奥林匹克竞赛安徽省三等奖。李飞：辅导学生王涛、卢道龙、邵震分获奥林匹克物理竞赛亳州市一、二等奖。姜万和：辅导学生李飞获奥林匹克物理竞赛亳州市二等奖。赵旗：2010 年辅导学生刘振伟、莫振洋获全国中学生物理奥林匹克竞赛安徽省三等奖。岳征：辅导学生马金洺和李国庆获奥林匹克物理竞赛亳州市一等奖，辅导学生王小宇和景玉婵获奥林匹克物理竞赛亳州市二等奖。王科建：辅导学生侯超获全国中学生物理奥林匹克竞赛安徽省二等奖，辅导魏文起、程建、蔡泽生、李子博、任文杰、侯慧慧、王朝栋等 7 人获安徽省三等奖。

青少年发明创造大赛

姜万和：2013 年和 2014 年在亳州市青少年发明创造大赛中连续被评为"优秀指导教师"，2013 年获全国青少年"优秀辅导员"奖，2014 年又被评为"青少年教育工作先进个人"。姜万和等辅导谢金亮、马晨光、陆伟发明并制作"新型多功能高效树漆刷"获全国青少年创新大赛二等奖；辅导董浩、许永生、李发亮发明并制作"门窗安全附加锁"获全国青少年创新大赛三等奖；辅导于亚鹏发明并制作"高级墙壁刷"获市级青少年创新大赛三等奖;辅导肖洋洋发明并制作"多功能机械杆"获市级青少年创新大赛三等奖;辅导翟小梅发明并制作"防撒漏垃圾桶"获市级青少年创新大赛二等奖;辅导董浩、许永生、李发亮发明并制作"门窗安全附加锁"获市级青少年创新大赛一等奖;辅导徐广浩发明并制作"一种新型停车架"获市级青少年创新大赛三等奖;辅导谢金亮、陆伟、马晨光发明并制作"高效树漆刷"获市级青少年创新大赛一等奖;辅导宋梦杨发明并制作"生活用水回收再利用装置"获市级青少年创新大赛二等奖;辅导谢金亮发明并制作"环保型杀菌除蝇虫除异味的太阳能垃圾桶"获市级青少年创新大赛二等奖;辅导李发亮发明并制作"高效电动黑板擦静电除尘器"获市级青少年创新大赛三等奖;辅导汝晓涛发明并制作"拉动型扳手"获市级青少年创新大赛二等奖;辅导李发亮发明并制作"多功能喷雾扫把"获市级青少年创新大赛二等奖;辅导李发亮发明并制作"时尚便捷多功能组合套装"获市级青少年创新大赛三等奖;辅导马晨光发明并制作"航模用失控断电装置"获市级青少年创新大赛三等奖。邹波:辅导学生孙伟刚、刘倩倩发明并制作"电动吸尘黑板擦"获市级青少年创新大赛二等奖。王辛辛:辅导何冰燕、焦若晨发明并制作"趣味手摇直流发电机"获市级青少年创新大赛三等奖;辅导何王谦、张凯瑞发明并制作"趣味电动机"获市级青少年创新大赛二等奖;2014 年获"青少年科技制作优秀辅导员"光荣称号。连磊:辅导学生郑鹏、张士豪发明并制作"自制简易吹风机"获县青少年创新大赛三等奖;辅导王诗慧发明并制作"泡茶式保温杯"获县青少年创新大赛二等奖;辅导杨和文、魏曙光、孙天翼发明并制作"电磁防盗窗"获县青少年创新大赛二等奖;辅导罗凯旋、相爱标发明并制作"使用常用器材制作 pH 测量本"获县青少年创新大赛一等奖;辅导郑凯旋、李香涛发明并制作"吸入式池塘净水器"获县青少年创新大赛二等奖;辅导翟玉洁、王京京发明并制作"自制电流磁效应趣味演示器"获县青少年创新大赛三等奖。岳征:2015 年辅导学生《改进焖煎烧烤炉》获安徽省三等奖。王科建:辅导学生李响、王浩宇、张康发明并制作《包类防盗器》获县青少年创新大赛二等奖。

②论文类

在国家核心期刊发表论文有:《中学物理教学参考》期刊上,《自制简易多功能液体压强演示仪》《三问二极管伏安特性曲线的形成原因》《从教科书的细微变化谈电表的读数规则》《电动驱动校车的制作方法》;《物理教学探讨》期刊上,《自制趣味电动机组合》;《物理通报》期刊上,《2013 年安徽高考理综卷第 20 题欣赏》;《物理教学》期刊上,《"万有引力与航天"教学中两个疑问的探讨》《巧用废品制物理教具,助力物理教学》;《物理教师》期刊上,《感生电场中有电势差吗》。

在省级优秀期刊发表论文有:《科教新时代》期刊上,《"喻"之教学在高中物理中的应用》《机车启动的两类基本问题》;《湖南中学物理》期刊上,《对称性解题的对称美和和谐美》《在探究学习中培养学生提问问题能力的探讨》;《当代中学生报》期刊上,《中子的发现》《万有引力与航天——易错点警示》《竖直平面内两类圆周运动模型》《师生互动札记》《内环境辨析》《走出理解加速度的误区》;《素质教育报》期刊上,《平面镜能成实像吗》;《新校园》期刊上,《功与冲量的典型应用区别》;《中学物理》期刊上,《转换法在物理教学中的应用》《曲率半径的两种求解方法》;《教研通讯》期刊上,《一拖三物理题例》《浅谈物理课堂教学的"桥"艺术》《爱心是教育成功的基石》;《学习周报》报刊上,《浅谈物理课堂教学的"桥"艺术》;《实验教学与仪器》期刊上,《利用交互式电子白板构建初中物理高效课堂》。

③荣誉类

王辛辛获"国家级优秀教师""省级优秀教师""市级特级教师";方倩、王辛辛、王科建获"市级学科带头人"称号;钱会会、姜万和、方倩、赵旗、汪邦家获"市级骨干教师"称号;韩明、钱会会、姜万和、方倩、邹波、赵旗、汪邦家获"市级教坛新星"称号;张志、钱会会、连磊获"县级教坛新星"称号;邹波、杨成勇、王辛辛获"县级优秀教师"获"优秀班主任"称号;韩明、张全三、赵旗、邹波、李飞获"校级优秀教师"或"优秀班主任"称号;王辛辛、李飞获"市级优秀教师"称号获市政府津贴;姜万和、邹波、杨成勇、赵旗获"市级先进班集体"称号。

④获奖类

省级教研成果一等奖:《心理健康辅导案例》《高中物理实验资源的开发方法和途径初探》《教学设计"磁场对通电导线的作用"》;省级教研成果二等奖:《用心交流,沟通无限》《教学设计"多媒体课件"》《抓住学生心理,渗透德育教学》;省级教研成果三等奖:《教育科研论文六项》《实践标准的探索与尝试》《我的教育故事》《面对伟人的思索》《建造教学支点让学生悟出来》;市级教研成果一等奖:《教学设计"功"》《教学设计"生活中的圆周运动"》《教学设计"楞次定律"》《新课引入的平反》《教学设计"速度变化快慢的描述"》《教学设计"力和运动"》《电化教育六项作品》《研究气体压强》《大气压与人类生活》《万有引力定律的释解》《气垫导轨在实验中应用的改进》《课件"简谐运动的恢复力和能量"》;市级教研成果二等奖:《教学设计"静摩擦力"》《教学设计"观察与质疑并举,思考与归纳并重"》《物理教学中创新能力的培养》《高中物理课堂提问有效性的研究》《教学设计"升华与凝华"》《从一堂讨论课谈培养创造力》《心态一变,方法无限》《电磁学的几个趣味实验》《低成本创新实验在物理教学中的应用》《教学设计"探究电磁感应的产生条件"》《气垫导轨在实验中应用的改进》《自制教具"光的干涉和衍射的演示实验装置"》;市级教研成果三等奖:《高中物理课堂教学有效性的研究》《万有引力与重力的辨析》《"力"的教学设计方案》《中学生物理思维的培养》《研究碰撞中的不变量》《自制教具"反冲现象演示实验"》。

韩明:"亳州市第二届中小学教师多媒体教学大赛"一等奖和亳州市中小学实验说课物理一等奖;钱会会:获亳州市教学说课评比一等奖和安徽省教学说课评比二等奖;张全三:获"亳州市物理优质课评选"一等奖;邹波:获"亳州市第二届中小学教师多媒体教学大赛"三等奖;姜万和:获"亳州市第二届中小学教师多媒体教学大赛"二等奖;方倩:教学公开课"升华与凝华"获华东六省一市优质课评选一等奖,获蒙城县第三届多媒体大奖赛一等奖,获蒙城县"物理、化学、生物实验操作"二等奖,获"亳州市第四届中小学教师多媒体教学大赛"一等奖;王辛辛:获"安徽省中学实验教学说课评比"一等奖,亳州市"初中物理教师实验教学基本功大赛"二等奖;汪邦家:获"亳州市物理优质课评选"一等奖,获"安徽省物理优质课评选"二等奖;杨成勇:参加市"同课异构"物理教学活动中获一等奖;岳征:"万有引力定律"在多媒体教育软件评比活动中获亳州市三等奖;王科建:"反冲现象演示实验装置技术操作"和"光的干涉和衍射的演示实验装置技术操作"获教师实验操作大赛一、二等奖。

10. 启迪反思

名师工作室围绕着教学和科研开展了一系列活动,充分发挥了引领、示范、辐射作用。在教育理论的学习中,更新了教育观念,孜孜不倦地学习着现代课堂教学理论;在教学科研讲座中开阔了视野,迈开了教师专业化成长的坚实步伐;在各种学习观摩中,互相取长补短,努力丰富着自己的教学技巧;在各种竞赛展示活动中,大家你追我赶,明确了前进的方向和努力的目标。一次活动,就提高一次;一次活动,就成熟一分;一次活动,就接受了一次新的洗礼。在工作室的研修活动中各位成员收获了很多自己终身受用的东西,受益匪浅。但要最终成功,还要做到如下几点:

(1)勤于学习,树立终身学习的理念

他山之石,可以攻玉;他山之玉,可以剖金。学习,可以使人们了解前人和他人,了解过去和未来,关照反思自我,从而获得新的生成。如果停住学习的脚步,就只是在"拿昨天的知识,教今天的孩子,去适应明天的生活"。因此,希望工作室成员能坚持不懈地学习,多渠道地学习教育教学理论和各种专业知识,来增强自己的理论积淀,逐步成为一位可持续发展型教师。

(2)改变观点,不断创立自己的特色

创造是生命的最高形式。月亮由于因袭阳光,人们就感觉月色朦胧;太阳燃烧着青春,阳光才折射出绚丽的七彩。在多次参加研修活动后,大家越来越清醒地认识到:只有不断创立自己的特色,教学才会永远充满活力。

(3)乐挑重担,做教育理论的传播者

个人的改变与提升是渺小的,只有所有的教师行动起来,才能形成教育教学的合力。大家不光要做现代教育理念的实践者,更应该做它的传播者。让最新最前沿的教育思想深入广大教师的心中,把在外学习的新的教育理念带回自己所在地区,并向周围老师推广,从而,辐射到更广的范围。每位工作室成员都应以真挚的爱,真诚的心,以及有个性的课堂教学风格吸引学生,打动家长。面对新课改,我们会时刻告诫自己追求卓越,崇尚一流,拒绝平庸,注重自身的创新精神与实践能力,把自己的全部知识和爱心奉献给学生,奉献给教育事业。

(4)面向未来,打造高质量的工作室

一要明确专题及研修主题。二要有丰富的学习资源。三要有合理的管理与评价制度。名师工作室的研修专题是该工作室的教研方向,针对解决的是某一类教学问题。选择的专题应是教学工作中的实际问题或是教育教学改革中的教育理论、新技术、新技能、自身的教学和研究之长。计划每个专题设计3~4个研修主题。专题建设好后挖掘丰富的学习资源。学习资源的来源有:成员收集、前期成果,研修过程中的积累,在资源收集过程中还要注意版权问题。学习资源包括微课、研修活动等。微课最好是与研修主题相关的系列微课。而研修活动分为线上活动和线下活动。建好工作室后要有一个合理的管理与评价制度。管理工作室要有明确的分工,成员之间要有各自的职责,要及时总结、物化成果。最后通过宣传报道,扩大影响力,这样才能使工作室建设得更好。

(课题组 王晓东 张全三 韩明)

安徽省教育科研课题《数字化校园建设应用与评价的研究》结题报告

1. 研究背景

当前,信息技术在学校教育教学中的应用越来越广泛,国家以及各级地方政府教育部门对建设数字化校园越来越重视,出台了相关建设数字化校园的文件,也投入了大量的人力物力财力进行数字化校园建设,所以,近年来,很多学校在数字化校园建设方面取得了不少成绩,这给学校的教育教学以及其他的管理工作提供了很多便利。百年老校亳州一中是在皖北乃至全省享有较高声誉的省级示范中学,同时也是亳州市唯一的一所市直中学。多年来,我校在教育教学的各项工作中均走在全市的前列,1999 年首批验收通过成为省级示范高中,随着计算机应用的不断普及,我校充分认识到建设数字化校园的重要性,我校加快了数字化校园建设的步伐,先后被评为"第二批安徽省现代教育技术实验学校""安徽省电化教育设备一类达标学校"。2006 年 9 月被授予"安徽省高中新课程改革"样本校。2010 年被评为"安徽省中小学校数字化校园建设示范学校"。

(1)课题提出

数字化校园平台建设好后,如何有效地应用,如何评价其应用效果,这是摆在各级各类学校面前的问题。在此背景下,我们借成功进入"安徽省中小学校数字化校园建设示范学校"行列的东风,采取以课题研究推动数字化校园建设、应用与评价工作开展的策略,申报了省级课题《数字化校园建设、应用与评价研究》,获准立项。

(2)文献综述

国外数字化校园建设情况:20 世纪 70 年代,美国的麻省理工学院提出了数字化校园概念。后来,在美国、欧洲等一些发达国家,很多教育部门对教学和校务管理进行了数字化改造,构建出很多较成熟的数字化学习环境的校园模型。

国内数字化校园建设情况:

我国数字化校园建设、应用与评价研究开始得比较晚。与发达国家相比,我国数字化校园建设方面有所发展,但在数字化校园应用与评价研究方面还存在很多问题,需要进行研究。

（3）概念界定

数字化，即以计算机技术为基础，利用互联网技术交流、传递信息，数字化校园主要包括教学工作数字化，管理工作数字化，资源库数字化，教育数字化，是学校教育教学管理、师资队伍建设等全面提升的手段，数字化校园有利于营造校园交互性、动态性、开放性等教育教学氛围。数字化校园即把学校的德育、教学、科研、管理、服务等方面的主要工作，建立在一个以网络传输为载体、以数字化为主要特征的网络环境中，并且成为一个能够实现高效互动运作的综合性体系。设立了"数字化校园建设、应用与评价研究"这一课题，将数字化校园信息化建设确定为"学校发展五年规划"的主要着力点，并以此促进学校管理、师资队伍建设、课堂教学改革等诸方面的全方位提升，营造开放性、动态性、交互性和主体性的学习化环境。

2. 研究目标

完善学校的数字化校园建设，从硬件、软件两方面着手，进一步加大硬件和软件建设，构建数字化校园硬件平台和数字化校园软件管理平台；提高教师的数字化校园应用理论水平和实践能力；创建《数字化校园建设、应用与评价研究》资源库，形成一批教育教学成果；探索设计侧重于教育教学工作方面的数字化校园应用评价体系。

3. 研究内容

（1）完善数字化校园的建设研究

硬件方面：完善学校校园网（含计算机网络、广播系统、通信系统等）；五室建设（计算机教室、多媒体教室、语言实验室、视听阅览室、软件制作室）；信息技术教学、管理用机和班级多媒体设备，录播室（微课教学）和数字图书馆。软件方面：完善数字化校园软件管理平台。

（2）数字化校园的应用研究

教育网站方面的应用；数字化在教育教学工作中的应用，数字化在办公管理工作方面的应用。

（3）数字化教育教学资源的积累研究

构建学校教育教学资源库：指导鼓励教师二次开发包括传统视听媒体资料在内的教育教学资源，在应用中形成新的多数字化教育教学资源库。

（4）数字化应用评价体系的研究

主要侧重于教育教学工作方面，对教师数字化校园应用水平和能力、效果进行客观的评价,促进数字化校园的应用。

4. 研究方法

（1）文献研究法

收集、鉴别、整理文献,并通过对文献的研究形成对事实的科学认识的一种方法。通过文献研究法,可以解决课题研究的理论依据问题,并可从他人既有研究成果中获得有益启示和必要借鉴,明确研究方向。

（2）行动研究法

在实际情景中,由实际工作者和专家共同合作,针对实际问题提出改进计划,通过在实际中实施、验证、修正而得到研究结果的一种研究方法。采取行动研究法,可以边探索边行动,边行动边探索。从实际问题出发,通过研究、实践,解决问题,探索新理论,进一步指导实践。

（3）经验总结法

通过对实践活动中的具体情况,进行归纳与分析,使之系统化、理论化,上升为经验的一种方法。采取经验总结法,要以客观事实为依据,定性与定量相结合;要正确区分现象与本质,得出规律性的结论。

5. 研究过程

（1）研究主要过程

①开题论证

开题时间:2012年12月28日;地点:亳州一中新校区行政楼三楼会议室;主持人:黄伟;评议专家:于明清、李跃进、佟广富;参与人员:石磊、王继锋、高清仓、王娜、芮闵、顾文年、吴信响、李俊、王新齐。研讨论证了课题研究的具体方案,根据课题立项时专家给出的评审意见,进一步研讨了课题的目标、内容、方法和研究过程,并听取开题评议专家的意见,进一步修正了课题研究方案。

②阶段成果

2015年8月9日给省电教馆邮箱上报了阶段性成果。根据安徽省电化教育馆课题办阶段性成果遴选的反馈意见,对阶段性成果报告进行了认真修改,于2015年11月8日给省电化教育馆课题办相关工作人员上报了中期检查修改稿。

③交流培训

2012年11月参加省电教馆组织的课题培训会议;2012年12月参加亳州市电教馆组织的课题培训会议;2014年12月参加亳州市电教馆组织的课题培训会议;2015年10月参加安徽省电教馆组织的课题培训会议;2012年至2015年,组织校内课题交流培训 6 次。组织课题组教师参加学校统一安排的数字化校园应用能力培训,使课题组教师人人掌握计算机基础知识、网络操作技术和相关常用软件的应用等,为课题的深入研究提供条件。

(2)具体研究步骤

①准备阶段(2012 年 4 月—2012 年 12 月)

申报课题。确定课题名称、研究内容和人员分工,填写并提交项目申请书。

制定方案。课题立项后,依据课题立项申请书,并结合实际情况,制定了翔实可行的课题研究实施方案,用以明确课题研究方向,统一课题研究人员思想,指导课题研究人员开展工作。课题研究实施方案主要包括以下内容:指导思想、研究目标、研究内容、研究思路、研究方法、研究阶段、实施步骤、人员分工与预期研究成果等。

课题开题。召开开题报告会。依据课题研究实施方案,拟定课题开题报告,召开开题报告会,对课题做进一步论证和修改完善,对课题组活动提出明确要求,做出具体安排,实行规范管理。

②实施阶段(2012 年 12 月—2015 年 11 月)

课题开题后,课题组将依据课题研究实施方案,采取有力措施,督导课题组全体成员按计划实施研究,开展活动。

组织开展培训

派出课题组负责人和主要研究人员参加省市级课题研讨和培训会议,接受培训,获取信息,回校后向课题组全体成员传达会议精神,并利用有关会议资料和课件对课题组全体成员进行理论培训。加强理论学习,进行现代教育理论、创新教育理论、现代教育媒体应用理论的培训。组织课题组教师参加学校统一安排的数字化校园应用能力培训,使课题组教师人人掌握计算机基础知识、网络操作技术和相关常用软件的应用等,为课题的深入研究提供条件。

添置必要硬件和软件

学校进行投资,从两方面入手,完善学校数字化校园平台建设。硬件方面:完善学校校园网(含计算机网络、广播系统、通信系统等);四室建设(计算机教室、多媒体教室、语言实验室、视听阅览室、软件制作室);信息技术教学、管理用机和班级多媒体设备。软件方面:完善数字化校园软件管理平台。各子课题组成员充分利用学校提供的便利条件,积累第一手研究素材,开展课题研究。

加强研讨交流

课题组每学期期初和期末召开一次例会对课题研究活动进行布置和总结。课题组成员利用备课组活动、个人博客、电子邮箱、QQ 等进行交流。每学期都举办以数字化校园应用为主题的课题研究讲座、报告，介绍课题组老师的先进做法，推进课题研究的深入开展。

开展各种形式以数字化校园应用为主题的教育教学活动：

在学校范围内组织诸如多媒体课评比、论文评比、多媒体课件评比、个人教育教学博客评比、教学设计评比等系列评比活动，以活动促进数字化校园的应用，提升教师数字化校园的应用能力。设计制作"亳州一中数字化校园应用多媒体课评价表""亳州一中数字化校园应用论文评比评价表""亳州一中数字化校园应用多媒体课件评价表""亳州一中数字化校园应用个人博客评价表""亳州一中数字化校园应用教学设计评价表"等，对教师数字化校园的应用能力进行较为客观的评价。对于参赛教师给予适当的物质和精神奖励。

收集整理资料，撰写数字化校园建设、应用与评价研究论文。课题组成员通过网络等渠道收集与本课题研究相关的资料，并结合自身教育教学实际，开展研究，总结出数字化校园建设、应用与评价研究方面的优势与不足，每人撰写至少一份相关的研究论文。

撰写教学设计、制作教学课件

课题组成员结合本课题研究，根据数字化校园应用能力方面的要求，每人精心设计、撰写至少一份相关的教学设计，每人制作至少一份有特色的多媒体教学课件，参加省市级评选。

开展教师多媒体教学大赛。为提高学校教师使用多媒体设备的水平，普及教室多媒体设备的使用，提高设备的利用率，发现并培养一批应用多媒体技术的骨干教师，为参加市级多媒体教学大赛储备人才，经校长办公会议研究决定，组织了亳州一中第一届教师多媒体教学大赛。经历了宣传发动阶段、组内初选阶段、课件准备阶段、校内第一轮比赛阶段、校内第二轮比赛阶段和奖励表彰阶段后，我校教师使用多媒体设备的热情和水平都得到了很大的提高。

开展教师电子白板使用活动

2013 年 11 月 29 日上午，为期一周的教师电子白板使用培训活动在图书馆集体备课室拉开帷幕。

为保证培训效果，切实让每一位教师真正掌握电子白板的使用方法，培训采用分组按备课组进行。电教中心的全体工作人员分成六组,每一组负责一个备课室,在该备课室有备课组集体备课的时候,现场给各位教师讲解、演示电子白板的原理及使用方法。

和电教中心教师接受的专业培训不同,对于教师的培训更多的是面向实际操作的应用。在培训前电教中心专门开会制订了较为详细的培训计划,针对各学科不同需求,除了详细的基本操作培训以外,每个培训小组还有不同的应用侧重点。尤其对于资源库和素材的应用方面,每个学科的区别则更加明显。

培训教室多媒体设备协管员活动

为提高教室多媒体设备的使用效率,保障多媒体教学能够顺利地进行,减小设备在使用中的故障率,根据周一处室例会安排,电教中心决定在每个班级选设一名教室多媒体设备协管员,帮助班级及任课教师管理和使用多媒体教学设备。为提高协管员关于设备管理的专业知识,电教中心的相关工作人员在黄伟主任的带领下,于3月1日和2日两天对高一和高二年级各班选派的协管员进行了职责和业务方面的培训。

首先是黄伟主任对协管员进行职责培训,通过逐条解读班级多媒体设备协管员职责,让同学们明白了协管员的工作范围,增强了他们的责任心和使命感。主任助理高清仓老师接着就教师多媒体教学使用记录方面的问题先向同学们做了详细的介绍,使我校的每一位教师的每一节多媒体课都有详细的记录和反馈。这一举措使电教中心对于教室多媒体设备的使用管理有了一个动态的调整平台。为不断改进管理和服务的方法提供了可靠的依据。最后电教中心的工作人员吴信响、李俊等老师对同学们进行了专业技术方面的培训,从设备的架构、信号电源的连接到常见故障和使用技巧做了详细的讲解。通过培训同学们对于设备的具体结构和正确的使用方法有了详细的认识,对于他们完成协助管理工作起到了至关重要的作用。

组织教师参加一师一优课活动

课题组负责人参与组织亳州一中"安徽省一师一优课、一课一名师、课课有精品活动",完成了"安徽省一师一优课、一课一名师、课课有精品活动"第一阶段课程录制工作,为保证学校所有参加赛课活动的教师能够正确处理好各自准备参赛的文字、视频及多媒体资料,并能够独立正确地上传,而做的技术准备工作。课题组负责人对全体教师进行了"安徽基础教育资源应用平台用户注册及登录"新媒体技术应用培训和"安徽基础教育资源应用平台上传视频的要求及步骤"的技术培训。同时也是我校数字化校园建设、应用计划的一次具体实施。

组织教师参加六项作品活动

2012 年至 2015 年,课题组负责人都组织开展了亳州市、安徽省电教优秀论文、课题研究、教学设计方案评选活动,每次评选活动中,都有很多作品获奖。组织教师参加信息化大赛活动。2013 年至 2015 年,课题组负责人都组织开展了安徽省教育教学信息化大赛,组织学校老师将数字化教育教学作品参加评比。其中袁磊、郭艳秀的课件《函数的单调性》获省一等奖,孙丽、汪邦家的课件《磁场对通电导线的作用力》获一等奖。2015 年 11 月 13 日至 16 日,由教育部指导,中央电化教育馆举办的"第十八届全国教育教学信息化大奖赛"研讨交流活动在北京举行。我校物理教师孙丽在本次比赛中荣获一等奖,这是我校对信息技术在教学中应用工作长期重视的结果,也标志着我校信息技术工作正在健康向上地发展。

6. 结果分析

(1)完善了数字化校园的建设研究

①硬件方面

进一步完善了学校校园网(含计算机网络、广播系统、通信系统等);大力提高了师生计算机配备水平。计算机是师生获取、分析、加工、存储和利用信息最主要也是最基本的信息技术设备,是数字化校园及信息技术教育必不可少的重要硬件设备。所有教室都安装了多媒体电教平台,每位教师都配备了笔记本电脑,作为数字化校园建设的一个主要内容,校园网络建设是被首先作为重点工程建设的。近十年以来,包括计算机网络、闭路电视系统、广播系统、通信系统在内的校园网在我校先后组建起来,现有 8 个微机室 560 台计算机,多媒体教室 6 个,报告厅 5 个和语音室、广播室和校园网。任课教师可以根据需要方便地使用多媒体教室授课,如果有大的活动,可以使用具有多媒体功能的报告厅,我校的报告厅通过网络视频技术实现了互联,可以进行多场同步视频会议。

②软件方面

完善了数字化校园软件管理平台。我校外网采用 100M 光纤到校,接入了联想网御 Power v 系列企业级防火墙,能够抵御各种不同的网络攻击,根据各处室的实际要求调整网络带宽,保证内外网的协调运行,由于对教学提供的资源量非常大,我校的网站有单独的服务器,并且有多种保护措施来保障数据的安全。初步实现了校园办公自动化、资源共享化、教学信息化、管理智能化,促进了学校的教学质量与管理水平的全面提升。

③应用研究

进一步完善了学校网站方面的应用;我校在网站专门开设了学科网站,课件下载中心,建立了校本资源库。我校建设了数字图书馆,资源相当丰富,方便了师生阅读。拥有丰富的多媒体音像资源。这些资源将成为教师用以提高教学能力和专业知识水平的主要内容。

教师自主开发、制作了一批教学软件,构建了部分教学资源库。教师们在每一个教室内都可以进行多媒体教学,这为全体教师全面参与实验提供了可能性。学校的教学设备、实验仪器、研究资料等较为齐备,在研究经费方面也能提供保障。我校校园网络提供的除了有常规的网络服务外,还建有基于校内网络的在线办公系统,学籍管理系统、阅卷系统、排课系统、工资管理系统。应用范围涉及我校几乎所有的部门。

学校为各处室配备办公电脑,形成了以计算机网络为核心,将信息平台、管理平台、教学平台组合起来的校园网络集成应用系统。

进一步完善了数字化校园在教育教学工作中的的应用;我校建有"亳州一中学生电子档案袋"系统,能实现教师作业发布、教学资源共享、课题讨论,学生作业上传、参与讨论、作业互评等功能,系统交互性较强。

进一步完善了数字化校园在办公管理工作方面的应用。学校形成了数字化办公、管理方式,数据信息丰富,有效地提高了我校工作效率和管理水平。建成了学籍管理系统、排课管理系统、阅卷系统、财务会计管理系统、电子公告管理系统等。

(2)完善了数字化教育教学资源的积累研究

①构建了学校教育教学资源库;德育工作数字化,我校数字化建设,有效地辅助了心理咨询、班会课、团队会、家长会等德育工作。利用闭路电视系统开家长会。我校心语室主任成立了"王继峰心理咨询室"博客,该博客可以为学生心理咨询提供数字化平台,我校组织学生观看安全教育影片、教师节主题班会。

②指导鼓励了教师二次开发包括传统视听媒体资料在内的教育教学资源。建设了数字化学习系统,我校教师开发了在线考试系统,我校在网站专门开设了课件下载中心,建立了校本资源库。学科资料中心每个学科都上传了大量资料,有利于师生学习,我校建设了数字图书馆,资源相当丰富,方便了师生学习。

(3)促进了数字化应用评价体系的研究

主要侧重于教育教学工作方面,对教师数字化校园应用水平和能力、效果进行客观的评价,促进了数字化校园的应用。

(4)研究成果的总论点

①数字化校园建设有利于促进教育教学

数字化校园中的多媒体课件能化抽象为具体,化呆板为生动,突破视觉限制,突出教学要点,使学生能多角度地观察对象,建立空间概念,在直观形象基础上培养思维能力,有助于学生对概念的理解和方法的掌握。

数字化校园中的多媒体课件能提供图、文、声、像,形象生动,可以对人的视觉、听觉甚至心理触觉产生全方位的刺激,可以给学生留下深刻印象,有助于多角度激发学生学习兴趣,调节学生学习情绪,集中学生学习注意力,帮助学生掌握所学知识。

数字化校园中的多媒体课件可以化静为动,能按超文本、超链接方式组织管理学科知识和各种教学信息,有利于反映概念及过程,能有效地突破教学难点;有利于突破传统教学中单调、枯燥的教学过程,有效地组织课堂教学。

数字化校园中的多媒体课件通过互动环节设置,使学生有更多的参与机会,学习更为主动,并通过创造反思的环境,有利于学生形成新的认知结构。

数字化校园中的多媒体课件通过多媒体实验,能实现对普通实验的扩充,并通过对真实情景的再现和模拟,培养学生的探索、创造能力,不仅有利于学生的主动发现、主动探索,还有利于发展联想思维和建立新旧知识之间的联系。

数字化校园中的多媒体课件可以通过设计不同难度不同内容的问题或练习,使针对不同层次学生的教学成为可能。

数字化校园中的多媒体课件可以重复回放教学内容,有利于突破教学中的难点,帮助学生记忆,克服遗忘,牢固掌握所学知识。

数字化校园中的多媒体课件特有的大信息量、大容量的特点,能增加课堂教学容量,优化教学结构,突破空间限制,节约教学时间,扩大学生知识视野,提高课堂教学效率。

②数字化校园建设有利于促进学校管理

通过数字化校园建设,我校引进了一套学校管理系统,能实现教务管理、排课管理、教职工管理、学生管理、成绩管理、校产管理、办公管理、体卫管理、系统设置、综合查询等智能化,使学校教育教学管理更加方便快捷。

通过数字化校园建设,使我们学校档案工作电子化。我校对从 2000 年至今的全部档案的录入、管理、检索、查询等实行了电子化管理,在档案验收中,我校以

93.5 分通过省级二级标准(二级达标分是 80 分)。

通过数字化校园建设,学校财务工作完全电算化。财务工作以计算机代替手工方式,对会计业务进行处理,并部分代替人对会计信息进行整理、加工、分析、预测等。使财务管理更加方便快捷。

通过数字化校园建设,改革了教师备课管理方式。我校在教师的备课管理方面,尝试电子备课,即由信息技术处设计并管理好学校备课专题网络(教学设计、相关资源、教学反思、学生成果),并协同其他部门做好对各备课组的考评工作。备课组长在加强每周备课个别指导、组织好每周一次的专题备课研讨活动的同时,管理好本备课组及电子文本管理工作;教师按备课要求完成规定数量且有质量的备课任务;每学期至少做两次备课研讨活动的主讲;每学期至少制作或寻找一个课件或一份与教材学习相关的资料。

③数字化校园建设优化了育人环境

通过数字化校园建设,现在我校配有计算机的各行政办公室、教师办公室同时网上查询、收集、处理和应用校园内部网络及 Internet 网络信息,支持教师的进修、学习,以及学生的研究性学习的需要,实现教育教学资源共享。

通过数字化校园建设,我校现在有利于通过校园网络视频广播系统可向全校联网的每个教室即时传送多媒体信息,可提供实时电视节目。

通过数字化校园建设,我校开始使用智能广播系统,集广播、作息、讯号、背景音乐等多种功能于一体,开创了以音乐代替铃声的先例,让学生在学习间隙欣赏优美的名歌名曲,陶冶了学生情操,营造了良好的校园文化环境。

现有的视频点播服务器包含丰富的教学视频资料,随着今后学校数字化校园建设步伐的加大,将不断完善。

7. 研究反思

(1)教师教学负担重工作压力大,对课题研究的深入开展有一定影响。我校是省示范高中,学生和家长期望值大,因而面临的高考升学压力也大,教师都是满负荷甚至超工作量工作。教学负担重工作压力大,使得承担课题研究任务的教师难以抽出更多的时间和精力积极主动地投入课题研究。这种被动应付不利于课题研究的深入开展。

(2)制约数字化校园建设应用的因素很多。校园发展规划、网络专业管理人员缺少、缺少有力的理论指导等因素制约了该课题的研究与深入,这其中一些因素不是单靠学校层面能解决的,需要教育主管部门一级政府统筹协调。

(3)对数字化校园在教育教学中的作用认识不足。部分教师特别是老年教师对数字化校园缺乏正确的认识和理解,认识不到现代教育技术对教育教学特别是在新一轮课程改革中的地位和作用,对科技快速发展在当今教学中的影响认识不足。认为有无数字化校园对教育教学质量没有多大的关系。

8. 参考文献:

（1）黄娟、李克东《开发专题学习网站及进行相关研究性学习的思路及方法》,《中国电化教育》2003 年第 5 期;

（2）李克东、何克抗著《计算机教育应用与教育革新》,北京师范大学出版社;

（3）李克东教授访谈资料《数字化学习——信息技术与课程整合的核心》;

（4）李智君、张晓沛《基于网络技术的主题教学模式的理论与实践》,《宁夏社会科学》2001 年第 2 期;

（5）邬美娜著《教学设计》,高等教育出版社,1994 年 10 月第 1 版;

（6）武健《主题化——互联网时代的网络教学》,《人民教育》2001 年第 2 期。

（课题组　王科建　黄伟　汪邦家）

安徽省教育科研课题《高中物理实验课程资源的利用和开发的研究》结题报告

1. 课题立项研究的基本情况

（1）问题提出

①新的课改要求我们加强实验的研究。

新课标要求高中物理课程有助于学生继续学习基本的物理知识与技能;体验科学探究过程,了解科学研究方法;增强创新意识和实践能力,发展探索自然、理解自然的兴趣与热情;为终身发展,形成科学世界观和科学价值观打下基础。物理实验在达成上述三维目标中起着重要的作用。引入探究实验与课外小制作,是培养学生创新思维和创新能力行之有效的方法。

②面对高中大规模普及后的学生要求我们教学中必须加强实验的研究。

近年来,由于普通高中的大规模普及,许多学生学习理科的兴趣由于高中物理课程的抽象和难懂而受到一定的影响,这迫使我们物理教育工作者必须要去寻找各种激发学生学习动机的钥匙,而趣味小物理实验所具有的魅力和精彩,常常引起了中学生们的极大兴趣与求知欲望,课堂教学效果非常好。作为一名物理教师,不仅要能熟练地使用实验室仪器来进行演示实验,也应该善于用身边的材料或低成本材料来设计小型的、新颖的、有趣味的实验。

③目前高中教师实验设计能力不足要求我们加强实验的研究。

高中教师在传统教育培养下,不愿动手做实验,实验技能差,实验设计和改进的意识差,尽管有时也意识到实验的重要性,对某些通过实验,能够更快更好地传授知识的教学方式感到力不从心,只能是重复地讲解,让学生死记硬背。

(2)目的意义

①通过本课题的研究,可以充分发挥实验教学的促进作用,增强学生的感性认识,培养学生的动手实验能力,进一步提高学生的学习兴趣。

②通过本课题的研究,可以整合现有的学校、家庭和社会中可以利用的物理教学资源,尽可能地在教学中发挥出最大效益。

③通过本课题的研究,可以提高本学科教师的实验教学设计、实验操作、教具制作、实验创新等能力。

(3)主要内容

①实验课程资源开发的研究

收集整理并开发用课堂演示实验、学生分组探究实验、教具和学具的制作方法,按教材的体系编辑便于教师的参考和利用。通过研究,归纳高中物理课堂小实验的开发原则和途径。

②实验课程资源利用的研究

在引入新课环节,精心设计趣味小实验,通过多种手段演示出新奇的物理现象,使同学产生认知冲突,激发出好奇心,进而产生学习的兴趣。

精心设计实验,创设教学情境,帮助学生更有效地掌握物理学的基础知识。

通过开展课内、课外实验教学,系统地训练学生的科学方法,培养学生的多种能力。

利用实验探究帮助学生突破难点。

利用实验培养学生的科学态度和科学精神。

(4)研究现状

①补充演示实验的数量

教材已列出大量演示实验,但仍有的章、节还没有演示实验或数量还不够。有和没有演示实验,教学的效果有很大区别,根据教学的实际情况,适时加入演示实验很有必要。

②改进演示实验的效果

现行教材有很多精彩的演示实验,教师教学时,由于种种原因,教材给出的一部分演示实验效果要么不明显、要么可见度不够,需要我们大胆地改进,重新设计。例如,在实验形式上可以将教材上的演示实验改成学生随堂小实验或学生课后小实验等;在实验设计上可以本着实验操作简单化、实验材料生活化、实验制作低成本化等原则来改进。

③撰写实验教学的典型案例与反思

在教学实践中探索、收集自己或他人的一些典型案例,通过分析、改进和提高实验教学的设计,同时完成改进实验材料的汇编,为其他教师的教学提供和积累素材,实现资源共享。

(5)研究方法

①采用文献法

查找有关文献(包括优秀教案、物理教学杂志、有关著作、视频、教育网站等具有一定理论价值和资料价值的材料),寻找新的思路。

②行动研究方法

即由参加课改的教师共同合作,共同探讨,自定课题,在平时的教学中边实践、边探索、边进行经验总结交流。

(6)主要过程

①课题研究的准备

课题组成员根据广泛搜集中外物理实验教学理论及实践资料,每个成员都花较长时间系统学习这些理论及资料,摘录重要理论和实践经验,提升理论水平,清除认识误区,增加对搞好物理实验教学改革的认识。

②课题开题报告会

课题组成员及全体物理教师集中研讨,提出改进意见,完善课题研究方案,并召开课题开题报告会。

③课题实验

课题组成员按照分工,通过研究教材、集体备课、上实验课、实验操作、正误分析、调查方案、撰写案例、考察对比等环节进行了大量的实践。

④汇报成果阶段

课改教师汇报各种研究成果,包括课件、论文、材料、数据等。

⑤修改完善阶段

在大量数据、案例、实验基础上,对已形成的研究成果提出评价和修改意见。

⑥进行课题结题报告,上交专家评审。

(7)研究成果

①物理实验资源开发研究

通过对物理实验资源开发的实践,总结了高中物理实验资源开发的五条原则,引入了美国创造学家奥斯本的发散思维发明创造技法来作为实验开发的方法,归纳了高中物理实验开发的四条途径,即从日常生活用品中开发物理实验资源;从新材料、新工艺、新产品中开发实验资源;从玩具中开发实验资源;从实验室器材中开发实验资源。课题组从以上四条途径运用奥斯本发明创造技法,遵循实验开发的原则,开发整理成可以用于课堂演示实验的案例、学生分组探究实验的案例、教具和学具的制作案例,按教材的顺序编辑形成案例集,以便教师的参考和利用。

②物理实验资源利用的研究

通过研究我们得出:实验教学有利于学生和教师双方的发展,真正实现教学相长。实验教学,不仅可以使学生具备一定的感性认识,使学生进一步加深理解物理概念和定律是在怎样的实验基础上建立起来的,更好地帮助学生形成物理概念,导出物理规律,掌握物理理论,而且更重要的是物理实验有助于学生学习基本的物理技能;体验科学探究过程,了解科学研究方法;增强创新意识和实践能力,发展探索自然、理解自然的兴趣与热情;为终身发展,形成科学世界观和科学价值观打下基础。而作为教学活动的另一个主导方面——教师,其主导作用贯穿于课堂实验的设计、实施、反馈、改进的全过程。通过实验的设计和实施,教师在教学设计、教材整合、教学资源的开发和利用等多方面的能力也得到了提高,这对于提高物理教师的专业素养和教育教学水平也是大有益处的。

2. 物理实验资源的开发

(1)开发物理实验资源的必要性

①物理实验资源的开发是新课堂的需要

高中物理课程强调促进学生自主学习,让学生积极参与,乐于探究,勇于实验,勤于思考。然而,要创造性地实施新课程,在很大程度上取决于课程资源的状况,没有与之相适应的课程资源做支撑,新的学习理念就会成为空中楼阁。物理课堂小实验对于提高学生的学习兴趣、实践科学的实验方法、培养科学精神与科学态度方面是有效的。然而,目前多数高中学校实验器材与新教材还不能完全配套,实验室的有限器材不能满足新课程的需要。因此,倡导利用身边随手可得的物品进行实验探究活动,既可以解决或缓解实验器材不足的问题,又可以拉近物理学和生活的距离,使学生真切地感受科学和日常生活的密切联系,容易激发学生热爱物理、热爱科学的情感,同时物理实验资源的开发可以培养学生的创造能力和开阔学生思维。

②物理实验资源的开发是新课程对教师的要求

教师是教育改革关键性因素,因为教师不仅决定着课程资源的鉴别、开发、积累和利用,是素材性课程资源的重要载体,而且教师自身就是课程实施的首要的基本的条件性资源。许多教师在自身以外的课程资源极其紧缺的情况下,"化腐朽为神奇",实现了课程资源价值的"超水平"发挥。因此,在课程资源建设的过程中,要始终把教师队伍建设放在首位,提高教师的课程资源意识和开发应用能力,特别是要提高教师识别、捕捉、积极利用和开发在课堂教学中动态生成的课程资源的能力。教师队伍建设是开发和利用课程资源最长期和最核心的工作,也是反映学校教育质量和办学水平的最主要的环节,是开发和利用课程资源的主要突破口和生长点。有效地开发和利用物理实验也是教师创造性的重要标志,是促进物理教师自身成长的重要途径。

③物理实验资源的开发,作为对课堂实验的有效补充

一些缺乏实验器材的演示实验可以用小实验代替:例如没有反冲演示仪,怎么演示反冲现象呢? 可以用气球、气体打火机,或者摩丝罐代替;没有纵波演示仪,可以用塑料拉环玩具代替,等等。一些效果不明显、不易观察的实验可以用效果明显、易于观察的小实验代替:如教材提供的薄膜干涉演示实验要求环境亮度不能太高,并且能同时观察的人数较少,大多数学生由于看不清楚实验情形,其学习积极性受到打击,而把它改成用纸杯和洗涤剂液配合直接在自然光下观察的分组小实验,则效果更好。

(2)课堂实验的分类

物理课堂实验,由实验研究结果的不同可分为:定量实验、半定量实验和定性实验;由实验方法和目的的不同可分为:观察性实验、测量性实验、验证性实验和探索性实验;由操作主体的不同可分为演示实验和学生实验,其中后者又可细分为独立实验和小组实验;由所处的教学环节不同,可分为引入新知识的实验、建立概念和展示规律的实验、复习再现知识的实验等。

(3)开发物理实验资源的基本原则

①科学性原则

物理学是一门以实验为基础,由一系列基本概念、规律和理论组成的体系严密、精确定量的科学,其学科特点要求无论采用何种教学形式,都要以科学性为基本条件。具体讲:首先,课堂小实验中不违背科学规律,并且具有科学思想和科学方法方面的教育因素。如下文中提到的用硬币和磁铁验证楞次定律的小实验中,应当使用五分硬币(材料为铝镁合金,不具有铁磁性),若使用一元硬币(材料为钢芯镀镍,具有铁磁性)且只演示磁铁远离硬币时硬币追随而去的现象,则此实验在科学性上将大打折扣。其次,课堂小实验要符合教育学、心理学原理。小实验的基本内容要能够被学生接受、理解,其教学程序既要符合学生的认知规律、心理特点又要富于启发性、有利于教师进行指导。只有这样,小实验才能用于教学过程,有效地补充或替代原有的课堂实验,实现教学目标。

②问题性原则

一个好的教学问题应当具备三个条件:第一,它是学生不知道或不完全知道的;第二,它是学生想要弄清楚的或力图说明的;第三,它是与学生的认识水平相当的。课堂实验应当重视问题,这包括:实验的教学目标中要有明确的问题指向,但问题的提出要具有启发性和趣味性,能够激发学生的探索欲望;实验的过程要围绕问题进行,实验的程序与问题的提出相得益彰,使学生在实验的过程中体验到发现问题、探索问题和解决问题的乐趣;实验的结果要典型、鲜明,具有针对性和说服力,通过小实验,学生能够直接解决问题或者至少获得解决问题的思路。

③可观性原则

明显的实验现象和可观性较强的实验都有利于教学内容的传授和学习。可观性差、实验现象不明显的实验容易引起学生对所讲内容的不信任,不利于学生的知识掌握。所选取的实验最好能让全班同学都看到、听到或感受到。为了做到这一点,可以把自制教具尺寸做得尽可能大一点,或者将演示性小实验变为分组小实验,或者将小实验与其他先进的教学手段(如投影仪、数码照相机、数码摄像机、计算机等)相结合。

④方便性原则

首先是操作方便:实验装置应力求简单,复杂的实验装置或大量时间去调试对观察和思考主要问题产生干扰,所以应尽量选取操作简便、费时少的实验。其次是取材方便:小实验最好能让学生在课后自己重做,因此尽量使用我们在日常生活中容易找到的材料,如玩具、饮料瓶、易拉罐、硬币、乒乓球、铅笔等。我们要求开发的物理实验教具少花钱或不花钱,这样教具成本低,只要能达到演示效果就行。所以,我们提倡"坛坛罐罐当仪器,拼拼凑凑做实验"。

⑤安全性原则

首先是小实验应尽量使用无毒无害易回收的和能够重复利用的材料,操作过程也要安全可靠,在将小实验用于课堂之前,教师一定要反复研究、多次试做,保证在课堂小实验过程中不出意外。其次是要求自制的教具能坚固耐用、不易损坏,安全可靠、工作稳定。我们做的教具并不是只做一次实验就不要了,也不是只求偶尔成功一次。教具应该重复性能好。

(4)物理实验资源的开发的方法

美国著名的创造学家奥斯本在他的著作《发挥创造力》一书中,介绍了许多创意技巧。从中选择了九项提问,以此作为提示人们进行创造性设想的工具。这九项提问如下:

提问1:有无其他用途? 现有事物还有没有新的用途? 或稍加改进能否扩大它的用途?

提问2:能否借用? 能否借用别的经验? 有无与过去相似的东西? 能否模仿点什么?

提问3:能否改变? 意义、颜色、活动、音响、式样、形状等,能否做其他改变?

提问4:能否扩大? 能否增加什么? 时间、频率、强度、高度、长度、厚度、附加价值、材料能否增加? 能否扩张?

提问5:能否缩小? 能否减少什么? 再小点? 浓缩化? 微型化? 再低些? 再短些? 再轻些? 省略些? 能否分割化小?

提问6:能否代用? 能否取而代之? 用其他材料? 其他装置? 其他制造工艺? 其他动力? 其他场所其他方法?

提问7:能否转换? 可否更换元件? 能否用其他设计方案? 用其他顺序? 能否调整速度? 能否调整程序? 能否改变布局?

提问8:能否颠倒? 可否变换正负? 颠倒方位? 反向有何作用?

提问9:能否组合? 原有组合是否统一协调? 单位、部分能否组合? 目的能否综合? 优势能否综合? 创造设想能否综合?

这九项提问是一种多角度发散性思考,提供了创造活动最基本的思路,在我们开发和利用物理课程资源时同样具有指导作用。

（5）物理实验资源的开发的途径

①从生活用品中开发实验资源

利用日常器具做实验，不但具有简便、直观等优点，而且有利于培养学生的动手能力，发展学生的实验技能，培养学生的创新意识。学校实验室应该准备一些常用的工具和材料，为师生利用身边的物品、廉价的材料自制教具，进行物理实验提供便利。有些制作精巧的自制教具和创意新颖实验可以作为学校的常规仪器和实验保留下来，它们不仅有助于物理教学，更重要的是可以激发广大师生的创造热情，可以给学生以亲近感和成就感。如从易拉罐到可乐瓶，从泡沫塑料到废铜烂铁，铅笔芯、保鲜袋、胶卷盒、乒乓球、气球、饮料瓶、鸡蛋、纸杯、塑料梳子、旱冰鞋、硬币、橡皮筋、大头针、回形针、边角料、废建材等，都可以成为我们进行物理小实验的法宝，树立"瓶瓶罐罐当器材，拼拼凑凑做实验"的思想。如利用一元的硬币可以做很多实验，这对于培养学生的学习兴趣，提高学生的动手能力会产生很好的效果。下面介绍几则用硬币做的学生实验。

【实验1】平衡实验

把几枚硬币叠放在桌子边缘，并使硬币伸出桌面。如果叠的方法恰当，只需用四枚硬币，便可以使最上面的这枚硬币完全伸出桌面而奇迹般地保持平衡。

【实验2】惯性实验

把几枚硬币整齐地叠成一堆，放在平桌面上，再用一把薄尺迅速地将最底端的硬币依次击出，上端的硬币却不会随被击出的硬币移动。

【实验3】碰撞实验

在光滑的水平桌面上放置一把直尺并固定不动，将一枚硬币紧靠直尺边缘平放在桌面上，用另一枚硬币顺着直尺边缘向原先静止放置的硬币冲去，两枚硬币将发生弹性正碰。相碰的瞬间，原来运动的硬币立即静止不动，而原来静止的硬币立即运动起来。如果用一枚运动的硬币去碰撞两枚紧靠、并排在一起静止放置的硬币，会发现被碰的硬币仍静止于原处，而前面一枚硬币立即运动起来。

【实验4】磁化实验

将一根磁铁悬挂在空中，手持一枚硬币置于磁铁下方并与磁铁相隔一定的距离，然后将另一枚硬币放在第一枚硬币的下端，下端这枚硬币便会悬而不落，接着可以再往下端加硬币，做成长长的一串。

【实验5】磁排斥实验

手持几枚硬币整齐地叠放在一起，将它们并列地靠近磁铁，磁铁将硬币吸引过去后,再松开持币的手,硬币便会自动地互相分开。用手将硬币重新挤压在一堆,松手后硬币又自动分开。有一名学生根据这一现象发明了一种将工厂中叠放在一起的铁板分开的装置,克服了以往靠撬开铁板导致铁板受损的技术难题,获得了国家发明奖。

【实验6】磁悬浮实验

用磁铁吸住一颗小铁钉的平底端,使铁钉处于竖直状态,然后在铁钉的尖端下方竖直放置一枚硬币,硬币将会悬于铁钉之下,用手扶住铁钉使其固定不动,在硬币的一侧轻轻地推一下硬币,硬币便能转动自如,过很长时间才会停下来。

【实验7】堆币实验

在水平桌面上,若要用竖直放置的硬币逐渐向上堆成"品"字形,这似乎很难成功,如果事先将最底层的某个硬币吸上一块小磁铁,或在桌面下端放置一块磁铁,堆起来就轻而易举了。

【实验8】表面张力实验

一角硬币,表面涂上油,用食指从下面拖住,轻放入水中,待稳定后把手指从下面轻抽出。也可以先在水中放一张餐巾纸,把一角硬币放在餐巾纸上面,待餐巾纸全湿透后用竹签从四周轻轻压到水面下,这样硬币就稳稳地浮在水面。

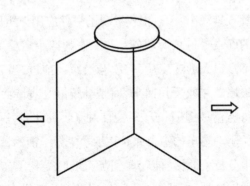

【实验9】纸上立硬币

把硬纸片对折后展开呈直角,把硬币放在直角上(如图所示)。把纸片缓慢展开,直至展平,发现硬币稳稳地立在纸上。

笔者在教学中收集开发了大量的案例,如在弹力的教学中我用平时收集的劲酒酒瓶和羽毛球头做瓶塞、和废旧笔芯设计了学生分组实验,让同学观察到微小形变;又通过激光笔和平面镜铁架台组合演示了在外力作用下桌面的微小的形变;用装修用的废旧面板演示弹力的方向与形变的方向相反;用篮球和装修用的地板砖演示了弹力有无的判断方法。又如用柠檬(酸橙也可以)、光亮的铜币(或铜片)、镀锌的螺丝钉(或铝片)来制作水果电池。用铅笔芯制作滑动变阻器,易拉罐演示大气压的存在,用保鲜袋、塑料梳子、泡沫塑料做摩擦起电实验。用电线压线槽做轨道可以做伽利略理想斜面实验、小球速滑实验、和玻璃球结合可以做牛顿摆实验。用橡皮筋和铅笔演示支架上重力的分解效果,用橡皮筋和薄木板演示斜面上重力的分解效果。

在生活中,有许多现成的材料都是很好的实验器材,只要我们注意观察、勤于动手,许多常用物品都可以被开发出来。笔者认为低成本物理实验真正的魅力是它可以做到成本低而智慧不低,成本低而技术不低,成本低而价值不低。开发高智慧、高技术和高教育价值的低成本实验应该成为我们研究的重点。

②收集玩具作为直接教具或组合教具

物理实验创造技法中的"玩具移用技法"就是通过剖析玩具的外形特征、技术功能和结构原理并移用到物理实验教学中,从而导致创造发明的技法。玩具移用技法分为直接移用、功能移用、技术移用和原理移用几种类型。

【方法1】应用玩具移用技法的实例

演示摩擦力方向和摩擦力矩的作用(无法阻挡的玩具汽车)———直接移用。

我家有许多儿童玩具汽车,无意中我发现了一件应用力矩原理设计的四轮驱动的玩具汽车。这的确是一件很有趣的玩具。它的四个粗糙车轮都是突出的且较大。当给它一个不是很大的速度后,它就会沿直线前进,当它的两个突出前轮碰到障碍墙后不是被墙挡住或反弹回来,而是继续沿竖直墙面向上爬,直到后轮也到墙角即整个车身竖直时,整个车子就突然翻了个筋斗,然后就不断地翻筋斗。在一次给学生上有关驱动赛车的综合课时我给学生做了演示,结果引得学生捧腹大笑。然后我给学生分析了原因:前轮碰到竖直墙时受到了向上的摩擦力,且这一个摩擦力到后轮即转动轴的力臂是很大的,因此产生的顺时针力矩要比车身重力的逆时针力矩大,所以翻筋斗并继续向反向运动。

【方法2】直接运用玩具演示物理原理和物理现象

如用"彩色塑料弹簧"玩具可以演示振动,穿在水平铁丝上演示纵波,首尾相连演示条形磁铁的磁感线的空间形状。"发光光纤灯(满天星)"玩具可以演示光的全反射传播,平衡鸟演示稳定平衡,磁悬浮陀螺演示磁悬浮。用水枪射出抛物线,用玩具枪训练测平抛运动的初速度,演示枪击猴子实验。用电动小车演示摩擦力和力的相互作用。玻璃球演示碰撞实验,斜面实验等。

【方法3】对玩具进行组合、改进,发掘其趣味实验功能

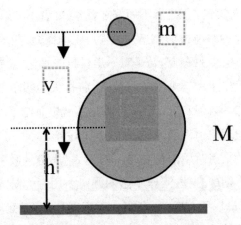

如取一大一小两个弹性很好的球。如市场上出售的彩色半透明硅橡胶制成的实心球。将小球放在大球的正顶部,贴住大球。用单手拿这样配置的两个球,从约1米高度放手,使它们一起自由下落(如上图)。结果小球被反弹到4~5米高处(理论上可达9米高度)。这似乎有些不可思议。这就是所谓"超球"现象。再让学生从动量守恒定律、机械能守恒定律来推证这一奇趣现象,教学效果非常好。

③从新材料、新工艺、新产品中开发实验资源

如用钕铁硼磁铁的强磁性可以制作磁悬浮来减小阻力,从而做反冲运动的转轴;和铝塑管结合可以做电磁阻尼实验;和线圈结合可以做小电机和发电机。电磁炉和锡箔纸组合做楞次定律实验。激光笔的特点亮度高、鲜艳夺目、相干性好用来演示微小形变,光的直线传播,光的反射,光的折射,光的全反射,光的干涉和衍射。发光二极管的单向导电性来演示断电自感方向改变。

3. 高中物理实验的应用研究

物理实验对于物理教学具有重要意义。实验教学,不仅可以使学生建立直觉的感性认识,进一步加深理解物理概念和定律是在怎样的实验事实上建立起来的,从而更好地帮助学生形成正确的概念,归纳出物理规律,同时物理实验有助于学生掌握基本的物理技能;体验科学探究过程,感受科学研究方法;增强创新意识和实践能力,发展探索自然、理解自然的兴趣与热情;为终身发展,形成科学世界观和科学价值观打下基础。笔者在对如何运用实验搞好教学做了如下探讨,总结

起来有以下的五方面:

(1)用趣味小实验引课,激发学生的学习兴趣

伟大的科学家爱因斯坦说过:"兴趣是最好的老师。"《论语》中也有关于兴趣对学习的重要作用的叙述:"知之者不如好之者;好之者不如乐之者。"当一个人一旦对某事物有了浓厚的兴趣,就会主动去学习,主动探究,并乐此不疲。心理学家布鲁纳强调指出"学习的最好刺激乃是对所学材料的兴趣"。在教学过程中,通过演示实验为学生创设出生动直观的学习情景,将极大地吸引学生的注意力,并激发学生探索物理规律的兴趣和求知欲。在教学实践中总结了以下几种方法:

①演示物理实验现象引入新课,激发学生的好奇心

例如在讲解光的衍射时用泊松亮斑实验引入,用磁铁吸引大头针,大头针尖吸引直径 5 毫米以下钢球悬挂,当作不透明圆盘。用激光笔光源照射钢球,调整好球离光源的距离 3m 以上,使激光束略大于钢球截面,激光束射过钢球后,在 3 米以外的白屏上形成球的阴影,球影中心有一个圆形亮斑,并且有许多同心圆环(该实验要在暗室中做)。又如在学习"交流电"一节时,教师把一个白炽灯泡放在投影机上,银幕上可以看到清晰的灯丝,通入直流电时,让磁铁靠近,发现灯丝没有动,改通交流电,灯丝抖动起来。同学们立即被新奇的实验现象吸引,产生强烈的好奇,急切地想弄清其原因。

②借助魔术表演趣味实验引入新课,使学生产生悬念

学习"力的分解"时,教师跟学生说,"我学过气功,我可以发功让力量集中于手指,把一根铁丝拉断。"教师边说边向同学展示一根铁丝,并让一位力气大的同学上来检验铁丝不假。之后把铁丝拴在"一指断铁丝演示仪"上,然后教师假作发功于手指,用力一指,铁丝断了,学生看后非常惊奇。又如学习"生活中的圆周运动"时,教师表演"水流星",当学生看到碗口向下,水竟没有掉下,非常惊奇。在教学中我们还设计了"砸不碎的鸡蛋""扎不破的气球""会变色的牛奶""大肚的酒杯"等一批趣味小实验。在这样的课堂上同学情绪高涨、兴趣盎然,由原来的怕上物理变得有点爱上物理了。

③用具有惊险性实验激发学生的学习兴趣

人类的兴趣与好奇心紧密相连。培养学生的学习兴趣就是要激起学生的好奇心。精心设计实验,使惊险实验现象出乎学生的意料从而产生强烈的好奇心。如在学习自感现象时,告诉同学教师拿的镇流器就是一个匝数很多的线圈,让一个同学上来,用裸导线把一节干电池接触线圈两端后再断开看有何现象,实验同

学操作时手像被电击了一下并尖叫了起来。同学们看到一节干电池竟然产生这样大的威力,非常吃惊,产生了强烈的探究兴趣。又如,笔者在教学动量定理时,教师手拿一只烧断灯丝的旧灯泡,把灯泡的金属部分朝下,老师问道:"如果松手,灯泡掉到地上将会怎样?"同学都认为这只灯泡必烂无疑,结果灯泡安然无恙。这样一下子把同学学习的兴趣调动了起来。

(2)利用实验帮助学生有效地掌握物理概念和规律

从教育心理学的角度分析,学生学习新知识无非有两种方式,一种是"接受"的方式,另一种是"发现"的方式。这两种方式都有各自的优点和缺点。"接受"式学习,获取的信息密度大,缺点是同学的学习积极性不高,在大脑中印象不深。"发现"式学习,能充分调动同学学习的积极性,学到的知识记忆深刻,缺点是学习信息的密度小。在实际的学习和教学中,二者应是相辅相成、灵活运用。在教学的难点宜采用"发现"式学习方法,即通过精心设计实验,让同学动手操作,用心体验,通过对实验现象的分析和归纳形成概念或对数据的处理发现规律,这样的处理有助于对难点的突破。在"接受"式学习法时,教师也不能采用简单的灌输式教法。研究表明,大脑在接受信息时,具体概念较一般概念要容易学得多。大量的概念和规律的获得都需要建立在实验和观察的基础上,若离开了具体直观的事例,则很难使学生体会到概念和规律获得的过程。用学生身边的物品精心设计的简便的课堂小实验,可以将抽象的知识直观化,能够帮助学生理解物理概念、形成物理图像和认识物理过程,并能极大地调动学生主动学习的积极性,帮助他们完成有意义的接受式学习。

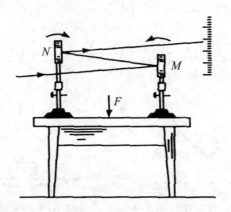

例如在探究弹力产生条件时,得出要产生弹力必须要求物体之间有接触和产生形变,但书本放到桌面上,桌面产生的形变量很小,直接观察看不到。教学中设计了用激光笔和两个平面镜的光放大的实验。用力挤压桌面前后,同学看到光斑位置移动。通过动画对原理分析,形成了微小形变的图像,通过该实验使同学知道了只要有挤压就有形变的规律。

再如对弹力的方向的教学,传统的教学方式是直接告诉并要求同学记住。这就导致遇到复杂的弹力情况(如杆子中的弹力)时同学不会分析。如果能设计实验巧妙铺垫,让同学理解弹力方向分析的方法,则同学遇到复杂弹力方向的判定也会迎刃而解。

针对弹力的方向笔者做了以下教学设计:

①弹力方向与形变恢复方向的关系

请标出:(1)小车受到弹簧的弹力的方向和重物受到的拉力的方向。(2)弹簧形变恢复的方向和橡皮筋形变恢复的方向。你发现了什么规律?

结论:物体受到的弹力与施力物体形变恢复的方向相同。

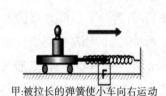 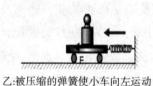

甲:被拉长的弹簧使小车向右运动　　乙:被压缩的弹簧使小车向左运动　　丙:橡皮筋下悬挂一重物

②规律探究

【应用1】对绳子产生弹力方向的探究:得出绳子的拉力方向是沿绳子而指向绳子收缩的方向。

【应用2】接触面处弹力的方向:实验观察物块放在木板上的形变,找出形变恢复方向与木板平面的关系。

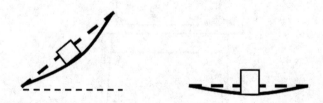

观察分析得出:压力和支持力的方向总是垂直于支持面而指向被压(被支持)的物体。建构主义教学理论认为,教师不能把学生当作一个知识的容器去灌输,

而应当把学生当作一个待点燃的火把,借助学习者的已有知识经验,引导学习者从原有的知识经验中,生长新的知识经验。这一思想与维果斯基的"最近发展区"的思想相一致,教学不是知识的传递,而是知识的加工和转换。本实验器材易得,通过师生边分析,边实验,边总结。对弹力的方向不仅知其然,而且知其所以然,为理解复杂的杆子中的弹力打下基础。

(3)训练学生的科学方法和实验能力

①分层推进的方式培养学生实验能力

高中物理实验能力可以分为三个层次。第一层次是实验基本能力,也就是完成一般教学实验的能力。它包括实验仪器的组装和整理能力、实验观察能力、基本实验仪器的使用能力、数据记录和处理能力、图表绘制能力、实验报告写作能力等。这六方面的能力是高中生必须掌握的能力,也是进行较为复杂实验活动的基础。第二层次是实验迁移能力,即在掌握实验基本能力的基础上,能进一步灵活运用所学物理实验知识开展一些物理实验活动的能力,它不但包括实验基本能力(第一层次),还包括实验方案的设计能力、仪器的选择能力、实验资源利用能力、故障排除能力、实验的误差控制能力等。实验迁移能力对高中生提出了更高要求,但也是现代高中生应重点发展的能力之一。第三层次是实验科研能力,即在研究性学习过程中通过实验达到研究目的的能力。实验科研能力包括课题选择能力、自制器材能力、资料检索能力、实验推理能力、规律总结能力、创新思维能力等。在高中阶段,学生的物理实验能力主要是由第一级和第二级构成。根据高中生实验能力发展的特点,我们应循序渐进地培养学生的物理实验能力。我们在教学实践中采取的做法:

教师示范,学生模仿练习。这类实验主要目的是训练学生掌握物理测量工具和仪器基本技能,为其他物理实验做好准备。例如,在练习打点计时器的使用,教师先示范性操作,让学生认真观察;当学生掌握了操作程序后,再让他们练习使用打点计时器探究小车速度随时间变化的规律,进一步掌握其正确使用方法。在教学实践中我们对如下实验采取了此类教学策略:练习使用万用电表测电阻、练习使用示波器、螺旋测微器、游标卡尺、秒表、滑动变阻器等。

教师指导,学生迁移应用。在学生具备初步的实验观察能力和操作能力之后,教师可慢慢放手。在分组实验前指导学生弄清实验原理,列出实验所需的仪器,写出操作步骤,绘出实验数据的记录表格,知道处理实验数据的方法,并由实验现象或数据来归纳和总结实验规律。针对探究活动中的提出问题、猜想与假设、方案的设计与选择、收集证据、分析与结论、评估与反思、交流与表达等七方面的能力。在教学活动中分批来培养。针对不同实验的特点,锻炼同学的不同能力。如通过探究小车速度随时间变化的规律的运动的实验,培养同学用表格来有条理地记录数据的能力,用图像处理数据的能力。引导学生把这种能力迁移应用到后面的实验中,如制作探究弹簧弹力和形变量关系的数据记录表格,用图像处理弹簧弹力和形变量关系。并在后期的探究加速度与力和质量的关系实验、探究功和速度关系、探究电阻定律,测定电源电动势和内阻等实验中不断地加强巩固。在探究加速度与力、质量的关系实验中培养同学科学猜想的能力和控制变量的能力。引导同学在探究电阻定律中灵活运用。在探究平抛运动实验中培养同学设计不同方案验证猜想的能力。

教师引导,学生独立探究。在高中阶段的后期,学生的抽象、逻辑思维能力不断增强,自主意识不断提高,实验观察能力、操作能力都要有了较扎实的基础。教师通过引导同学独立探究,培养同学提出问题,给出假设,独立设计方案、选择实验器材,收集和处理实验数据检验自己的假设的实验科研能力。如探究影响单摆的周期的实验,让同学大胆地猜测,自己设计实验验证。同学各显神通,制作的单摆各式各样:有的用老师提供的细线拴住橡皮;有的用线拴住小刀;有的用线拴住透明胶带;有的干脆把胶带展开一段制成单摆。在控制变量法中:有的是通过用一个单摆测周期来检验猜测;有的是制作两个单摆,通过对比来检验猜测。这样的设计使同学体验了科学探究的过程并享受探究的乐趣,切实提高他们的物理实验能力和创新能力。

②营造培养学生实验能力的环境

实验不仅要动手还要动脑。在实验教学中,学生通过动脑分析实验原理、动手操作实验仪器、通过观察实验现象和分析实验数据、归纳和总结实验结论等活动,使观察能力、操作能力、实验推理能力、规律总结能力等都得到锻炼。显然学生这些能力不是教师的讲解就能得到的,而必须在相应的实验中才能得到发展,只有通过亲自动手操作才能得到提高。因此,物理教师应多给学生提供一定的实验条件及环境,让学生有更多的锻炼的机会。

创设宽松、民主的课堂实验环境

教育心理学的研究表明,学生在宽松民主的环境下心情舒畅,大脑皮层容易形成兴奋中心,很容易擦出创造的火花,实验能力也更能得到培养。因此,教师在实验教学中应以平等的身份和学生交流,和他们一起讨论实验方案。对同学设计的创新方案及时表扬；对不合理的方案，和同学一起修正和改进，不能一票否决，一板子打死。只有这样，学生才能在实验过程中充分地表现自己，体验到自由探索的乐趣、积极进取才能产生自尊、自信、自豪感，进而积极地参与到实验活动中来。教学中我们感受到中学生不仅喜欢老师的演示实验，更喜爱上实验课，对实验操作有强烈的动手欲望。我们在教学中，尽可能地开发随堂学生小实验，让学生动手的机会多一些，在这些实验中，学生能充分观察物理现象的发生、发展的全过程，从而反复品味其中的物理原理。例如在学习"质点在平面内的运动"时，为探究合运动与分运动的关系我们设计了一个分组实验：三个同学一个小组，同学甲把一个直尺按在白纸上，同学乙把三角板的一个边贴着直尺匀速推动，同时同学丙用铅笔沿着三角板的另一边匀速画动。通过这个小实验同学对合运动和分运动的关系有了直观的认识。有的同学在课堂上还创新运用该试验解决了书本上的思考与讨论。在学习"变压器"时，全班分成八个小组，每组提供一个干电池、一个可拆变压器和四根导线。设计实验一：让同学通过拆装变压器了解了变压器的构造。设计实验二：让两个同学配合，同学甲把两根导线一端接在副线圈上，两手分别捏住导线的另一端，同学乙，用导线把干电池稳定地接在原线圈的两个接线柱上，然后再用一根导线在干电池的正极上来回扫动，让同学甲感受有何不同，引导学生分析原因。设计三：改变原、副线圈的匝数比，让学生感受体验有何变化，找出规律。在此基础上再从原理上推导电压比与匝数比的关系。强化了学生由感性认识到理性认识这一飞跃，真正认识到实践的重要性，既培养了能力，又提高了认识，同时，浓厚的兴趣也得以加强，特别是对部分理解能力较差的学生，其效果更优于教师一个唱独角戏，整整一节课同学情绪高涨、兴趣盎然。在教学实践中我们还设计了用直尺和钩码测细线的最大张力，用直尺测反应时间等一批小实验。例如，通过小实验"用直尺测定反应时间"，学生由刚开始做实验时反应时间很长，有时甚至抓不住尺子，到经过多次试做后反应时间明显缩短。学生意识到"反应时间能够因训练而缩短"的同时，也有了动手实验的兴趣和勇气；在做研究单摆周期的小实验时，学生可以自己动手去组装单摆，通过反复实践学会控制摆球在竖直面内运动、调整摆长到合适的长度、设计实验去验证自己的猜想。还有，在课堂小实验的启发下，学生由解答物理问题时一味地苦思冥想，转变为能够用自己设计的小实验进行辅助说明等。个个积极参与，多方设计，认真操作，并在动手动脑的过程中，享受到了探索知识的乐趣，获得心理上的愉悦，从而激发和稳定学生学习物理的积极性。

把课外活动纳入实验教学的范围

在课堂教学中，但由于课堂时间限制只能处理操作简单的小实验，同学的创新能力与实验能力很难真正得到培养。课外学生实验的优越性表现在不受实验器材和时间的限制，可以根据自己的兴趣和需要确定研究课题，自己设计实验方案，改装实验器材等。有利于发展学生的兴趣爱好，有利于扩展学生的知识面，能够切实有效地培养学生良好的创新能力和解决问题的能力，等等。实践中我们的具体做法是：

【做法1】结合教学内容，要求同学以组为单位，课前制作课堂实验所要的学具。如在学习弹力前，要求每组制作一个演示玻璃瓶微小形变的装置。有的组用椭圆截面的大墨瓶，有的找来劲酒酒瓶、二锅头酒瓶；一根内径很细的长玻璃管有的组用蜂王浆的吸管、有的用废旧圆珠笔芯替代；橡皮塞有的组用红酒的瓶塞、有的组用废旧羽毛球头代替。又如在课前要求同学设计"水流星"、简单的验电器、验电羽、小磁针、反冲仪等。同学充分利用和发掘身边资源，制作了各种各样的仪器，通过小制作一方面培养了同学的动手能力和创新意识，另一方面也为同学在课堂中自主探究提供了条件。

【做法2】开展课题研究培养同学科研能力。在课堂学习中有时生成的一些问题，有的由于时间限制或实验条件的限制来不及解决，这些问题就可以在课后探究完成。如同学学习影响滑动摩擦力的因素时，得出摩擦力的大小与正压力成正比与摩擦系数成正比。影响摩擦系数的因素与材料有关，与接触面的粗糙程度有关。有的同学认为还应该与接触面的大小有关，老师并没有做结论，而是要求同学课下设计实验探究。课外实验中开展课题研究，整个研究过程中我们应坚持以学生自己为主、教师为辅的原则。在选择实验器材、设计实验方案等方面都要让学生自己独立地思考、独立地分析和独立地操作。在课题开展中教师只是指导同学查阅资料，组织同学讨论。通过实验中困难的出现——克服——再出现——再克服……不断地循环，从而提高了学生分析和解决问题的能力，同时也培养了学生的创新能力、合作交流能力和收集整理数据的能力，促使学生养成实验的良好风格。例如研究"水果电池"的一个小组，在实验中不断地发现问题、又想方设法解决问题，经过近三个月的实验和理论研究后写出了几千字的小论文（见附录3)，使观察能力、思维能力、操作能力都得到锻炼。

【做法3】建立班级物理兴趣小组。利用课余时间有计划地开展课后小制作，对那些富有创新精神的实验作品，及时向学生推荐，让创作者为老师、同学表演。

如课堂上分析了加速度计的工作原理后要求同学课后制作加速度计。结合课内所学的知识同学们还设计制作了多用表、火灾自动报警器、多功能自动报警器、望远镜、光控—声控开关、水火箭、电动机、反冲小车等。为使课外活动具有更大的吸引力,每学期定时举办一次规模较大的实验竞赛活动和趣味物理实验展示。如举行一次"鸡蛋撞地球实验"的竞赛活动,要求在规定的高度下落,鸡蛋不破,辅助材料最轻的获胜,同时还设立最佳创意奖、最佳上镜奖。水火箭制作和发射比赛,在这一活动中,学生人人动手就地取材,自己设计安装,当火箭腾空而起时,学生们都欢呼雀跃。这样既培养了学生的设计能力和动手能力,又增加了学生学好知识的信心,特别是有自卑心理的差生,当发现自己设计的火箭比别人射得远时,一种我不比别人差,我能学好物理的自信心油然而生。

通过这些活动不仅加深了对课内知识的理解,而且激发了学生的创造灵感,发展了学生的求异思维和创新能力。

(4)利用实验探究帮助学生突破难点

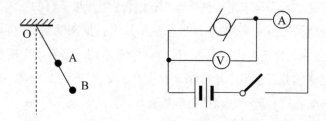

测定小电动机功率的实验电路

有些教学内容只是靠老师的讲解,并不一定能使学生真正理解,特别是学生理解有难度的知识点。我们的做法是理论分析和实验相结合。如上图所示以轻杆OB,上端可以绕O点在竖直平面内自由转动,杆上连接两个质量都为 m 的小球 A 和 B,把两球由图示位置由静止释放,在两球向下摆动过程中,AB 杆对 A 球是否做功?做正功还是负功?利用 A、B 组成的系统机械能守恒和圆周运动知识分析可知 A 的机械能减少,进而由功能关系可知杆对球 A 做负功。理论分析得出上述结论后,又动手设计了如上图左所示的装置来检验,把杆换成轻绳,让两球由图示位置同时从静止释放(绳开始时拉直),在两球向左下摆动过程中,引导学生观察两绳的情况,看到 B 球下摆落后于 A 球,由现象分析可以很快得知杆对小球 A 做负功。再如,一位教师在讲解非纯电阻电路的功率问题时,利用从废旧电动小车上拆下的小电动机和示教电流表、示教电压表、电池、导线、电键等组成如上图右所示的电路,能让学生直接读出小电动机在正常运转和被物体卡住不转时的电路中的电流和电压值,通过学生的感性认识突破了这一教学难点。在教学中我们还设计了用铅笔、橡皮筋和钩码模拟支架吊物,演示重力的作用效果。细线下吊一重物,重物下再系一细线,快速拉与缓慢拉哪根绳子先断。甲乙拔河比赛,不管谁胜谁负,二者的拉力都相等,取决胜负的因素是摩擦力的大小。设计了两个力量悬殊较大的同学比赛,然后让胜者穿上滑冰鞋后再比,这次力量小的同学却胜了,使同学们意识到取决于胜负的因素不是力量的大小。通过安排相应的演示实验,让学生观察实验、分析原因,就可以很好地突破难点,而且节约时间,取得事半功倍的效果。

(5)通过实验教学培养学生的科学态度和科学精神

科学态度,就是尊重客观事实,实事求是。科学精神,是敢于质疑和勇于批判的精神以及不断变革、勇于创新的精神。科学是在实事求是的基础上才得以发展起来的。伽利略正是本着实事求是的科学态度,才否定了亚里士多德的许多错误。开普勒正是本着实事求是的科学态度,才发现了行星运行的三大定律。物理实验教学首先坚持实事求是,如果只是胡乱编几个数据来敷衍,实验观测就失去意义,物理学就永远也不会向前发展,科学将停滞不前。培养学生的科学态度和科学精神就是在实验教学中注意培养学生尊重事实、严肃认真、不畏困难、按科学规律办事的科学态度和敢于创新的科学精神。

①通过分组实验可以培养学生良好的实验习惯和实事求是的科学态度。

为保障同学不因时间紧做实验时草率从事,实验之前写出实验预习报告,内容包括要求同学先弄清实验原理、列出实验操作步骤和注意事项、绘制记录数据的表格。学生在做物理实验时要养成良好的实验习惯。实验仪器的使用都有一定的严格要求,动手操作前了解实验仪器的作用、性能,并学习正确的使用方法是爱护实验仪器的基础。例如,对于测量仪器的使用,要养成注意量程和进行零点调整的习惯;在做电学实验时,要养成先检查电路再闭合开关的习惯。教师要教育学生养成先动脑再动手,边动手边动脑的好习惯。实验时要求同学认真操作,仔细观察实验现象,如实记录数据,并注意发现问题,每节课结束时,每个小组要把实验记录的数据或分析结果交给老师检查。检查合格的小组要整理好实验仪器后方可离开。每次做过分组实验都要写出实验报告。通过这种细节要求来养成学生认真对待实验的态度。

②如实地记录和分析实验数据。教师要让学生实事求是地对待测量数据,不

能随便更改实验数据或抄袭别人的结果。教师要指导学生珍惜获得的实验数据，物理实验过程是艰苦的、枯燥的，一个可靠的实验数据的获得，往往需要长时间的努力，几乎每个数据的测量都需反复多次，有时需要多人通力合作才能完成。要相信自己的测量结果，实验误差过大时，要引导学生冷静地分析原因，鼓励学生和教师讨论问题。如在探究平抛运动的实验中，用笔尖挡小球的位置，从而记下小球的一系列位置。在确定小球的抛出点位置时，有的教材把小球在斜槽末端水平位置时的球心投影作为抛出点，有的教材取斜槽的末端作为抛出点，哪种更合理呢？同学根据记下的点描出平抛运动的轨迹。以球心投影为抛出点测得的数据代入抛物线方程 $y = ax^2$ 计算各个点的 a 值时误差较大。引导同学理论分析看出小球平抛运动是平动，用笔尖每次描出的是小球下部的点，故取斜槽末端的投影更合理。如果用开孔的卡片来确定小球的位置，抛出点取小球在槽的末端球心的投影更合理。从实验教学中让同学感悟到"尽信书，不如无书"，一方面培养了同学的敢于质疑的精神，同时又建立起"实践是检验真理的标准"信念。

③教师演示实验中以身作则为同学做表率

演示实验前教师应该充分准备，多次演练，确保实验的原理科学、操作规范，如实记录、实事求是地对待实验结果。实验中不可避免会出现许多偶发事件，有些是意料之中的，但大多数是意料之外的，当一些突如其来的事件出现在面前时，既不能把它当作微不足道的小事轻易放过，也不可惊慌失措，胡乱解释进行敷衍。在这一点上，我们教师的素质更是显得十分重要。例如，当验电器带上一种已知电荷，另一带电体带有异种电荷逐渐靠近验电器。如果带电体所带电荷不多，验电器的指针张角应略微减小。但是，如果带电体所带电荷非常大时，验电器的指针张角反而会变大。出现意外现象时一定不能胡乱猜测或臆断，只有经过周密严谨的思考后再做出正确的回答。即使有些问题当场不能回答，也应存疑放到以后查阅资料进行研究。教师时刻不能忘记自己无言的行动都是示范。

总之，实验教学是使学生获得中学物理基础知识、发展能力，特别是发展他们的创造能力的基本途径。实验教学不仅关系到学生在中学阶段对物理学的理解和认识，更关系到学生的思维方式和创造精神的形成，对他们一生的发展都可能产生深远的影响。

4. 研究成果与结论分析

(1)物理实验教学有利于学生的发展

①实验教学激发了学生的学习兴趣

生动有趣的实验现象可以吸引同学的注意力;出乎意外的实验现象激起同学的好奇心和探究的欲望;科学合理的解释可以满足他们的求知欲。课堂上教师精心设计的趣味小实验,很容易激发学生的兴趣,产生自己试做甚至是自己设计实验的欲望,这必将使学生形成更为持久的学习物理的兴趣,并由此转化为热爱科学、勇于探索的意志品质。

②实验教学促进同学建构知识结构

学生学习物理感觉到抽象难懂,其主要原因之一是在进行思维活动时,头脑中缺乏表象的支持。物理实验为学生学习物理提供了符合认识规律的环境,它能够丰富学生的感性认识。针对学习中的难点精心设计实验,边操作,边分析,环环相扣,使教学难点轻松突破。

③实验教学培养了学生的多种能力

实验是物理学中重要的组成部分,实验教学不仅是教学手段,而且是教学的重要内容。学生在参与课堂实验时,通过动手操作、用心观察,从而达到培养观察、操作等实验技能的目的;更重要的是动脑分析,或对实验现象归纳形成概念,或对实验数据分析总结得出规律,从而使同学思维能力得到培养;另外,把思维的结果表达出来可以培养学生的表达能力,与其他同学配合实验可以培养学生的交流合作能力,等等。

④使学生的个性得以健康发展

实验的材料一般是手头容易找到的,而实验的操作通常比较简单,学生很容易在课堂上完成或在课后重做和改进,这样有利于培养学生学习物理的自信心;小实验的评价主要是考虑学生参与程度的过程性评价,而不是以得出某种结果为唯一性的评价标准,这将有利于鼓励和发展学生的创造精神;实验的课堂组织形式中有许多是需要相互配合完成的,这使学生之间有更多交流与合作的机会,有利于学生之间形成合作与竞争并存的良好的关系;小实验过程中,教师与学生(特别是学习不太好的学生)有了更多的接触机会,可以缓解学生对于物理学科敬而远之的心理。总之,课堂实验合理运用有利于学生平稳的学习心态的形成,也有利于学生个性的健康发展。

(2)物理实验资源的开发和应用研究有利于教师的专业的发展

①实验资源的开发和应用的研究发展物理教师的科研能力

新一轮课改对教师提出了更高的要求,教师不仅要具备教学能力,还要具有一定的科研能力,开展课题研究就是提高教师科研能力的有效抓手。开展课题研究,参与教师必须研读教育学和心理学著作,为课题找到理论支撑。通过学习,参研者不仅增强了主动应用理论指导自己教学实践的意识,而且提高了应用理论解决教学实践中问题的能力。物理实验的设计和实施就为物理教师提供了这样一个理论联系实际的科研平台。通过实验的设计、实施、评价、改进,教师的教学和科研能力不断提高。

②提高物理教师的教学设计水平

在教学活动中,教师要对自己的教学活动(从一学年、一学期、一个单元到具体的一节课)做出全面的安排和系统的规划,即进行教学设计。即使是一节课,也要进行科学合理的教学设计,也需要对教学的现状、目标、策略、评价等方面做出通盘考虑。而一个课堂小实验,正如同一节课的具体而微的模型,在进行课堂实验设计的同时,教师也将熟悉和逐步掌握进行教学设计的方法,使自己的教学过程更为科学有效、更适应时代的要求、更有利于学生的发展。

③培养了新型的师生关系

小组合作学习,增加了个体与个体、个体与小组、小组与小组、学生与老师之间的交流机会,学生获得的表现机会要比传统的教学方法更多。在合作学习中,师生间的关系不再是教师一味传授,学生只管倾听的传统模式,而是师生间平等交流、互动、对话的新模式。课题组成员葛红艳老师在"让学生做学习的主人"一问中指出21世纪人才的标准:学会健康成长,学会生存,学会学习,学会创造(创造性思维和创造能力),尤其是学会交流、学会合作、学会做人这些教育中最基本的东西。因此,作为教师,人类灵魂的工程师,我们的任务不仅仅是单纯地向学生传授知识,让学生考试得高分,更重要的是放眼未来,教会学生如何学习,如何生存,如何做人,为学生的终身发展奠定基础,铺平道路。

④促进物理教师个性化教学风格的形成

物理教师是要把千百年来物理学家的研究成果、研究方法和研究精神传承给下一代的人,如果教师一味地照本宣科,必然导致学生对科学含义的理解偏差甚至使学生产生厌学的情绪。如果教师对于自己的教学能力(如语言表达能力、实验操作能力、媒体应用能力、课堂组织能力等)有一个比较准确的认识,就能在实际教学中扬长避短,形成与自身特点相得益彰的教学风格。在课堂实验实施过程中必不可少的教学反思就为教师了解自己的教学能力和教学效果打下了基础。因此课堂小实验有助于教师形成个性化的教学风格。

⑤研究中取得的成绩

从教科书的细微变化谈电表读数规则(中学教学参考 2011 年 12 期　汪邦家　孙俪)

废旧录音机器材在电磁感应教学中的应用(物理教师杂志 2009 年 11 期　汪邦家　孙俪)

信息技术和物理实验整合的体会(中国教育学会物理专业委员会全国二等奖 2008.11 汪邦家　孙俪)

静摩擦力做功探究(湖南中学物理 2009 年 5 期　汪邦家　孙俪)

实验在物理教学中的应用(安徽省 2009 年度科研课题年会交流一等奖　王科建)

设计随堂小实验提高物理课堂教学有效性(安徽省 2010 年度科研课题年会交流二等奖　王科建)

自感现象演示仪的改进(省论文评比二等奖　谷良光)

牛顿第三定律教学设计(省论文评比二等奖　刘敏)

电磁感应现象教学设计(亳州市教科所 2010 论文评比一等奖　叶森)

一个课堂演示实验的尝试(亳州市教科所 2011 论文评比二等奖　叶森)

高中物理实验资源的开发方法初探(亳州市教科所 2010 论文评比二等奖 王科建)

高中物理实验资源开发的研究(安徽省 2011 年度科研课题年会交流二等奖 王科建)

探究自由落体运动(亳州市电化教育学会 2009 年　市二等奖)

机械波(亳州市教育局 2009 课件评比二等奖　叶森)

废旧录音机器材在电磁感应教学中的应用(全国一等奖　物理教师杂志 2009 年汪邦家　孙俪)

光的干涉和衍射的演示实验装置(亳州市教育局 2011 优秀教具评比二等奖 作者:王科建　叶森)

反冲现象演示实验(亳州市教育局 2011 优秀教具评比三等奖　作者:王科建 路士良)

摩擦力演示仪(亳州市教育局 2011 优秀教具评比三等奖　作者:叶森)

电磁驱动小车(亳州市教育局 2011 优秀教具评比三等奖　作者:汪邦家　孙俪)

自感现象演示仪(亳州市教育局 2011 优秀教具评比三等奖　作者:谷良光)

多功能磁悬浮演示仪(亳州市教育局 2011 优秀教具评比三等奖　作者:路士良)

自动伸缩书架(亳州市第一届科技创大赛一等奖　作者:马健　赵赛赛)

多功能报警器(亳州市第一届科技创大赛二等奖　作者:田园青)

多功能晾鞋架(亳州市第一届科技创大赛三等奖　作者:耿国辉)

多功能床梯(亳州市第一届科技创大赛三等奖　作者:孙超　王亚楠)

电动吸尘黑板擦(亳州市第一届科技创大赛三等奖　作者:孙超　王亚楠)

5. 研究反思

(1)收获

通过研究:课堂小实验有利于学生和教师双方的发展。实验教学,可以使学生具备一定的感性认识,使学生进一步加深理解物理概念和定律是在怎样的实验基础上建立起来的,从而更好地帮助学生形成物理概念,导出物理规律,掌握物理理论。在进行学生课堂小实验时更多地采用了自主、探索和合作的方式,这有助于学生学习基本的物理技能;体验科学探究过程,了解科学研究方法;增强创新意识和实践能力,发展探索自然、理解自然的兴趣与热情,为终身发展,形成科学世界观和科学价值观打下基础。另外,课堂小实验重视学生的直接经验,在实验过程中,学生的参与受到鼓励,学生的需要、动机和兴趣被置于核心地位,教师更多的是帮助学生完善和发展其能力而不是代替学生去观察和思考,这无疑是有利于学生的个性发展的。而作为教学活动的另一个主导方面——教师,其主导作用贯穿于课堂小实验的设计、实施、反馈、改进的全过程,通过小实验的设计和实施,教师在教学设计、教材整合、教学资源的开发和利用等能力方面也得到了发展,这对于提高物理教师的专业素养和教育教学水平也是大有益处的。

(2)研究中的不足之处

研究者的理论水平有限,故在研究中,观察性和验证性小实验居多,探索性小实验较少;随着科技的发展,使用传感器实验已成为中学实验研究的一大课题,在本课题研究中还没有涉及。

(3)研究课题的前景展望

通过这次研究,我认为实验资源的开发还是大有潜力可挖的。如何利用好物理实验,使其在教学中发挥其更大效益,在提高课堂教学的有效性方面,课堂小实验可以演变为课外小实验、研究性学习课题、自制教具和开放性实验室,甚至还可以成为具有特色的校本课程的一部分。这些都有待于今后进一步的研究。实验不仅要动手还要动脑,在实验教学中,学生通过分析实验原理、操作实验仪器、观察实验现象和分析实验结果等活动,使观察能力、思维能力、操作能力都得到锻炼。小实验作为对高中教材现有实验的补充和完善,以及对学生多方面能力的培养被引入高中物理课堂是十分必要的。同时,课堂小实验因其取材方便、操作简单、处理灵活,用在惜时如金的高中物理教学中也是完全可行的,但要注意在实际教学中根据学生的实际情况和实验的难度来安排教学的具体形式。课堂小实验有利于学生和教师双方的发展。小实验的特点决定了学生进行课堂小实验时更多地采用了自主、探索和合作的方式,这对于促进学生能力的发展是有效的;另外,课堂小实验重视学生的直接经验,在实验过程中,学生的参与受到鼓励,学生的需要、动机和兴趣被置于核心地位,教师更多的是帮助学生完善和发展其能力而不是代替学生去观察和思考,这无疑是有利于学生的个性发展的。

(课题组　王科建　黄伟)

亳州市教育科研课题《普通中学学生物理学习困难研究及应对策略》结题报告

1. 问题的提出

源于高中教学的高标准。进入新世纪,基础教育面临着新的挑战,改革与发展的任务仍十分艰巨。《国务院关于基础教育改革与发展的决定》要求,大力发展高中阶段教育,促进高中阶段教育协调发展;有步骤地普及高中阶段教育,普通高中教育面临普及性与选拔性教育目标的多元化和评估的单一性等矛盾。高考的选拔和社会分层的功能决定了高中教学的高标准,普及高中将赋予高中教育以国民素质教育的功能,这势必加剧学困现象出现,学校将面临大面积的学困生。

2. 目的意义

(1) 本课题研究的目的

源于教育规模的扩张与深入。随着教育规模的扩大与发展,高中学生分化现象十分突出,并出现大批学困生,到了高二年级尤为严重,学困生约占30% ~

40%,这些学生物理学习基础差,他们对学习失去信心,对前途感到黯淡。据初步调查,这种现象还呈上升趋势,为了让学生真正学到一些有价值的物理知识,为了学生能做到自尊、自信、自强、自爱和自立,既能顺利完成学业,又能达到全面提高素质的基本要求,为大学输送合格人才打好基础,因此,本课题的研究意义重大。

(2)本课题研究的意义

通过物理学习困难研究,实现新课程改革观念和基本要求落实。通过物理学习困难研究,促进本校教师实现教学观念更新和教学形式创新,并以观念更新带动形式创新,以形式创新促进观念更新,循环上升,永无止境,形成生机蓬勃、永葆创新价值的教学发展局面。

3. 指导思想

高中物理学科基地,是物理学科教研合作的载体,以"全面贯彻党的教育方针,实施素质教育,整合全市高中物理教研骨干力量,充分发挥基地学校及物理学科教研组的优势,加强校际交流与合作,深化高中物理课程改革,优化物理课堂教学管理,形成学科特色,打造名牌学科,培养名牌教师"为指导,努力提高全市物理教学的效率和质量,进而推动我市高中教育又好又快地发展。

4. 研究原则

(1)服务教学的原则。高中物理学科基地的工作,要从有利于物理教学,提高全市的物理教学质量,促进学生的学习出发,使学科基地成为全市物理教学研究中心,教师和学生学习交流的资源中心。

(2)通力合作的原则。依托市教研室,聘请市内物理名师、学科带头人等组成学科基地指导组,集全市物理骨干力量,共同推进物理学科基地建设,保证学科基地各项工作顺利进行。

(3)科研引领的原则。教学研究以课堂教学为主阵地,贯彻新课改精神,积极开展课堂教学的研究,大胆进行物理课堂教学模式的改革,切实转变教与学的方式,提高高中物理学科教学质量。

(4)自主创新的原则。以学校物理教研组建设为抓手,弘扬教研组在物理学科基地建设工作中的自主首创精神,开展以合作学习和科学与人文融合为特色的教学试验,并在实践中勇于创造和大胆探索。

5. 主要内容

(1)物理学习困难的研究

①从学生自身因素方面考察,学困生的成因主要有:生理因素;早期教育不良

因素,青春期教育缺失因素,智力因素,动力因素等。

②从学校教育的因素方面考察,学困生的成因主要有:办学思想不端正,高考指挥棒导致学校片面追求升学率,忽视学困生的发展;教育者自身的缺陷,教育观念陈旧,教学水平不高,教育方法欠妥,对学生压抑有余理解不足;学校内部各种教育力量没有形成合力,致使学困生的产生;教学方面的问题,教材要求偏高,课业负担过重,班级人数多、教师工作量过大,导致辅导学生不足,等等。

③从家庭因素教育的因素方面考察,学困生的成因主要有:父母文化程度低,父母的不良行为影响,家庭教育不当,家庭气氛不良,家庭经济困难,家庭环境恶劣,家庭缺乏温暖,不当激励、过分期望等。

④从社会环境因素方面考察,学困生的成因主要有:不良社会风气的影响,不良文化环境的影响,社会性学习存在缺陷,不良人际关系的影响等;研究的角度也很多,比如,学困生的家庭教育,家、校整合的教育以及不良学习习惯的矫正,用新课标的理念看待学困生的研究等问题。但这些研究多数集中在小学、初中教师的个体研究和大学的专家学者的专题研究,并且经验总结较少,专项理论研究较多,而全面的理论指导下的实践研究较少。而且研究大都侧重于初中以下学困生的心理教育问题研究,涉及初中学困生心理研究过少。初中学困生心理教育方面的研究理论还不多,初中物理学困生的单项综合研究更少,此外,适用本地区和本校物理教学研究的就更为难能可贵了。教师们迫切需要对初中学困生的心理有一个深入的了解和正确的认识,有一个具体的高效率的物理教育"转困和防困"的对策,从而促使他们关爱学困生,努力改进教育教学方法和手段,充分调动学困生参与学习的主动性、积极性,达到全面提高全体学生素质的目的。

（2）物理学习困难应对策略

本课题从五个方面分析应对策略:学生方面、教师方面、培养学生良好的学习习惯和思维习惯、做好初高中物理的衔接、采用最佳的教学手段,提高学生学习物理的兴趣。

6. 研究方法

（1）行动研究法:行动研究是从实际工作需要中寻找课题在实际工作过程中进行研究,由实际工作者与研究者共同参与,使研究成果为实际工作者理解、掌握和应用,从而达到解决实际问题,改变社会行为的目的的研究方法。行动研究已成为广大教育实践工作者从事教育研究的主要方式。

（2）调研法:调查研究是使用问卷和访谈法向人们进行提问,以获取与他们有关的信息的一种方法。从它的定义来看,调查研究是研究者根据所研究问题的性质进行实地调查、收集资料,然后做统计分析,最后得出结论的研究方法。

（3）文献法:通过教育理论书籍、报刊杂志,网络下载的有关评价材料,并对这些信息进行分析研究,准确界定研究课题的价值、可行性,使得研究内容不脱离轨道。

7. 基本过程

（1）准备阶段(2011.6—2012.8)

对物理学习困难现状进行调查,写出报告;进行物理学习困难理论研究;制订具体研究计划、包括分项工作计划;拟写开题报告。

（2）研究阶段(2012.9—2015.2)

实施研究计划;分别进行学期和年度总结、包括学科总结,调整计划,研究不断深入;进行阶段总结,包括学科总结,整合成果,找出差距,优化研究工作;撰写中期报告:初步研究清楚物理学习困难的形成原因,初步找到应对物理学习困难的策略,阶段总结、部分论文、中期报告。

（3）结题阶段(2015.3—2016.9)

总结物理学习困难的原因及应对策略;收集论文,汇编资料;撰写结题报告:找到物理学习困难的原因,提出应对物理学习困难的策略,师生都取得一定的成果,结题报告,论文,资料汇编。

（4）最终完成时间:2016年9月。

8. 研究成果

（1）实践成果

①开发和使用校本学案

把握编写原则。第一,正确定位学案的性质。学案的基本功能是"导学"和"助学",而学习的对象是教材,因此导学案要紧扣教材内容,对其进行精当的解说和适度的扩展。第二,正确定位学习难度。按照《物理课程标准》的要求,明确提出每个知识点的学习难度,不超纲要求。一般情况下大部分学生能够通过自主学习完成60%以上。第三,科学设计练习。精选题目,控制题量,分层设计,把大部分学生完成一个学案自主学习的时间控制在一小时以内。

确定基本形式。学案包括如下几个部分:学习目标、学法指导、知识链接、分组讨论、学习小结等。

规范编写流程。主备人写出初稿→研发小组讨论→主备人修改完善→研发小组确认→付印。

②编写和使用校本学纲

基本栏目:学习目标;内容纲要;重点难点解析;精要练习题。不同的学科,不同的教学内容,可以有不同的形式变化,要最大限度地切合学生实际学习需要,真正起到指导与辅助作用。

编写与审稿:物理学科备课组组织业务水平高、责任心强的骨干教师统一编写,备课组长为学纲稿终审人。

工作程序:物理备课组长为学纲编写使用工作具体负责人。各年级物理备课组长终审定稿后,由教科研中心登记、到教导处办理签印手续,并交文印室印刷,备课组长安排领回分发。

③建设了新型意义的班级学习小组

为了便于开展工作,采用行政小组和学习小组合二为一的划分形式。小组一般由六名学生组成,采用组内异质、组间同质的方式划分。选拔工作热情高、组织能力强、学习成绩好、在同学中有威信的同学担任组长,负责组织课堂讨论、成果展示、检查督促本组学习情况等。

④建立了以"学"为主、生动活泼的课堂基本形式

努力探索实践,教学设计和课堂操作,考虑的是学生的"学",一反过去围绕老师的"教"建构体系的做法,而围绕学生的"学"建构体系,由原来的"教中心"变为"学中心",充分调动学生学习的积极性,最大限度地落实学生的主体地位,让学生自主学习知识,合作解决问题,讲解、探究甚至拓展的权力也最大限度地留给学生,一句话——精彩留给学生。目前,我们初步建立起生动活泼的课堂基本形式,主要课型教学预设的基本环节:课前自主学习,完成学案——课堂分组讨论——小组展示学习成果和问题——质疑交流,解决问题——课堂小结。

自主学习。课前分发指导自学的校本学案,树立"学生是学习的主人、是课堂的主体"的教学观念,信任学生,保证学生自主学习的时间和空间。建立机制,保证自主学习的质量,对学生完成学案的情况,采用小组检查、老师抽批的方法,保证学生按时、按质、按量完成课前的自主学习任务。

小组讨论。围绕学案上设计的问题,各组组织讨论,形成本组的学习成果,提出本组解决不了的问题。

展示交流。小组展示主要采用板书和解说相结合的形式,展示结束由其他组点评,教师引导,补充,形成结论。

教师主导。以学生的课前自主学习、课堂的分组讨论、小组的展示质疑为主线,突出了学生的主体作用;同时强调教师发挥主导作用,通过点拨、讲解、串联,引导学生的思维走向明晰、深刻,帮助学生构建知识体系。

⑤对于师生的教与学,建立了多元的评价机制

物理组开展绿色课堂教学使物理老师在观念、行为上发生了改变,且促进了教师的发展,主要表现在:

首先,在教育观念上,"以学生终身发展为本"的新课程理念和绿色课堂理念在利辛高级中学物理教师脑海中已扎根,并在物理绿色课堂教学实践中逐步得到落实。其次,在教学方法上,绿色课堂合作讨论、展示交流,给教师提供了了解学生个性与共性、关注学生情感态度与价值观培养的时空保障,能够运用启发式、讨论式、探究式、参与式教学方法,教学重点、串适当,讲解适度,重视学法指导和知识体系建立,能够充分发挥学案在学生学习和教师教学中的作用。再次,在师生关系上,物理绿色课堂架起了师生间的桥梁,师生成了合作学习上的伙伴,探究过程中的密友。最后,在自身素质上,教师通过对自编学案的研究,教学知识与技能、教科研能力等都有较大提高。物理绿色课堂带动了教师专业成长,物理教师在教育教学理论研究和实践中取得了重大突破。

(2)拓展性研究成果

根据普通高中新课程的培养目标调整课程结构,进行课程设置,注重综合实践活动课程,促进学生全面发展。近年来,物理组开设了物理生活社、科技创新社、科技社等社团,社团学生作品参加青少年科技创新大赛,已经获得国家级奖项2项,省级奖项8项,市级奖项70多项。宋梦阳同学获得十多项科技创新发明专利;谢金亮同学凭借发明的"新型多功能高效树漆刷"获得省级创新科技大赛一等奖,全国青少年科技创新大赛二等奖。

(3)其他相关成果

近年来,物理组教师在"一师一优课、一课一名师"活动中,运用"绿色课堂"教学理念上课,被评为市级"信息技术教学应用名师"的有6人。2011—2016年,物理组教师获得亳州市专业称号的,教坛新星5人,骨干教师3人,学科带头人1人。

9. 启迪反思

(1)进行物理学习困难的研究。经济与社会发展日新月异,教育发展与教育改革没有止境,我们将与时俱进,继续进行物理学习困难研究,主要是物理学习困

难应对策略的研究。

(2)深入开展绿色教育实践研究。人的发展,主要受制于三个因素——遗传、教育和环境。教育,从广义上讲也是一种环境。从一定意义上说,教育就是给学生提供适合他们健康发展的环境。我们将围绕这个中心,在已经取得的成效的基础上,继续开展实践性研究。

(课题组　姜万和　赵旗)

第五章

名师风采

培养教师　促进成长

王晓东　安徽省中小学正高级教师、特级教师、高级教师职务评审专家；安徽省教育科学研究省级课题鉴定专家、安徽省物理奥林匹克竞赛教练员、安徽省中学物理专业委员会理事、亳州市中级教师职称评审委员会主任委员，亳州市物理学科基地主任和物理名师工作

室主持人、亳州市教育局教科所物理兼职教研员、蒙城县教师进修学校兼职教师、蒙城县中学物理名师工作室主持人；国家中小学教育科研先进工作者、亳州市首批专业技术拔尖人才、亳州市首批政府津贴获得者、亳州市十佳德育工作者、亳州市教育科研先进个人和优秀教师、蒙城县十佳党务工作者、蒙城县十佳教导主任。历任教研组长、年级主任、教导科长、副校长等职务。在三十余年的教育生涯中，勤勤恳恳、兢兢业业，以优良的作风和出色的成绩，赢得了社会各界的一致好评。

　　勤于笔耕，积极撰写教育教学论文。先后在《物理教师》《教学与管理》《中学物理教学参考》《物理通报》《物理教学探讨》《中学物理教学》《理科考试研究》《中学物理》《中学生物理》《中学物理教学》《安徽教育科研》《中国教育论坛》《现代教育科学》《今日中国教研》《科教新时代》《试题调研》《青苹果》等二十余种专业期刊上发表论文四十多篇。任教导科长期间，创办校刊《教与学》；主编《教研信

息报》和《教科研论文集》；领导教研组实施"教育科研课题工程"；主持研究安徽省级教育科研课题《高中课堂教学评估研究》，获安徽省教科研成果奖；参与安徽省级教育科研课题"中学物理实践活动研究"，负责安徽省级教育科研课题"基于有效教学理念的课堂教学改革实践研究"和主持亳州市级教育科研课题"普通高中物理学科教科研基地建设的研究"，顺利结题并受到专家好评；主持安徽省级教育课题"高中物理名师工作室建设的研究"，已取得阶段性成果。积极进行校本课程开发，策划并主编普通高中课程标准校本教科书《物理大课堂》，由安徽教育出版社出版发行，在安徽教育科学研究院 2012 年举办的十年基础教育成果评选中，荣获二等奖。

教学之余，著书立说，颇有成就。主编《追求卓越》《重·难·典一点通——中考物理总复习》《求实创新铸辉煌》《高二物理——跟踪导练》《高一物理——跟踪导练》《高中物理 1＋1 同步学习（必修 1）》《高中物理 1＋1 同步学习（必修 2）》《高考物理百日通》《中考物理 60 日》等十二本；开发校本教材《物理大课堂》《漆园风韵》两本；编著《重·难·典一点通——高考物理总复习》《百日决胜——3＋X 高考物理》，《走进教育科学》等六本，参与编写教学辅助材料若干本，其教育教学工作实绩入选《中学骨干教师辞典》和《中国专家大辞典》两部人物大辞典。

注重尖子生人才培养，强化"中国科学技术大学创新实验班"管理，通过优生优导、小班教学、超前学习、个别指导等方法，调动学生的学习积极性。蒙城一中在奥林匹克竞赛中取得了辉煌成绩，每年平均百人获得省级一、二、三等奖。因此，被中国科技大学授予"创新人才培养基地"，在我辅导过的学生中多人获全国物理奥林匹克赛区奖，所撰论文《中国科技大学创新人才实验班管理探索》发表在国家级杂志《教学与管理》2010 年第 12 期上，足见竞赛成果的丰硕。

人生观："说到就要做到，要做就做最好！""换一种心情，换一种思维方式，也许就会有另一种结果。""优秀是一种习惯！"

教育观："教育不是职业而是事业！""教育内涵就是培养学生素养！""一切为了学生、为了一切学生、为了学生一切！"

培养观："终身学习是青年教师专业成长的加油站，教育科研是青年教师专业成长的肥沃土！""结对子、压担子、搭台子、竖牌子，让青年教师在校本教研中茁壮成长！"

教学观:"课堂教学是素质教育的主渠道!""个性化是课堂教学的生命!""教学生学会学习!"

教研观:"教是为了学,研是为了教!""教研就像一个扁担,一头担科研,一头担教学。离开了教学,科研就没有了依托,离开了教研,教学就失去了动力!"

管理观:"教育管理是教学生产力!""管理是一门学科,不是管家,也不是管制!"

勤于教研　善于管理

黄灿明　中学高级教师,安徽省物理学会常务理事,亳州市教育学会秘书长。1982年毕业于阜阳师范学院物理系物理专业,先后工作于亳州市教师进修学校和亳州市教育科学研究所,平生勤于教研、善于管理,为人谦和、处事诚信,工作负责、任劳任怨、恪尽职守、功勋卓著。现任亳州市教育科学研究所副所长,兼任亳州市中学物理名师工作室专家指导组组长。

多年来,以"教研促教改,教研提质量"为主旨,扎实有效地开展校本教研、教师培养和课堂教学研究工作,如每年均举行优质论文评选活动、"同课异构"教学活动、"名课名师"评选活动,"实验创新"大赛活动等,以此促进教育教学质量的提升。同时,积极指导亳州市中学物理名师工作室开展活动,强化业务与理论学习,通过"学、思、听、备、讲、读、研",夯实教师专业知识与理论基础,打造学习型名师团队。

在教研体制方面,指导学校制定教学研究学习制度、会议制度、检查制度、课题管理制度和表彰奖励制度。坚持"教研兴校、教研兴教、教研兴师"的工作思路,逐步形成了"教～研～评"三位一体的教研模式。要求教师自觉听课,会评研讨课,能上示范课,精析汇报课,愿上引路课,敢上竞赛课。以相互交流为目的,讲事实、列不足、看优势、谋发展,互相探讨,共同提高。以教研校刊为载体,及时总结和宣传学校的教研成果,确保了校本教研有序有效进行,促进了新时期教师专业发展。

在教育教学评价方面,努力构建科学完善的中学教学质量评估体系,领导和实施全市中学生素能模拟测试和评价。让一线老师命题、阅卷和分析,共同研究高考命题方向和高考复习策略。让教学、命题、分析、备考成为一个系统,为提高亳州市高考成绩做了扎实有效的工作。

在教育技术应方面,全面推进学校管理的网络化、课堂教学的现代化、教学设计的媒体化、教学交流的信息化和教学资源整合的技术化。积极开展"一师一优课,一课一名师"活动,每年举行一次市级多媒体教学大赛、教学设计课件比赛和微课制作技能比赛,以此提高全体教师现代教育技术的应用能力。

在教育科研方面,采取"请进来,走出去"的方法,对教育科研人员加强培训。坚持"点面结合,整体推进"的原则,对重点科研骨干进行重点指导,发现典型、培养典型,充分发挥他们的表率和榜样作用。以此强化教育科研氛围,普及教育科研知识,交流教育科研经验,领导实施教育科研系统工程,要求学校有课题、科室有课题、年级有课题、教师有课题。每年组织一次的省市级教育科研课题的申报、检查和鉴定工作,亲自主持研究的亳州市教育科研课题《高中基础教育物理学科基地建设的研究》已顺利结题,另一安徽省教育科研课题《高中物理名师工作室建设的研究》已出终结报告,全面展示了教育科学研究成果,对青年教师培养具有重大的现实意义。

人生观:"随和是素质、低调是修养、良心是底线!"

教育观:"学生是课堂教学的永恒主体!"

管理观:"教研兴师、教研兴教、教研兴校!""观念决定行为,行为决定方法!"

初心永记　不断前行

刘　年　中学高级教师,市级教坛新星,省级优秀教师。1988 年毕业于阜阳师范学院,先后工作于利辛一中、利辛高级中学、利辛教育局。教学上,连续从事初中和高中物理学科教学,并担任班主任多年;管理上,先后担任利辛一中高级中学副校长、党委书记、教导处副主任,调任利辛县教育局党组副书记、总督

学,现任利辛一中党委书记、副校长。"近三十年的工作中,我总是怀着一颗敬畏的心,因为我爱教育事业。"

站讲台上时,我时时提醒自己,不仅要读懂课标、读懂教材,更要读懂学生;不仅要有教会学生学会学习、学会知识的硬实力,还要有帮助学生觉醒、发现学习意义的软实力。正像中医专家一样,不仅要熟悉药材,更要有丰富的临床经验,只有把准"病人"的脉,才能对症下药。教师也是这样,读懂学生才能因材施教。教师要用心去了解学生,准确掌握学生原有的知识水平,认真学习研究不同学龄段的孩子认知规律和心智成长规律,努力使自己在课堂上引导有法、讲解准确,使学生学得轻松、理解透彻、记忆牢固,不浪费学生一分钟。

从事班主任工作十几年,我认识到当一名好教师重要,育人更重要。班主任是学生人生的引领者、潜能的发掘者、智慧的拓展者。工作中要充分尊重、信任和关爱学生,要懂得这份工作需要自己挥洒的不只是爱心,还有汗水与智慧,正是在爱心、汗水与智慧共同编制的一个个让人感动的场景中,焕发出应有的生命光彩。我认为学生需要提醒,也需要呵护与尊重,潜质需要教师的开发,也需要学生的自我挖掘,我常为学生取得每一点进步而欣喜,也常为学生遭受每一次挫折而牵挂。我体会到教育是一门科学、一种策略,更是一门艺术、一种智慧。一位教育家曾说过:不露痕迹的教育是最有效的教育。成功的教育应该让学生在不知不觉中获取真知、学会做人,而无痕迹的教育就是以情境暗示,让学生在自悟自觉中走出困境,这一直是我努力的方向。我累并快乐着,正像一首歌里唱的那样:"因为爱着你的爱,因为梦着你的梦,所以悲伤着你的悲伤,幸福着你的幸福!"

在从事教育教学和行政管理工作的过程中,我深深体会到:教育之事,广难杂变。一是广,涉及人力、物力、财力、时间、空间、信息等;二是难,从制度走向文化,不是一件容易的事;三是杂,都说"细节决定成败",一细下去"不杂才怪";变是绝对的,不变是相对的。在广难杂变的具体事务中,我不断地问自己:我们办学的出发点是什么?是发展人,培养人,是师生共同成长,即实现教师专业发展,学生全面发展。在行政管理工作过程中,我慢慢理解了管理就是让人做事并取得成果。管理的战略性在于让人做正确的事;管理的科学性在于让人正确做事,管理的艺术性在于让人愉快地做事。紧紧围绕"人的发展",扎实做好教研工作,以加强研究为切入点,以提高教学质量为落脚点,使一大批青年教师得到快速成长,得到了学生和家长的认可。

常言道:"小成功靠方法,大成功靠激情,伟大的成功靠信念。我将坚定信念、不忘初心、努力工作、继续前行!"

人生观:"累并快乐着!"

教育观:"教育是一门科学、一种策略,更是一门艺术、一种智慧!"

管理观:"管理的科学性在于让人正确做事,管理的艺术性在于让人愉快地做事!"

知行合一　服务于教

郑　勇　中学特级教师,中国共产党党员。1987年毕业于安徽师范大学物理系,毕业后一直在蒙城一中从事高中物理教学工作,历任蒙城一中物理教研组组长、高三理科综合备课组组长、年级主任、党支部书记、政教科科长,以及亳州市物理教学研究会常务理事等职。
曾获得"学校首届学科带头人""县优秀党务工作者""市优秀教师""市七一党的好助手""省优秀网管员""安徽省优秀教师""省特级教师"等荣誉称号。2000年被遴选参加教育部主办的"跨世纪园丁工程——中小学骨干教师国家级培训"。

勤于笔耕,多篇论文获得省级或市级奖。多篇论文发表在《物理通报》《数理化学习》《中学物理教学探讨》《高中苑》《中学物理教学》等杂志上。喜欢找自身的不足,能积极学习新的教育教学理论,并及时运用到教育教学中去,是学校运用现代教育技术进行教学的倡导者和先行者。

平时重视自身思想素养的提高,在思想作风上实事求是、表里如一,有责任心和事业心;在工作作风上认真严谨、讲求实效;待人处世上光明磊落、诚实守信;工作上坚持立场、廉洁奉公,不避重就轻,不计较个人得失;团结同志,说真话、做实事,全心全意为师生服务。

重视德育工作,不断探索新形势下的方式方法,充分听取各方意见,不断完善各项制度。编制《蒙城一中学生手册》,将学生行为规范量化考核日常化、法制教育课程化、班主任绩效考核制度化、主题班会系列化、师德师风建设常态化,使学校的德育工作不断向规范化、制度化、精细化、系列化方向推进。

教育观："教书育人，德育为先！"

人生观："光明磊落、诚实守信，实事求是，表里如一！"

座右铭："说真话、做实事，全心全意为师生服务！"

享受过程 成就事业

王永先 中学高级教师，亳州市物理名师工作室专家组成员，安徽省高级教师职务评审专家，安徽省物理奥林匹克竞赛教练员，利辛县物理教科研组长，"亳州市优秀教师""利辛县优秀教师""利辛县十佳教师"。1982年毕业于淮南师范学院物理系，先后任教于利辛县马店中学、阚疃中学和利辛一中。现任利辛一中教导处副主任、年级部副主任、物理教研组组长。

长期从事一线教学工作，担任职务期间也没有脱离教学岗位。三十多年来，工作勤勤恳恳、任劳任怨，为高校培养了一千多名优秀学生，其中有三百多人考取"211工程"大学，一百多人考取知名大学，多名学生就读于北京大学和清华大学。诸多学子中，有十几名获得博士学位，若干名出国留学，朱磊同学在美国哈佛大学攻读博士学位，是亳州市唯一在哈佛大学就读的学生。2016届所带班级在亳州市物理统考中取得班级第一名的好成绩，所带高三物理学科成绩也是全校九个学科中最好。该班学生在2016年高考中全部达到"一本"分数线，有二十几名学生考取"211工程"大学和"985工程"大学，十几名学生考取"九校联盟"大学，两名学生考取北京大学。

在任阚疃中学教导主任期间，对教导处工作进行创新改革，制定了相应的激励措施，充分调动了教师的积极性，教学质量逐年提高，吸引了周边多个乡镇的学生前去就读。2000年教学质量达到了顶峰，当年学生的高考成绩超过了县城中学。教学之余，积极参加教育科研活动，撰写多篇论文发表在《中学物理教学参考》《物理教师》《中学生物理》《湖南中学物理》等教育期刊上。参与编写

《高中物理1+1同步学习(必修1)》《高中物理1+1同步学习(必修2)》等教学参考书。辅导学生参加全国高中物理奥林匹克竞赛,多名学生获省级或市级奖。

人生观:"踏踏实实做事,老老实实做人!"

教育观:"把教育当事业,享受过程及成果!"

座右铭:"继承恩公志,会当凌绝顶! 努力做到最好!"

平凡岗位　大爱事业

郭飞峰　中国物理学会会员、亳州市教育学会物理学科分会常务理事、亳州市教师资格认定专家、安徽省教育科研课题验收专家、安徽省高级教师职务评审专家、安徽省电化教育协会理事、亳州市电教协会秘书长、首届亳州市人民政府教育督学。先后任亳州一中电教中心副主任、主任职务、亳州一中南校教科研中心主任、党支部副书记,现任亳州一中南校督导室主任。

在亳州一中工作期间,辅导和带领学生参加安徽省物理奥林匹克竞赛,有26人获得省级三等奖以上;所带班级连续十几年被评为优秀班集体荣誉称号;参与编写的《初中物理教学目标·评测》《通过模型学物理》系列丛书在全国发行;创建亳州一中网站,参与网站的多年管理维护和新闻报道工作,并被评为"全省教育技术装备先进个人";作为安徽省教育科研课题验收专家,多次参与省教科院、市教科所组织的省、市级课题验收工作,所主持课题"多媒体技术在学科教学中的应用研究"荣获安徽省一等奖。在担任电教中心主任期间,建成了学校"八室·一站·三系统"的电教环境,每个班级都配备了投影机、幕布和专用工作台,每间教室都安装了教学评估系统,装备了校园网络系统、校园广播系统、教师电子备课室、五间多媒体教室、多媒体语音教室、多媒体报告厅和校园办公系统等,所有电脑终端在全省相同级别学校中率先连接到互联网,初步实现了教师备课、学校办公自动化和网络化。

在任亳州市电教协会秘书长期间,参与策划全市各项电教工作的建设、研究、评估、检查和课题指导工作，筹划举办多种电教工作会议、活动，比如，配合电教协会工作，在亳州一中成功组织并举办了"现代教育技术与新课程改革研讨会"，安排了专家报告、学校电教工作经验交流研讨、电教优质示范课评讲研讨、参观学校电教建设环境等丰富多彩的电教活动；参与了亳州市多次"农远应用新星""多媒体优质课大赛"评选活动，参与亳州市"安徽省第三批现代教育技术实验学校"的申报、考评和中期成果验收工作，在亳州市电教工作中做出了应有贡献。

在担任亳州一中南校教科研主任期间，积极打造高效课堂，推进翻转课堂的改革，每年都要组织开展全员参与的教师基本功比赛活动；积极推进课题研究工作，先后申报 2 项国家级、5 项省级课题和 20 项市级课题研究项目，其中安徽省课题"高中化学课堂观察的实践研究""高中语文课堂少教多学策略和方法研究"、亳州市课题"人教版高中历史教科书插图的应用研究"等顺利结题，并得到课题验收专家的高度评价。积极推进国家"一师一优课、一课一名师"活动，亳州一中南校的晒课数量和质量始终位居亳州市领先位置；亳州一中南校建校以来，坚持多年开展的以老带新"青蓝工程"，使教师素质明显提升！

人生观："潇潇洒洒，人生处处有美好！"

教育观："行动是最好的教育，用心是最好的教学！"

培养观："甘当绿叶衬红花，百花盛开更鲜艳！"

管理观："三流的管理靠嘴，二流的管理靠腿，一流的管理靠诲！"

立足教研　教书育人

徐文立　安徽省亳州市涡阳五中南校校长兼党支部书记、亳州市教育学会物理学会副会长、亳州市高级教师评审委员会委员。忠诚于党的教育事业，全面履行教师岗位职责。因教育教学成绩突出，先后被评为"涡阳县优秀人才"

"亳州市学科带头人""亳州市特级教师""全国模范教师"等荣誉称号。

多年来,一直担任高中物理教学工作,所带班级的学生成绩在全县名列前茅。在教育科研中,独立地承担各级课题研究,把握课改动向,指导新教师进行教学工作,辅导学生开展研究性学习和科学探究活动。主持亳州市教育科学研究课题"新课程下的部分物理演示实验的创新",并顺利结题。另一市级重点课题"学科课堂教学模式的创新研究"也取得了阶段性成果。工作之余,发表了多篇省级以上论文,如"创新物理实验创建高效课堂""对构建高中物理高效课堂的几点思考""新课程下高中物理教学如何培养学生的问题意识""问题教学法在高中物理教学中的运用""高中物理教学如何实施素质教育""高中物理教学如何打造高效课堂""高中物理教学如何培养学生科学探究能力""高中物理教学中多元智能理论的应用""高中新生物理教学感悟""在物理总复习中要强化学生思维能力的培养""浅谈 STS 模式下的素质教育""如何应对理综物理考试""如何在物理课开端引起学生兴趣""解读法拉第电磁感应定律""增强演示实验效果的几个字""浅谈中学物理教学中学生问题意识的培养""中学生学习物理的思维障碍及成因""通过实验教学培养学生创新能力若干思考""灵活选择研究对象巧解变质量问题"等,具有较高的学术价值。

在涡阳一中任年级主任期间,实施教育科研促提升的校本教研战略。为了使教育科研常规化,制定教育科研制度,鼓励并引导青年教师参与教学研究,促进其业务成长。先后参与制定了《青年教师358工程实施意见》《教学教研常规管理》《教育科研管理办法》《教育科研成果奖励的补充说明》《研究性学习指导意见》《学科竞赛管理办法》《优秀教研组评选细则》《集体备课制度》等,使学校的教育科研制度化,运转有序。创办学校期刊《一中教研》,为涡阳一中打下了一块教育科研的主阵地。

价值观:"以身作则、尊重他人,爱护学生、甘为人梯!"

教育观:"坚信人的发展是多维性的统一!""传道授业,润物无声。""学校教育以德为先!"

座右铭:"诚实做人,踏实做事,行胜于言!"

热爱教育　以德树人

　　冯立仁　阜阳市首届教坛新星、亳州市优秀教师和优秀班主任。中国教育学会物理专业委员会会员、安徽省教育学会物理专业委员会会员、亳州市教育学会物理专业委员会副理事长、亳州市高级职称评审委员会专家库成员。毕业于阜阳师范学院物理系物理专业，一直在亳州市第二中学任教。担任班主任工作二十多余年，历任教研组长、年级主任、政教主任和教务主任。

　　在教育教学工作中，恪尽职守、成绩斐然。所教班级学生多人考入全国知名大学，辅导学生参加全国物理奥林匹克竞赛，多人获安徽赛区三等奖和亳州赛区一等奖。参与研究安徽省科研课题《中学物理分层教学探讨》获省教育科研二等奖。自制教具"平抛物体运动演示仪"获安徽省教学成果三等奖。撰写论文"中学生物理发散思维训练"发表在《物理通报》杂志上，多篇论文具有较高的学术价值。

　　任政教主任期间，解放思想，更新观念，尽职尽责，时时刻刻以学生利益为出发点，以维护学校和教师利益为己任，工作方法力求得当，主动配合学校领导，积极倾听班主任呼声，切实起到了承上启下的作用。一是带好学生干部队伍和班主任队伍。修订和完善了《班主任工作考核细则》，积极配合学校其他部门，深入实际、深入课间、深入学生，随时掌握违纪学生的思想动态，积极主动地开展工作，发现问题并及时解决。二是坚持不懈地抓好学生行为规范教育。以《中学生日常行为规范》为基础，结合创建安全校园、文明校园、文化校园活动，对班级卫生和学生仪容仪表，天天检查、常抓不懈，督促学生养成良好的文明行为和生活习惯。三是加强安全法制教育，增强学生的安全意识。充分利用电子大屏幕、橱窗、黑板报、校园广播、升旗仪式等多种媒介，加强对学生的法制教育、反邪教警示教育和安全教育。四是加强班集体建设，狠抓文明习惯的养成教育。为了推动学校精神文明建设，增强广大学生的自觉、自主的文明意识，按照《文明班级、文明学生评选办法》，每周进行一次评比活动，在升旗仪式进行时举行文明班级"流动红旗"表彰授旗仪式，促使学校"抓常规、创文明、争先进"的活动得以落实。

任教导主任期间，不断完善学校各项教学常规制度，通过教师业务学习，校本培训等多种形式，让任课教师明确自己的职能范围、工作任务及目标，真正做到了学期初布置任务、学期末全面检查，调动了教师工作的积极性。加强教学常规检查指导的力度和落实好各项常规工作，对教学常规采取"一周一小查，一月一大查"的办法，保证各项工作的落实。同时，积极进行教科研改革，努力提高教学质量。工作中带头改革备课的模式，指导各教研组认真开展教研活动。为真正吃透新课改的精神，学习各种先进教育教学理论，选派不同层次的教师外出学习，促使他们开阔眼界、转变思想。指导广大教师将新课改精神与教学实践相结合，及时发现、研究和解决课程实验过程中出现的各种问题，让各类学生都能得到充分的发展。

教育观："以德树人，重在习惯养成！"

人生观："热爱工作，克勤克俭，与人为善！"

座右铭："团结协作，合作共赢！"

学科教学　重在电教

黄　伟　安徽省教坛新星、安徽省特级教师、亳州市教坛新星、亳州市优秀教师、亳州市学科带头人，享受亳州市政府特殊津贴，2017 年晋升为中学正高级教师。现任亳州市教育协会物理专业委员会副理事长，亳州一中电教室主任。

任电教室主任期间，积极开展示范课题"微视频网络自主学习"的实践研究工作。目前，本校教师自主研发校园网"微视频网络自主学习平台"上已发布了多个微视频，实现了校内校外、电脑和移动设备都能点播的愿景，为亳州市教育科研课题的研究奠定了坚实基础。

一是以校园网的改版为契机，改进了学校电子化办公管理平台。学校网站对内服务于教育教学,对外是学校的宣传窗口,是整体反映学校形象的最主要的平台。积极完成校园网站的改版、更新及完善工作,使其在学校教育教学管理信息化、构建学生自主学习的网络平台等方面发挥作用。同时,进一步改进学校电子化办公管理平台,使其更好地服务于德育、教学、管理、教师、学生、家庭和社会。首先,指导各科室及相关老师负责校园网各板块的管理和维护工作,广泛宣传学校的办学理念,进一步挖掘校园网的功能,调动各部门各教研组参与校园网建设,要求每位教师都能及时上传教案、课件、教育教学随笔等教学资源。每学期完成一定量的资源上传任务,达到资源共享的目的,使校园网在增强学校管理、教师业务、学生素质发展中发挥更大的作用,真正成为宣传学校特色的平台、提升学校知名度的窗口、家校联系的桥梁、发布各种信息的阵地和教育教学素材的资源库。其次,建设好学校班级博客,每月督促班主任及时完善上传相关资料。利用自主研发的网上管理系统,做好电教设备等的维护和管理工作。实行设备保管责任制,要求全体教师养成勤俭节约、爱护电教设备的良好习惯,更好地保管现有设备,把人为损坏因素降到最低,从而保证设备的完好。

二是以系列培训为途径,着力提高教师的信息化素养。实现教育现代化,教师队伍的现代化是关键。教育技术的现代化归根到底是教师的现代化。为此,分阶段分层次对教师的现代教育技术技能开展了系列培训活动。主要培训项目为PPT课件制作中的"自定义动画的演示""FLASH动画的插入""FLV视频的播放""触发器的运用""微课制作"等。在一次次的培训活动之后,教师的信息化素养逐渐得以提升。

三是以校级竞赛为平台,全面提高教师的信息化应用能力。分层次开展教育技术方面的竞赛活动,提升教师信息化的应用能力。教师筹备比赛作品、参加比赛的过程,也是将培训时学到的理论知识转化为实际操作应用能力的过程。

教育观:"教育现代化,关键在教师信息的现代化!"

教学观:"学科教学,重在现代教育技术的应用!"

座右铭:"诚实待人,踏实工作!"

献身教育　执着教学

张全三　高级教师,亳州市中学物理名师工作室成员,安徽蒙城一中物理学科主任。先后获得"蒙城县一级教学能手""蒙城县教坛新星"荣誉称号,2013 年获亳州市中学物理优质课评比一等奖,2015 年被聘为蒙城县物理名师工作室高中学段主持人,多次担任亳州市物理学科的试卷命制工作。

工作之余、勤于笔耕。论文"变速直线运动中的三种平均速度"发表在《中学理科》杂志上,"对称性解题的对称美和简捷美"发表在《湖南中学物理》杂志上,"定性分析疑云起定量计算真相现——2009 年江苏高考物理卷第 9 题解法讨论"发表在《湖南中学物理》杂志上。论文"高中物理课堂提问有效性的研究"和教学课例"速度变化量快慢的描述"分获亳州市教学教研成果一等奖。

踏实工作、成绩斐然。2016 年辅导学生获全国中学物理奥林匹克竞赛安徽赛区二等奖 3 人、三等奖 6 人、市奖若干人;参与研究安徽省课题"基于有效教学理念的课堂教学改革实践研究"和亳州市课题"普通高中物理学科教科研基地建设的研究",主持亳州市课题"高中物理教学质量提高的研究"均取得优秀成果;参与编写《高考物理百日通》《物理大课堂》《追求卓越》等专业书籍和蒙城县教育电视台《高考专题实验题和压轴题》的录制,服务于高考教学。

教育观:"献身教育,执着教学!"

人生观:"不忘初心,追求卓越!"

座右铭:"踏实认真,尽力做好每一件事,团结每一个可团结的人!"

【荣誉殿堂】

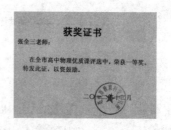

【成长足迹】

2003 年刚踏上工作岗位时,我内心充满期望,想成为一名好教师,教出一批好学生。在从学生到教师的转变过程中,常因经验缺乏,或不善于与同行交流沟通而产生不少困惑。为解决这一问题,我调动自己的主观能动性,对教学中出现的困惑主动思考。因带的班级较多,白天来不及思考,只有等到晚上去想,经常把疑问带入梦乡。同时,我积极和年轻教师一起交流讨论,如果问题还是不能解决,再去请教有经验的老教师,直到把问题解决,心里才踏实。物理课离不开实验,只要学校有的实验装置,我都会从实验室搬到课堂给学生演示。虚心求教使我向有经验的老师学到很多东西,积累了一些教育教学经验,慢慢体会到当教师的乐趣。

使我最难忘的是参加"学校第二届教坛新星评选",当时,我对自己很没有信心。得知教研组长替我报名后,就上网学习制作课件的方法,遇到专业性术语就去问计算机高手。经过几天的摸索,基本上能制作最简单的课件,但操作起来还是不能得心应手。到了比赛现场才体会到比赛与平时上课不同,免不了手忙脚乱,留下了不少遗憾。当天王晓东老师把我叫到办公室,诚恳地指出了上课过程中的不足和注意问题,同时恭喜我获得蒙城一中第二届"教坛新星"荣誉称号。这是我和王晓东老师第一次面对面的交流,让我领略到特级教师的风采和气质,给了我教育教学中无穷的动力。之后,王晓东老师还鼓励我写教学体会和教学心得,经过一段时间的尝试,我的写作水平有了一定的提高,并发表了不少教学教研方面的文章。现在的我没有了初当教师时的困惑和焦虑,但对教师这一事业却有了更加深刻的认识:教师不仅是照亮别人的"蜡烛",更是不断充电的"长明灯"。

辛勤耕耘 矢志不渝

　　王科建 高级教师,亳州市中学物理名师工作室成员,安徽亳州一中教科所物理教研员。先后获得亳州市委、市政府授予的"先进个人""优秀教师"和"亳州市学科带头人"等荣誉称号。

　　潜心教研,勤于笔耕。教学课件"交流电""玻尔模型"获安徽省教学成果一等奖,论文"高中物理实验资源的开发方法初探""设计随堂小实验提高物理课堂教学有效性"和"实验在物理教学中的应用"获安徽省教研成果一等奖,"电场中的导体""交流电"获亳州市现代教育技术优质课一等奖,"反冲现象演示实验""光的干涉和衍射的演示实验装置"获得亳州市优秀教具评比二等奖。

　　辛勤耕耘,成果丰硕。在全国中学物理奥林匹克竞赛中,辅导学生在安徽赛区获二等奖3人,三等奖7人。2009年所带实验班学生高考全过本科线,2011年所带班级学生高考平均605分,2014年所带两个班级学生高考平均分位列全市前2名,实现了连续三届上台阶的优异成绩。

　　教育观:"一切为了学生,为了学生一切,为了一切学生!"

　　人生观:"踏实认真,一丝不苟!"

　　座右铭:"辛勤耕耘,矢志不渝!"

【荣誉殿堂】

【成长足迹】

　　刚到亳州一中,学校给每个年轻教师分配了指导教师,实现以老带新。作为青年教师,我每次都先备课,再听课,再上课,通过比较发现自己的不足及时调整教学方法,理清上课的程序。正因为这种钻研精神使我站稳了课堂,并得到学生的充分认可。为了加强计算机辅助教学,我又买来多媒体制作方面的书籍,很快掌握了课件制作的技术,并应用到课堂教学中,使知识的呈现方式多种多样,深受学生的喜爱,也得到了学校的表扬。

　　成为合格教师后,潜心钻研课标考纲,学习教育教学理论就必不可少了。通过对课标和考纲的研读使我能轻松驾驭教材,领会教材编写者的意图和施教方法。通过教育理论学习能使我站到高处看课堂,使课堂设计从学生的最近发展区出发,通过一个个问题链设计,一步步诱导,一层层展开,使学生在积极思考中生成了新的知识。通过多种媒体让学生观察感受,并动手设计实验探究猜想、验证结论,极大地调动了学生的积极性,激发了学生学习物理的兴趣。

　　在教育教学中,我很重视学生学法方面的指导,如怎样预习、听课、记笔记、记录错题、整理典型题等。还有定期检查笔记本、纠错本、典型题集本的利用情况。在高三备考中指导学生建立知识结构,依据知识结构梳理知识;指导学生整理典型题,提炼解题策略和方法;指导学生分类梳理错题,归纳错因,找到应对的方法。闲暇之余,和本组老师一起组织第二课堂活动,利用展板对学生进行科普宣传,以此激发学生热爱科学的浓厚兴趣,所辅导学生参加科技创新,多人在亳州市科技创新大赛中获奖。

知学无涯　追求无涯

　　韩　明　中级教师,亳州市中学物理名师工作室成员、安徽省教育学会书法委员会成员、中国散文诗协会成员、庄子学院院士,现为蒙城一中团委宣传委员、校文学社《南华学林》主编。先后获"蒙城县教坛新星""蒙城县骨干教师""亳州市教坛新星"等荣誉称号,"亳州市第二届中小学教师多媒体教学大赛"一等奖和"亳州市中小学物理实验说课比赛"一等奖。

　　积极进取、成绩斐然。参与研究安徽省课题"基于有效教学理念的课堂教学

改革实践研究"和亳州市课题"普通高中物理学科教
科研基地建设的研究"的研究,主持亳州市课题"高
中物理有效教学模式的研究"的研究成果突出;编撰
《高考百日通》《物理大课堂》《追求卓越》等专业书
籍;在专业期刊上发表论文"机车的'四两'问题"
"'喻之教学'在高中物理中的应用""高中班主任的
'12345'"等四篇。

喜写作,尤以散文诗见长;喜书法,尤以篆书见
长。教学之余,写作略有所获,发表非教学作品于《散文诗》《新诗大观》《大江晚
报》《北海晚报》等各地报刊杂志。素日习字,虽不能登大雅之堂,偶获小奖,实为
自娱自乐。

人生观:"立足今日,放飞梦想!"

教学观:"投身课改,创新课堂,提高效率!"

座右铭:"知无涯,学无涯,追求亦无涯!"

【荣誉殿堂】

【成长足迹】

当教师非我初衷,却在高考填报志愿时阴差阳错地选择了师范大学,于是成
为一名教师。工作之初,顿感教师职业之不易,教学上亦力不从心。命运掌握在
自己手中。要么你驾驭生命,要么生命驾驭你,你的心态决定你是坐骑还是骑
手"。正是这句名言的激励,让我成长和蜕变。

我教学成长要感谢四位教师,一位是高中班主任郁志坚老师,他教会了求学
路上的我认识物理,走进物理的殿堂;一位是隋洪飞老师,他在工作之初的教学上
为我解惑和指导;一位是"拜师结对"的刘蒙老师,他教我如何从容地工作与生活,
其为人处世的风格使我受益颇多;一位是在教研上给我很大帮助的王晓东老师,
他让我认识到做教师的严谨和最基本的职业情感,让我意识到教师需要教研来丰

富教学,充实自我。

　　陶行知先生说:"倘若当教师的,自己天天去研究,有所得的,即随时输入于学生,如此则学生受益较多,即当教师者也觉得有无穷的乐趣。受益学生求学,固然要学而不厌,就是当教员的要真正做到学而不厌。"是的,学而不厌,这句话不仅仅是写给学生的警句,亦是教师做学问的至理名言,所以我的教师格言和"学而不厌"相似,即"知无涯,学无涯,追求亦无涯耳",意思是知识和学习是无涯的,需要我们用其一生去追求、去努力。

投身教育　无愧我心

　　杨成勇　高级教师,亳州市中学物理名师工作室成员,现任安徽涡阳二中教研组长。先后获"涡阳县优秀班主任""亳州市优秀班主任""亳州市首届教坛新星"等荣誉称号,所带班级获"亳州市五四红旗团支部"荣誉称号。

　　多年来,坚持将学生放在首位的教学理念,积极钻研教材、创新教法,在物理教学中走出了自己的路子。辅导学生盛家敬、孙磊等四人获"全国第十届初中物理竞赛"一、二、三等奖。在课改大潮波涛汹涌的今天,积极探寻高效课堂的新方法,取得良好的效果。为此,应邀赴江苏省连云港市赣榆中学、四川省阆中中学、四川省达州中学、四川省资阳中学、河南省汤阴一中、河南省南阳一中和海南省澄迈中学等进行示范课教学和学科讲座,受到广泛好评。

　　我坚信,教学之路是一个不断进步之路,只有坚持学习,不断地提高自己,才能在教学中为学生提供更优质的课堂。

　　教学观:"立足课堂,追求高效!"

　　人生观:"运动健身,以学会友,快乐每一天!"

　　座右铭:"岂能尽如人意,但求无愧我心!"

【荣誉殿堂】

【成长足迹】

进入教育这个多彩的世界原是一个偶然。本本分分地教书,平平淡淡地生活,直到1998年。这一年,校长袁晓琳给了我一个由优秀应届生和部分历届生组成的混合班级,我立刻意识到这是一场不允许失败的战役,作为班主任,我必须背水一战。功夫不负有心人,我收获了城东中学有史以来最优秀的中考成绩。从那年开始到现在,每年都会收到来自他们的感动,让我在班主任这个岗位上享受着幸福。

接着,我参加岗位招聘进入涡阳二中,开始了高中物理的教学工作,这又是一个成长的开始,我喜欢这样的挑战。在高中物理的教学之路上,我一直在不断地攀登,收获着美丽的风景。这几年,我收获颇丰,获得了多种荣誉称号,又一次品尝到无比甘甜的果实,2015年高考辉煌是我教育生涯的第二块里程碑。

新的教学改革以不可阻挡的步伐推动着教育的发展,改革势在必行。怎样使学生在有限的时间内得到更大的提高?怎样让学生学会学习?怎样提高学习效率?为此,我参与了大量新课改的教学观摩活动,县内县外、市内市外、省内省外,我乐此不疲、思考不断、收获不断。从教25年,我从课堂上得到了真正的成长快乐。

学生开心　家长放心

王辛辛　正高级教师,亳州市中学物理名师工作室成员,现任教于安徽涡阳龙山中学。先后获"全国模范教师""安徽省特级教师""安徽省优秀乡村教师""亳州市学科带头人""亳州市药都优秀教师"和"涡阳县优秀人才"等荣誉称号,享受安徽省和亳州市政府津贴。

积极思考,善于总结。撰写论文"如何创设趣味性教学""在探究学习中培养学生提出问题能力的探讨""探究物体的颜色实验演示器""村初中物理探究式课堂教学的策略""试探初中物理有效课堂的教学""简易多功能液体压强演示仪""巧用自制教具,助力物理教学""巧用电子白板,构建高效课堂""趣味电动机组合"等,发表在《新课程》《湖南中学物理》《实验教学与仪器》《中学物理》《中华少年》《中学物理教学参考》《物理教师》《实验教学与仪器》《物理教学探讨》等专业期刊上,具有较高的学术价值。

　　教学中,注重理论联系实际,探索出了"爱、严、导、重身教"的教育模式。组织学生开展家庭实验、科学小发明、小制作、撰写小论文等活动,培养学生的动手能力。2013 年有 6 人在县级科技创新大赛中获奖,2014 年在亳州市科技创新大赛中王谦获二等奖,2016 年在安徽省科技创新大赛中,马海博获三等奖。用自己的真诚和理想树立了新时期农村教师的优秀形象,用自己的执着与奋斗谱写了一曲农村教育的赞歌。

　　教育观:"用爱心、诚心、细心、耐心去换取学生的开心,家长的放心!"

　　人生观:"以教育快乐自己!"

　　座右铭:"把平凡做到极致,不求最好,只求更好!"

【荣誉殿堂】

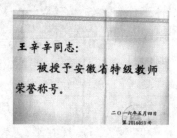

【成长足迹】

　　1993 年毕业后,被分配到涡阳县龙山中学,从事初中物理教学工作。24 年过去了,我依然坚守在农村教育的战线上,兢兢业业、一丝不苟、无怨无悔,把自己宝贵的青春和满腔热情奉献给了挚爱的教育事业,用爱心、真心去感化每一个学生。

　　教书育人是教师的天职，但教师如果没有扎实的教学技能，空有一腔热情是无法完成教书育人这一使命的。多年来，我以终身学习为己任，不断提升自己的教育教学能力。为了适应当前新课改的要求，刻苦钻研教育教学理论，潜心研究教材教法，广采他山之石。并积极参加骨干教师培训，聆听专家报告，参与听课评课。教学中通过对实验教学、信息技术和物理教学的整合，课堂教学变得更加形象、生动、直观，深受学生的喜爱。

　　通过科研课题为农村教师专业成长搭建交流研究的平台，促进其专业化成长。随着校本教研的深化，我不断创新研训方式，积极倡导网络教研，实现网路资源共享、优势互补，建立 QQ 教学交流群，及时把自己教学中的疑问记录下来，使教研活动随时随地进行，从而提升教师的专业水平。同时，还经常采取"开放课堂""专题研讨""结对子"等形式切磋探讨，结合青年教师课堂教学的具体环节，指导建构高效课堂的策略，达到共同成长之目的。

投身教改　以爱施教

　　李　飞　高级教师，亳州市中学物理名师工作室成员，现任安徽蒙城六中物理教研组长和年级主任。先后获"蒙城县物理学科优质课""亳州市物理学科优质课""安徽省物理学科优质课"一等奖，"中学奥林匹克物理竞赛优秀辅导老师""蒙城县教学能手""蒙城县优秀班主任""亳州市先进德育工作者"和"亳州市第六届十大优秀青年"等荣誉称号。

　　积极投身教学改革，参与安徽省课题"如何打造高效课堂"的研究，并顺利结题；参与编写高考复习教材"高考物理百日通"和安徽省高中物理校本教材"高中物理大课堂"；撰写"物理教学中学生创新能力的培养"和"观察与质疑并举，思考与归纳并重"等论文获安徽省教育科研奖。从教十多年，突出的教育教学成绩，得到了学生及教育同行的一致好评。

　　教育观："教育就是使每个学生都健康成长！"

　　教学观："投身教改，以爱施教！"

座右铭:"做平凡之事,成大爱事业!"

【荣誉殿堂】

【成长足迹】

2002年我以省级品学兼优学生的身份,怀着满腔的热情走进了安徽蒙城六中,站上了三尺讲台,用如火的激情点亮了自己生命的航灯。常言道"给学生一杯水,自己应备一桶水",于是,我认真阅读学科书刊,利用互联网获得知识,以身边的教学名师为榜样,不断探索教学的奥秘,完善自己的知识结构,促进了自身综合素质的全面提升。

为了上好每一堂课,我查找了大量的科学资料用于教学实际,逐一实施。一桌一椅、一盏台灯、一摞参考书,伴我度过了一个又一个不眠的夜晚。教学过程中,我着力摒弃"满堂灌""填鸭式"的教学法,让"启发式""探究式"和"合作式"教学理念走进课堂,力求使教学内容和手段符合学生的需求。授课过程中,始终把课前精备、课上精讲、课后精练作为减轻学生负担,提高教学质量的教学重要环节。教案设计科学翔实,教学环节步步紧扣,每一个知识点的讲解、提问讨论或练习时间都安排得精确,每一个实验的指导步骤都准确无误,并注重激发学生自觉参与学习的意识,最大限度地提高教学效益。为进一步提高业务能力,我参加了新课程改革理论培训,驾驭课堂的能力得到了长足进步。

爱心是成功教育的动力和师德的灵魂。多年来,我想学生之所想、急学生之所急,积极探索学生心理,全力解决学生遇到的各类难题。学生陷入困境时,我积极鼓励,学生有"憋屈"时,我悉心疏导,把自己全部的爱奉献给学生和事业。

立志教研　不断进取

姜万和　高级教师,亳州市中学物理名师工作室成员,现任利辛高级中学教科研中心副主任,利辛县教育局教研室教研员。先后获"亳州市科技教育优秀辅导教师""亳州市科技教育先进个人""亳州市级骨干教师""亳州市教坛新星"等荣誉称号,所带班级高三(10)班被授予"亳州市优秀班集体"。

杏坛耕耘,成绩斐然。参与研究国家子课题"绿色课堂"和亳州市课题"绿色课堂",主持亳州市课题"普通高中学生物理学生困难研究与应对策略"的研究,按时结题。参加"亳州市中小学物理实验说课"和"亳州市第二届中小学教师多媒体教学大赛"分获一等奖。教学论文"'天上的力'与'地上的力'辨析"和"师生互动札记"获省二等奖。辅导青少年科普小制作"高效树漆刷"获得国家二等奖和省级一等奖,另有多项获得市级一等奖。所创作的微课"小船渡河"获得省一等奖和国家二等奖。

人生观:"学习、学习,再学习! 团结、团结,再团结!"

教学观:"立志教研,不断进取!"

座右铭:"爱心做人,诚心做事!"

【荣誉殿堂】

【成长足迹】

大学毕业后,我应聘至阜阳第四中学,担任高一班主任并带四个班的物理课。

那时我对教育没有任何概念,仅想将自己所学到的全都教给学生,不懂如何教,也不懂教什么,浑浑噩噩度过了两年教书匠的生涯。

2009年被调至利辛高级中学,回到故乡我有莫名的亲切感,同时更多的是面对新挑战。然而满腔热血却不知如何释放,只能自行摸爬滚打,幸好得到了刘年校长的多方关照。起初的教学疲于忙碌,即使很用心备课、上课和批改作业,也不尽如人意,总觉得生活少了一些东西,教学缺少一个方向。2012年全市物理教研活动在我校举行,全市众多物理老师参与观摩,我认真参与了整个研讨,终于找到了困惑我许久的问题,那就是没有真正研究教学。我充分认识到教研的意义,积极踊跃参与各级各类教研活动,申报课题、撰写论文,着实取得了很大成绩。

2013年有幸被亳州市中学物理名师工作室吸纳为成员,王晓东老师告诫我,教研工作的首要是积累经验、积累材料,即善于反思、善于总结。为此,闲暇之余我都会写点随笔,其间发表了多篇教育教研方面的论文,真正走向了教育科研之路,成就了今天的教育教学人生。

兢兢业业　勤勤恳恳

彭振宏 高级教师,亳州市中学物理名师工作室成员,现为安徽亳州二中教科室副主任。辅导学生参与"安徽省科技创新大赛",两学生获省奖,多学生获市级奖,因此,本人获"亳州市科技创新优秀辅导教师"荣誉称号。参与亳州市课题"普通高中物理学科物理学史的研究"顺利结题,具有较高的学术价值。

在班主任工作中,为了养成良好的班风,让每个人参与班级管理,具体把学生每8人分为1组,有组长、学习委员、纪律委员、卫生委员等,学生实行好、中、差搭配。以小组为单位,每月评比一次,奖励前三名。小组间相互竞争,组内相互监督、互相学习、互相帮助和共同提高,班风学风显著改善。在教学工作方面,打破以往"老师一味讲,学生一味听"的传统教学模式,开展了"教师主导、学生主体"的教学改革活动,受到了同行的一致好评。为了检查学生掌握知识的情况,进行"周周练"和"课前检测"的探索,这种既是测又是练的做法,提高了学生对练习的重视程度,达到了"精讲多练"的教学目的。

教学之余,参与《高中物理1+1同步学习》的编写工作,在王晓东老师的指导下,不断进行试题、教法与学法研究。依据物理学科的特点,关注物理实验教学,探讨"以学生为主体、以教师为主导"的新型课堂教学法,撰写论文"考查实验操作,培养创新能力",具有一定的实用价值。

教育观:"对待学生既是老师,更是朋友!"

人生观:"丰富自己,助人为乐!"

座右铭:"踏踏实实做事,勤勤恳恳做人!""兢兢业业、勤勤恳恳、任劳任怨!"

【荣誉殿堂】

【成长足迹】

自参加工作以来,十分重视学习教育理论,尤其是班主任的工作经验。如魏书生的"班主任工作漫谈",王晓春的"做一个专业的班主任"和"班主任之友博客"等,勤于总结工作中的得失,不断提高领班的艺术水平。

重视班干部培养,大胆使用学生干部。对班级中的一些事务,如卫生纪律、体育比赛、集体活动等放手让班干部去组织、去落实。对待学生,不论是优生,还是差生,都要待之以诚,与学生谈人生、谈理想、谈学习,这样既赢得了学生尊敬,也赢得了学生的友谊。坚持正面教育,引导学生树立远大理想。随时将思想教育穿插在班会、课堂教学和个别谈心中。如央视"感动中国年度人物评选"第二天,我就在班上向同学们讲述其感人的事迹,组织开展学习活动,收获颇多。另外,《中国青年》刊登的"除了奋斗,别无选择"是我每年用来教育学生的典型材料。每次进行这些正面的教育,都会看到学生感动的泪水和由此迸发出来的拼搏斗志。这样既教育了学生,也使自己获得了成长。

勤奋工作　踏实做人

邹　波　高级教师,亳州市中学物理名师工作室成员,安徽涡阳四中物理教研组组长、涡阳四中"首届育人标兵"。先后获"涡阳四中优秀班主任""涡阳县优秀教师""亳州市第四届教坛新星""安徽省奥林匹克物理竞赛优秀辅导教师""安徽省物理骨干教师"等荣誉称号,所带班级获"亳州市优秀班集体"荣誉称号。

立足教研,勤于教学。主持亳州市课题"高中物理'四环节'课型实施方法研究"(编号:KT2015015),现已形成结题材料。教学论文"实践'课程标准'的探索和尝试"获安徽省教研成果三等奖,教学课例"太阳与行星间的引力"获亳州市教研成果一等奖,课题研究"高中物理学困探究之学习方法谈"获亳州市电教论文三等奖,教育叙事"新课标背景下的教育管理探索与尝试"获亳州市教研成果一等奖。

人生观:"服从学校、服务学生!"

教育观:"学高为师,身正为范!"

座右铭:"勤奋工作、踏实做人!"

【荣誉殿堂】

【成长足迹】

踏上教育教学工作岗位,我孜孜不倦地钻研教育学和心理学等,通过自身专业素养,提高教育技能,以利教学游刃有余。

　　首先,注重把握教材的教学目标、知识体系和重点难点。其次,根据学生的实际情况,精心编写教案,巧妙设置问题。最后,选择最切合学生实际的教学方法。具体教学中,一是"新",严格按照"以学生为主体,以教师为主导,以训练为手段"的原则,力求每一节课学生都有新收获。二是"趣",根据不同内容,采用不同方法,力求调动每一个学生的积极性,激发他们学习物理的兴趣。三是"实",注重学生学习的实际情况,注重教学的实效性。

　　在传授知识的同时,注重学生品德的培养,帮助学生树立正确的人生观。作为班主任,经常利用班会时间,对学生进行集体主义思想教育,与任课老师一起分析学生思想、心理和生活状况,有针对性地进行疏导。同时,在班内树立先进典型,增强学生的自信心,不失时机地与家长联系,共同探讨使学生进步的方法,使其健康成长。正是这一步一步的认真努力,成就了我值得珍藏一生的收获。

锐意进取　精益求精

　　汪邦家　高级教师,亳州市中学物理名师工作室成员,现任教于安徽亳州一中。先后获"安徽省物理奥赛辅导教练员""亳州市教坛新星""亳州市骨干教师"和"亳州市学科带头人"等荣誉称号。

　　在培养物理特长生方面有着丰富经验,辅导学生参加全国物理奥林匹克竞
赛,多人获得省级赛区二、三等奖,其中,多人通过自主招生考试被清华大学、复旦大学、南京大学、西安交通大学、武汉大学、浙江大学等名校录取。

　　积极撰写教育教学论文,在国家级核心期刊《中学物理教学参考》《物理教师》《物理教学》《中学物理》《物理通报》等专业学术期刊上发表论文数十篇。参与安徽省课题"高中物理实验课程资源的利用和开发研究"并顺利结题。主持安徽省课题"利用微课减轻学生物理课业负担的研究"和"高中物理微课程的应用策略及效果评估研究",已取得阶段性成果。此外,还积极参与教育部门主办的电教活动,先后获"亳州市高中物理优质课比赛"一等奖,"安徽省高中物理优质课比赛"二等奖,"全国信息化教学大赛"一等奖,为亳州市中学物理名师工作室争得了荣誉。

教育观:"教育是人类最美好的事业!"

教研观:"教学质量取决于教研质量,教研质量取决于交流研讨!"

座右铭:"锐意进取,精益求精!"

【荣誉殿堂】

【成长足迹】

我深知,做一名教师,永远都面临着继续学习的任务。教师不能甘做一名教书匠,而要做一名真正的教育者,这样教育出来的学生在将来才有更大的发展空间。为提高完善自己,我订阅了《中学物理教学参考》《物理教师》《物理教学探讨》《物理教学》等教学期刊,经常翻阅《普通物理学》《教育学》《心理学》《教育心理学》《物理教学论》等专业书籍,还经常从网上查阅大量的物理资料,从各个渠道获取先进的教育理念和方法,让教学事半功倍。

随着教师专业发展的不断推进,教育实践和社会期望对教师素养提出了更高的要求,教师要成为研究者。作为亳州市中学物理名师工作室成员,有机会近距离向著名特级教师王晓东请教和学习,有机会和工作室其他优秀教师进行交流。在王老师的指导下,我从教育教学中的小问题开始研究,从写教学反思、教育随笔入手,进而写教育教学论文。随着教学科研水平的提升,我又开始进行课题研究。正因为我积极投身教育科研活动,为此,我撰写的教学论文、制作的课件和教具多在全国和省级大赛中获奖,主持和参与省市级课题研究,也顺利结题,并得到专家的一致好评。

精彩学生　辛苦自己

岳　征　高级教师,亳州市中学物理名师工作室成员,现任亳州一中南校物理教研组组长。先后获"我心目中的好老师""青蓝工程优秀指导教师""高考优秀阅卷教师"等荣誉称号。参与评教评学获"蒙城县优质课比赛"一等奖,"亳州市优质课比赛"一等奖,"亳州市中小学物理实验说课"二等奖,"安徽省首届新课程优质课评比"三等奖。多媒体课件"万有引力与航天"和"简谐运动的回复力和能量"双获亳州市教学成果一等奖。撰写论文"抓住学生心理渗透德育教学"获安徽省教研成果二等奖,"深入实验科学探究"获亳州市教研成果二等奖。主持亳州市课题"高中物理与班班通资源整合的教学模式研究",已出阶段性成果。

担任教研组长期间,抓好常规教研,结合学科特点开展"主题式教研系列活动"。平时工作中,善于观察、关注常态,并捕捉教学中的小事,将细节合理放大,从而形成载体或抓手,如物理教研活动中可进行"审题训练专题研讨""学生答题卷专题研讨"等。在同伴或上下级间要充当"润滑剂",化解矛盾,让每个组员都能够在教研组中找到自己的位置,从而增强整个教研组的凝聚力。

教育观:"把机会让给学生,把精彩留给学生,把掌声送给学生,把希望带给学生!"

教学观:"学生是课堂教学的主体!"

座右铭:"丰富自我、完善自我、升华自我!"

【荣誉殿堂】

【成长足迹】

自参加工作以来,全身心投入教育事业,默默无闻、任劳任怨。以扎实的基本功和良好的悟性,开创了独特的物理教学方式,得到了教育界同人一致认可和赞许。

爱是教育的灵魂和生命。在班级管理中,对学生进行爱的教育是关键,这也是教育的基本要求。爱能激活学生的思维,彰显学生的个性,放飞学生的心智,启迪学生的心灵,挖掘学生的潜能,让学生体验到成功的快乐,学习的快乐,成长的快乐。另外,教书育人还需要耐心。内心如火一般炽热,对每一个学生负责,为全体学生服务,这样才能燃起学生对知识渴望的熊熊之火。

认真对待自己的课堂教学,是每位教师的责任,也是每位教师最宝贵的财富。对于教材的使用,有很多的见解和看法,真可谓"智者见智、仁者见仁",但不管怎么样,都要懂得这是在"用"教材,而不是在"教"教材。只有在"用"好教材的基础上,才能更好地超越教材,让教材发挥巨大作用。如果这样,那么我们的课堂上将不再有"照本宣科",将不再有"恹恹欲睡",你所看到的将是一双双对知识渴求的美丽眼睛。我认为,如果一个教师能够丰富自我、完善自我、升华自我,就能够很快地成长起来,成为学生心目中最受欢迎的好教师。

热爱生活　奉献教育

钱会会　中级教师,亳州市中学物理名师工作室成员,现任教于安徽蒙城二中。先后获"蒙城县教学能手""蒙城县骨干教师"和"亳州市教坛新星"等荣誉称号。参与评级评学获"亳州市高中物理优质课比赛"一等奖,"安徽省高中物理优质课说课比赛"二等奖,"安徽省高中物理优质课比赛"三等奖。参与安徽省课题

"基于有效教学理念的课堂教学改革实践研究"顺利结题,参与编写《高考百日通》《物理大课堂》《追求卓越》等教辅材料,具有较高的实用价值。

一节好课不是教师的表演秀,而是学生是否真正掌握了学科知识,对学科精神有了自己的一些感悟。一堂好课应当有积极热烈的讨论、深入的思考,这样的气氛很容易使学生跟着老师的思路,使课堂教学高效进行。一堂好课要经常变换教学手段,给学生一些新鲜感,创造学生持续关注的兴趣点。课堂就是为学生服务的,要时刻关注学生的表情和反应,随时进行教学的调整,这就是常说的教学方法多样性。课堂教学中,教师要寻找一些与物理学科相关的视频给学生观看,让其产生对学科的求知欲,进而使学生参与到教学中来,达到师生相长的目标。

教育观:"教育就是培养优秀人才!"

教学观:"没有最好的教学方法,只有更好的创意和思考!"

座右铭:"热爱生活,奉献教育!"

【荣誉殿堂】

【成长足迹】

牛顿说,我看得更远是因为我站在巨人的肩膀上。我的进步离不开中学物理名师工作室的培养,离不开王晓东老师的关怀和教诲。记得刚加入工作室时,对物理教学一知半解,工作中总感觉走了很多弯路,做了很多无用功。名师工作室给我提供了很多学习机会,使我得以提升自己。2015 年,我参加了在银川举行的全国中小学名师工作室交流会议,来自全国各地的优秀教师各展风采,讲述成为名师的心路历程,让我受益良多。其中,给我印象最深的是北大附中张思明老师"用心做教育,携手共成长"的学术报告。他说刚做教师的一节课"短路"多次,处于半文盲状态,但他没有被眼前的困难吓倒,而是积极寻求解决的方法。他用了五年全部的星期天和寒暑假,做了40多本习题和30本专题小结,加起来有一米多高。听到这里我觉得很震撼,原来所谓名家其实都是在努力的苦水中泡大的。

2015年我参加了安徽省高中物理优质课的比赛,课题是"弹力"。比赛前,王晓东老师多次组织工作室成员帮我磨课。原来,想要上好一节精彩的优质课需要考虑很多的因素,不是简单地把知识呈现给学生就行了。首先,要对教材理解透彻,知道学生需要掌握的知识点有哪些。其次,要构思课堂,思考怎样呈现才能引起学生的学习兴趣,充分调动学生的学习积极性。磨课过程中,每次上完一节课,同事们都无私地贡献自己的想法和创意,多位优秀同行帮我成长。破茧成蝶是美丽而残酷的,比赛不也是这样吗?忘不了比赛前激动而不平静的日日夜夜,为了纠正口头禅而反复练习,为了能够出现一个令人眼前一亮的创意而反复地推倒重来,为了一个小小的实验而精心地准备……最终,在这次的比赛中我夺得了大奖,又一次获得了成长。

学习大师　看齐优秀

连　磊　中级教师,亳州市中学物理名师工作室成员,现任安徽涡阳一中高中二支部书记。先后获得"涡阳一中优秀班主任""涡阳县优秀共产党员""涡阳县优秀德育工作者""涡阳县教坛新星""亳州市优秀教育工作者"等荣誉称号。在评教评学中,获亳州市"优质课大赛评选"一等奖。课余时间积极辅导学生,指导学生参加"科技创新大赛",多次获得市县一、二、三等奖。教学过程中注重积累、反思,在亳州市教育教学成果评比中,"万有引力定律"获一等奖,

"中学生物理思维的培养"和"你就是颜色不一样的'烟火'"获二等奖。

教学上积极探索,教育上深入研究,要求自己做到"勤""齐""书""划",即腿要勤、手要勤、脑要勤,向优秀看齐、向模范看齐、向大师看齐,书本知识要通、教书方法要通、课外书籍要通,教学按计划、工作要细划、人生有规划。在班主任工作中,尽职尽责,对于问题学生的管理有着自己独特的见解。加入亳州市中学物理

名师工作室后,工作更加努力,积极参与各级联考命题工作,多次在亳州市中学物理教研会上执教教学公开课。

教育观:"教育就是教学生学会做人、学会做事、学会学习。""激励是最好的教育。"

人生观:"学习大师　看齐优秀。"

座右铭:"用自己独特的教育方法带出一届又一届优秀毕业生。"

【荣誉殿堂】

【成长足迹】

2010年考入安徽涡阳一中,在"青蓝工程"的助力下,不断地进步。但生活的压力让我有了另一种意识,或许当教师并不一定适合我,是不是该干点别的。这时,我遇到了点亮人生道路的王晓东老师。那是在一次教学开放周活动中,我展示了一堂公开课,课前也没有充分的准备,意外的是安徽蒙城一中王晓东老师要听这堂课,我立即调整心态,认真地完成了这节课,课后王老师跟我谈了很多,说我是个教书的好苗子,语言功底很扎实,只要踏踏实实地干,一定会有所建树。

王晓东老师不仅在教学上给我很大帮助,还介绍我加入了亳州市中学物理名师工作室,经常给我机会在全市物理交流会上讲公开课,培养了我良好的心理素质和扎实的教学基本功,还在亳州市优质课大赛中获得了一等奖,我的教育教学潜能被充分地挖掘出来了,在后来参加的各级教育教学成果评比和教学大赛均取得了良好的成绩。

在教育教学工作中,我逐渐学会了进行激励教育。首先,把握激励时机,最大限度地影响学生,将学生的学习热情激发出来,使学生取得最好的学习效果。其次,遵循激励原则,结合学生的实际情况选择适合学生的激励方法,取得最佳的激励效果。同时,找准激励策略,一是以身作则,将好的学习习惯通过自己的言行传递给学生。二是将课堂还给学生,让学生成为课堂的主人。三是采用期望策略,于学生取得成绩之前就表示对学生的认可和期待,学生就会更加努力,学习效果也就会更好。

身于幽谷　孕育兰花

方　倩　中级教师,亳州市中学物理名师工作室成员,现任教于蒙城县白杨中学。先后获"亳州市教坛新秀""亳州市骨干教师"和"亳州市学科带头人"等荣誉称号。在教育教学中,电教论文"物理教学中利用多媒体技术制造悬念来激发兴趣"获安徽省一等奖,教学叙事"从一堂讨论课谈培养学生的创造力""心理健康辅导案例"分获亳州市教研成果评选一、二等奖。我喜欢静静地回想教学和生活中发生的点点滴滴,并记下和孩子们在一起时的欢乐和摩擦,记下孩子们学习中的亮点和问题,也记下自己对教学的看法和感悟。我坚信着"一分耕耘,一分收获",坚持认为"教学的艺术不在于传授的本领,而在于激励、唤醒、鼓舞"。

作为一位人民教师,身于幽谷处,孕育兰花香,我会永远爱我的事业和学生。与孩子一起成长,像成长中的孩子,纳百川、学千家,永不停息!真正的魅力来自内心深处,来自不断丰富自己的过程。当别人在生活中捞取黄金时,我享受花香,但那来自心灵深处的"桃李芬芳遍天下"七个大字,铿锵有力、震撼人心,这就是我金不换的魅力!

教学观:"培养兴趣、开拓思维、提高效率!"

人生观:"人生只能在路上,梦想只能在前方,只要敢于出发,就有希望到达!"

座右铭:"身于幽谷处,孕育兰花香!"

【荣誉殿堂】

【成长足迹】

大学毕业后,走进安徽蒙城八中,将自己最大的热情投入工作之中。在这里我很开心,遇到了很多关心和帮助我的同事,在这里也很自信,当时的杨超校长肯定我的能力和态度,为我以后的工作打下了坚实的根基!然而,一年后我辗转去了蒙城县白杨中学任教。这是一所农村中学,学生多为留守儿童,他们的学习积极性不高,课堂上看不到对知识如饥似渴的眼睛。我顿生了"英雄无用武之地"的自大想法,近似于放弃自己的梦想。

在蜕变中成长,在成长中蜕变。就在我彷徨时,安徽蒙城一中王晓东老师找到我,介绍我加入亳州市中学物理名师工作室。王晓东老师的关心指导、人格魅力和孜孜不倦的敬业精神,深深地感染着我。他经常说:"青年人要学会冷静思考自己的事业,客观地看待身边的人和事。工作中要努力探索,走出一条属于自己的成长之路。"他又郑重地对我说:"农村的天地是广阔的,农村的孩子更需要爱,从事农村教育的老师任务更重、意义更大。"我铭记着王老师的教诲,多次随工作室同事一起送教下乡,极大地丰富了我的教育教学经验,慢慢爱上了乡村教师这一平凡而伟大的事业,渐渐写下了自己教育教学的辉煌人生!

用心做人 潜心做事

赵旗 高级教师,亳州市中学物理名师工作室成员,现任教于安徽利辛一中。先后获"利辛县优秀教师""利辛县教育先进工作者""利辛县优秀班主任""亳州市教坛新星"和"亳州市骨干教师"等荣誉称号,所带班级被评为"亳州市优秀班集体"。在教育教学评比中,获"亳州市实验创新大赛"一等奖,参加安

徽省物理奥林匹克竞赛教练员培训班,提交论文获二等奖,辅导学生在"高中物理奥林匹克竞赛"中获安徽省奖4人,亳州市奖数十人,成绩优异。

教学之余,勤于笔耕。积极参加北京师范大学举办的全国名师培训及论坛交流,教研论文"建造教学支点,让学生悟出来"发表在《中学生学习周报》上,教学

论文"给教科书插上一对美丽的翅膀"和"面对为人的思索"分获安徽省教研成果二等奖和亳州市教研成果一等奖。在安徽省六项电教学术作品评选中获二等奖,在亳州市多媒体软件比赛中获三等奖,在亳州市六项电教学术作品评选中获得一等奖。

人生观:"用心做人,潜心做事,进德修业,淡泊名利!"

教育观:"德是教师之魂,爱是教师之根!"

座右铭:"用心做人,潜心做事!"

【荣誉殿堂】

【成长足迹】

回首自身成长的足迹,有种"山重水复疑无路,柳暗花明又一村"的感慨。一路走来,我深知教师是一个值得奋斗终身的职业,教育给了教师一个足够大的舞台来实现自己的人生价值。但平时只顾忙于课堂教学,忽略了对教育教学经验的梳理,在教师成长的路上步子迈得较慢。幸好这期间遇到了在教研上给我很大帮助的王晓东老师,他让我认识教师只有知识是不行的,还需要教研来丰富教学,充实自己。几年来,我孜孜不倦地学习、兢兢业业地工作、认认真真地研究,专业教学有了长足的进步,并逐步走向成熟。

"有一首歌最为动人,那就是师德;有一种人生最为美丽,那就是教师;有一种风景最为隽秀,那就是师魂。"我一直把这句话工工整整地写在日记的扉页上,时刻激励着我不断前行。首先,要立足一个"新",因为教师是一个面向未来的职业;其次,要着眼一个"宽",教师要注意不断拓宽知识面,满足教学的需要;再次,要适当注意一个"专",应适当加强专业的深度,做到居高临下;最后,要落实一个"用",即加强理论与知识的应用,增强所学知识的实用性。

爱岗敬业　严于律己

张　志　中级教师,亳州市中学物理名师工作室成员,现任安徽蒙城一中物理备课组长。先后获"蒙城一中教学骨干""蒙城县教坛新星""蒙城县优秀班主任"等荣誉称号,在教学教研中,论文"中学物理课堂教学中的有效方法"发表在《教研周刊》上,"中子的发现"发表在《当代中学生报》上,都具有较高的学术价值。

新时代教师,应具有高尚的师德、良好的心理素质和精湛的教学技艺,创造性地从事教育教学工作,以此完善和发展自我。为了提高教学水平,我认真学习新课标,积极备课,设计适合学生的教学方案,开展有效的教学。在教学中把学生放在首位,发挥学生的主体作用。通过学习,不断更新教育观念和教学知识,优化课堂教学,使教育教学水平上了一个新台阶。

教育观:"爱岗敬业、尽职尽责、严于律己,关心和热爱学生!"

教学观:"转变思想、积极探索、改革教学、提高效率!"

座右铭:"爱岗敬业,严于律己!"

【荣誉殿堂】

【成长足迹】

在平时的教学中,认真钻研教材,写好每一个教案,上好每一堂课。业余时间学习信息技术,以适应现代教学的要求。在课堂教学中,不断探索适合学生愉悦学习的教学模式,充分让学生感悟,在感悟中提高。

担任班主任以来,在中学物理名师工作室大力支持下,班级管理取得了长足的进步。首先,针对班级内同学的特点,利用课余时间,全面深入地了解学生。对班内出现的问题尽早发现、防患于未然。对违纪同学,做到处理不隔日。对心理有压力的学生,及时加以引导和沟通,使其尽快投入学习去。其次,积极协调好班级任课教师和学生之间的关系。如对课堂教学过程中发现的问题,与任课教师及时沟通,拉近任课教师和学生之间的距离。再次,加强与学生家长的沟通与交流。让家长对班主任产生信任感,通过与家长的交流,获得家长在班级管理上的支持。最后,利用课余时间进行理论学习,如阅读《做最好的班主任》《班主任工作漫谈》《班主任兵法》等杂志,并将所学到的知识运用到班级管理中去,收到了良好的效果。

后 记

古之学者必有师，文化传承必因师，师可解惑，亦可启智。历史文化之沉淀，历史精神之传承，皆因教育。史烟飘过，回看今日，学高为师、德高为范，两袖清风执书于三尺讲台教书育人，轻拂粉尘下一米神坛仍为人师表，鹤发银丝映日月，丹心热血沃新花。

雨果曾说过："花的事业是尊贵的，果实的事业是甜美的，让我们做叶的事业吧，因为叶的事业是平凡而谦逊的。"师者犹如默默奉献之绿叶，时时刻刻衬托着鲜花之娇艳。

徐特立先生说过："教师是有两种人格的，一种是'经师'，一种是'人师'。我们的教学是要采取人师和经师二者合一的。每个教科学知识的人，就是一个模范人物，同时也是一个有学问的人。"因此，对当代教师素质提高，是一项刻不容缓的使命。教师不仅仅是传道、授业、解惑之严师，更是拓展心灵智慧之人师。

教师之品德、之素养是教师之发展重要前提，只有对"怎样做一名教师"这一问题有深刻的认识，才能对自己提出更高要求。"十年树木，百年树人"，踏上三尺讲台，亦意味着踏上了艰巨而漫长之育人旅程。

亳州市中学物理名师工作室应运而生，由安徽蒙城一中正高级教师、特级教师王晓东主持，工作室在他的带领下，纳贤聚才、修贤启智、辐射周边。

立工作室，旨在发掘教育教学中的智慧源泉，集众贤于一室，聚众智于一体，可切磋教学，可探讨教研，可反思教学之成败，亦可洞察把握学生之不同，成员间互促互进，旨在创造性地修养自己，修炼师之贤能、贤明和贤品。

承蒙各级领导的关怀指导和各成员所在学校校长的大力支持，尤其是蒙城县教育局长白学军和蒙城一中校长张华的不断激励，工作室培养了多位优秀教师，成员成长迅速，多人成长为亳州市学科带头人、亳州市骨干教师和亳州市教坛新星,不胜感谢!然成果虽丰,仍未达卓越之标准,尚需精诚团结、努力拼搏、集体发力,方能精彩达成!

　　书稿达成之日,亳州一中谢启平校长挥毫亲笔书名,饱含深情。细品此书,从中可清晰地看到众成员的成长历程,字里行间均能品得其中况味,实为教研教育蜕变之旅程。风景独好,认真走过。

　　为后记,为纪念。

2017 年 3 月 30 日